天學初函

（六）

同文算指通編卷三

合數差分法第四下

問四人共分金七百八十五兩多寡不同乙得甲十之七丙得乙十四之三丁得丙十二之九各實數幾何其法先併各衰雜數（甲一十則乙七乙一十四則丙三丙十二則丁九）併各子以乘各毋從小數併起除丁九無併其丙衰係十二又係三則以十二併三依約法三四一十二且作四以乘乙之十四得五十六為乙衰乙係五十六又係七則以五十六併七依約法七八五十六且作八以乘甲衰之十得八十為甲衰已得各衰併數（丁九丙十二乙五十六甲八十共一百五十七數）為第一率以銀總數

爲第二率以各衰爲第三率

一　一百五十七數 併衰

二　七百八十五兩 總銀

三　九 丁衰　十二 丙衰　五十六 乙衰　八十 甲衰

四　四十五兩　六十兩　二百八十兩　四百兩

問發兵百人外有領隊四人旗牌六人共破一寨得器械七萬二千四百件𠀌以充犒旗牌比領隊得八分之五兵比旗牌得五分之三各該得若干其法衰作八五三 兵三旗牌五衰八以三二五成八得領隊之衰 各以本數乘本衰 領隊四乘八得三十二旗牌六乘五得三十兵百乘三得二百七十 合總數爲第一率所獲數爲第二率各衰所乘三

宗爲第三率

一　三百六十二　併各衰乘數

二　七萬二千四百

三　三十二　領隊　三十　旗牌　三百　兵

四　六千四百　六千　六萬

問三人共拾得遺錢三千四十二文甲欲得二之一乙得三之一丙得四之一各該若干此問併其分數及浮總數蓋曰甲視乙則二一之視三一乙視丙則三一之視四一也其法當先併毋尋其通四分三分二分之一者爲主依法二三乘得六又乘四併得二十四約之得十二以甲乙丙分之其數皆通甲二之一則用六乙三之一則用四丙四之一

則用乃併甲乙丙衰甲六乙四丙三共十三為第一率以錢數為第二率分甲乙丙衰作三宗為第三率乘除得數乙得甲三之二丙得甲二之一

一　十三

二　三千四十二文

三　六甲衰　四乙衰　三丙衰

四　一千四百四　九百三十六　七百二

問三縣共派糧一千四百七石小縣派二分之一次縣派五分之三大縣派十一分之八各該納若干衰法同前其法亦以各母相乘以求通數以二乘五又乘十一得一百一十

三五乘得十五又十乘十一得一百一十也于是小衰分得五十五次分得六十六大分得八十則三縣之母數皆通而併之為第一率以糧數為第二率分三縣各衰為第三率

一	二百一 併各衰		
二	一千四百七石		
三	五十五 甲衰	六十六 乙	八十 丙衰
四	三百八十五石	四百六十二石	五百六十石

問四人共分銀三百九十六兩甲得二分之一外加十兩乙得五分之三內欠二十兩丙得三分之一外加八兩丁得四分之一內欠六兩每人實數幾何此將總數內除去

加數實在三百七十八兩加上欠數共得四百零四兩乃依前法併其母數二乘五得一十以乘三得三十以六乘四得一百二十約之得六十為通數而各以其所得子數通之甲一之一為三十乙五之三為三十六丙六之一為二十丁四之一為一十五併為第一率以加除所得銀數為第二率以甲乙丙丁各衰四宗為第三率依準測法得第四率再照數或加或減其所分即總合前數矣

一	一百一兩併各衰			
二	四百四兩			
三	三十甲	三十六乙	二十丙	一十五丁
四	一百二十	一百四十四	八十	六十

問兄弟三人不知歲數但云季得伯四之三仲得伯六之五仲多季只八歲各幾何此帶母子差分也已知兩母爲伯衰用併法先併其母四六相乘得二十四爲伯衰之實乃用母子互乘以求仲季之衰以四乘五得二十爲仲衰以六乘三得一十八爲季衰列三率而仲季相去較八歲爲二率以仲季二衰之較（一十八減二十餘二）爲首率（此以所已知之衰較及歲較求各衰之歲實故用較爲首率後皆倣此）

一	二		
二	八歲		
三	二十四	二十	一十八

四　九十六歲伯　八十歲仲　七十二歲季

問四人分錢不知數但云乙得甲六之五丙得甲四之三丁得甲二十四之一十七其丁與丙差四文每人幾何此同上法已知三毋即甲衰用併毋法四乘六得二十四又自乘得五百七十六爲甲衰之實乃以乙丙丁之原毋除原子乘以求其子而得四百八十爲乙衰四百三十二爲丙衰四百零八爲丁衰列三率以丙丁較四爲一率以丙丁二衰之較二十四爲首率不用約法覽之易曉

一　二十四

二　四

三 五百七十六 甲 四百八十 乙 四百三十二 丙 四百零八 丁

四 九十六 八十 七十二 六十八

右二法以借衰互徵求之亦同

問大小船數相等共載鹽四千三百五十引大船每三隻載鹽五百小船每四隻載鹽三百該船幾隻每船載幾引

此用重準測法以四之三百及三之五百子母互乘一得九百二得二千併得二千九百為首率兩母相乘得十二為次率總鹽為三率求得四率是大小船數即以為第三率分置所載率九百三百為次率與相乘又分置兩母四為首率除之得各鹽數

一　二千九百　三　四

二　一十二　五百　三百

三　四千三百五十　一十八

四　一十八數大小各船一千　一千三百五十

問盤燈一座大小燈毬二等大燈三琖油四兩小燈四盞油三兩其小燈多大燈二之一共用油十八斤七兩大小燈各若干此用重準測法因有二之一立大母二小母三通斤爲兩共二百九十五兩又通兩爲銖每兩二十四銖共七千八十銖以先求大小每琖油數取每三每四爲首率二十四銖爲次率分四兩三兩爲三率得第四率爲大小每琖油數

一　三　四
二　二十四銖　一
三　四大　三小
四　三十二銖　一十八銖

乃以毋二乘三十二得六十四銖爲大總以毋三乘一十八得五十四爲小總併得一百一十八爲首率以總油七千八十爲次率分毋二毋三爲三率得第四率是大小錢各數而各以油銖數乘之又以每觔三百八十四銖除之

一　一百一十八
二　七千八十銖

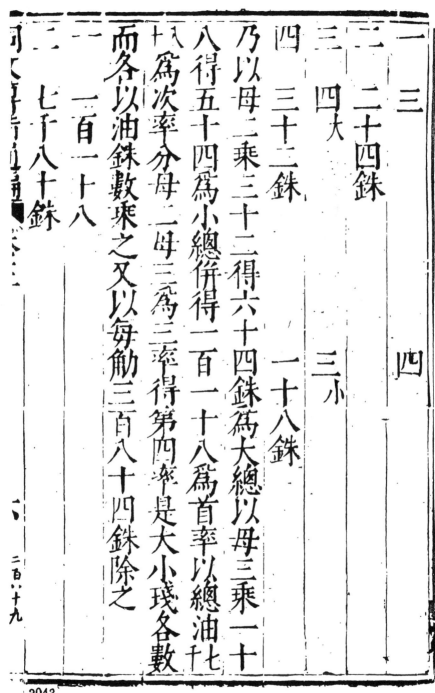

三　二大　　三小

四　一百二十七錢二十二銖乘得三千一八斤四十銖是十斤　一百八十錢一十八乘得三千二百四十銖是八斤七兩

問大船三桅六槳小船二桅八槳今望見桅五十七槳二百零四其大小船各幾艘法併大小船每艘桅槳凡九共六一十八為第一率以大小共二艘為第二率併桅槳全數得二百六十一為第三率推得大小船共二十九艘減小船之一補大船合問

一　一十八

二　二艘

三　二百六十一

四　二十九艘內大船一十五小船一十四

問有銀一萬七千六百九十兩買騾三百匹馬七百匹其每匹價馬多于騾七兩七錢各價幾何此匿價差分法當先除所差而後準測之以所多七兩七錢乘七百匹得五千三百九十兩以減原銀餘一萬二千三百兩乃併騾三百馬七百共一千匹置前率以減餘銀數置次率一匹為三率推得四率為騾價加七兩七錢即馬價再以各匹數乘之合總

一　一千匹

二　一萬二千三百兩

一匹

四　十二兩三錢騾價　二十兩馬價

又法以所差七兩七錢乘三百匹得二千三百一十兩加入緫銀共得二萬兩為次率如法準測得二十兩為馬每匹之價減較七兩七錢亦得騾價

一　一千匹

二　二萬兩

三　一匹

四　二十兩馬價　十二兩三錢騾價

問以銀二萬九千二百八十兩買上田三百畝中田一百

五十畝下田四百五十畝其上價比中價每畝多四兩七錢中價比下價每畝多一十三兩五錢各幾何此亦匿價差分法當除兩差之積而後算之以一十三兩五錢乘三百得四千〇五十兩以一十八兩二錢乘一百五十得二千七百三十兩併得六千七百八十兩以減原銀餘一萬二千五百兩即以置次率却併三等田數得九百畝置首率一畝爲第三率推得每畝二十五兩爲第四率是下田價加一十三兩五錢爲中田價再加四兩七錢爲上田價再以各數乘之合總

一　九百

二　一萬二千五百兩
三　一畝
四　二十五兩下
又法增差積算之以四兩七錢乘三百得一千四百一十兩又以兩差一十八兩二錢乘四百五十得八千一百九十兩併得九千六百兩加入原總銀得三萬八千八百八十兩爲次率與三率一畝相乘首率九百除之得上田每畝價四十三兩二錢減十三兩五錢卽中田價再減四兩七錢卽下田價
問官銀一萬七百七十八兩六錢五分羅米麥荳三色均

平壯每一石價米二兩三錢五分麥一兩九錢五分荳一兩四錢五分各價幾何各石幾何併三價共五兩七錢五分爲法置其第一率總銀爲第二率列三色每石價爲第三率推得第四率是各價數其各石數以法徑除總銀即得

一	五兩七錢五分		
二	一萬〇七百七十八兩六錢〇五釐		
三	二兩三錢五分	一兩九錢五分	一兩四錢五分
四	四千四百〇五兩	三千六百五十五兩	二千七百一十八兩〇八分二釐荳
	一錢六分九釐米	三錢五分三釐麥	

三色共一千八百七十四石五斗四升

和較三率法第五

凡數分合不離三率而互和難測則立較以測之立中率以較之凡兩數三數多數悉與中率相較而互置較位爲第三率以較積爲第一率諸如前

問上酒每斗價二錢中酒每斗價一錢二分今雜併二酒每斗立價一錢五分則此斗酒内有上酒若干中酒若干

其法先定三等之程列所立價一錢五分次連列上中二價與較而列上差數于中左列中差數于上左互對次併兩差列左下而以併差爲第一率以一斗爲第二率以各差爲第三率

立價	一十五	上	中	二價	上	二十	中	十二
相較差		中	三		上	五		
差積	八							

一　八

二　一斗

三　三上　五中

四　八分斗之三　八分斗之五

問甲金一兩准銀一十五兩乙金一兩准銀一十二兩今欲鎔為一處使毋金一兩准銀一十四兩則甲乙金各該幾兩亦列法如左較之併差為首率一兩為次率各差為三率

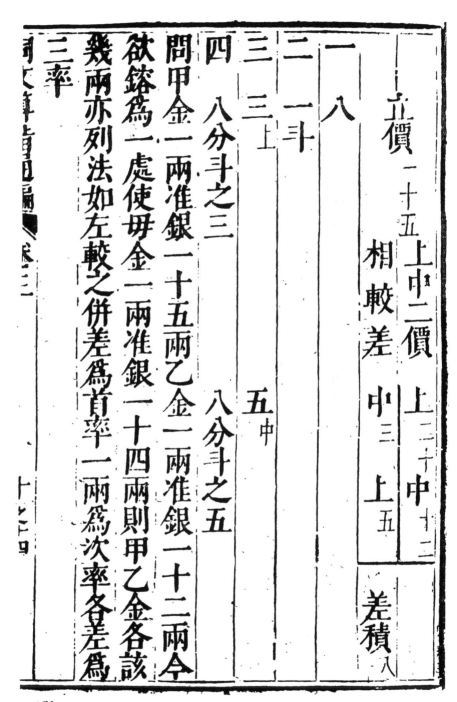

立價一十四	價甲十五	乙十二
較	二	一
一	三	
二	一兩	
三	二甲	一乙
四	三分兩之二	三分兩之一

問玉率方寸重七兩石率方寸重六兩今有璞方三寸重一百七十六兩內玉石各若干法以見方三寸自乘再乘得立方二十七寸以通玉石（玉該一百八十九兩 石該一百六十二兩）各列右立總重數互較得數列左併差爲首率開方寸爲二率分差

爲三率

立一百七十六 玉一百八十九 石一百六十二

一十四 一十三

差積二十七

一 二十七差

二 二十七寸

三 一十四玉 一十三石

四 一十四乘重九十八兩 一十三乘重七十八兩

問銀褁金方四寸共重九百零四兩每銀方寸重十二兩金方寸重十六兩各若干以四寸自乘再乘得開方六十四寸以通金玉銀一千二十四兩金七百六十八兩以總重互較三率如前

五 九百四 銀一千三十四 金七百六十八

一百三十六 一百二十

差積二百五十六

一 二百五十六

二 六十四 寸

三 一百三十六 銀 一百二十 金

四 三十四 乘得五百四十四兩 三十 乘得三百六十兩

問椒一斤價四錢丁香一斤價三錢桂皮一斤價六錢阿魏一斤價一兩硇砂一斤價八錢今以銀七錢買上五色共一斤則每色該得若干列法如左立七錢為主餘物以次列之較其所差而依次互列須易其位大抵有對者對

互（椒砂互 丁魏互）無對者另求一對（桂無對皆砂作對而互又列桂較之一于砂較三之傍）而增兩之凡相對互位者務取一大于立價一小于立價如砂數大對椒數之小亦以差併為第一率一斤為第二率併各物較為三率

立 七錢

椒 四　丁 三　桂 六　魏 十　砂 八

一　三　一　四　三　乙

差積 十二

一	一十三				
二	一斤				
三	一 椒	三 丁香	一 桂皮	四 阿魏	四 砂
四	十三之一 分斤	十三之三	十三之一	十三之四	十三之四

又列法但取一大一小雜互更位（椒砂互椒魏又互丁砂互桂砂又互丁魏互桂魏又砂桂）凡六互得差積二十八（椒丁桂俱四魏砂俱八）若俱大數俱小數者則不可互耳（椒丁桂俱小魏砂俱大）其與立數等者亦可互但作○以倒其所互乃以二十八為第一率分各差積為第三率

立七錢

椒四	一	三	
丁三	一	三	
桂六	三	一	
魏十	三	四	一
砂八	三	四	一

差積二十八

一	二十八				
二	一斤				
三	四椒	四丁	四桂	八魏	八砂
四	二十八之四分斤	二十八之四	二十八之四	二十八之八	二十八之八

又法隨意易位亦以大數互小數比前稍異亦得差積十三

三 立七錢 椒四 丁三 桂六 魏十 砂八

三 一 一 三 四

差積十三

一 十三

二 一斤

三 三椒 一丁 一桂 三魏 五砂

四 十三分斤之三 十三之一 十三之一 十三之三 十三之五

問鵝毦段大綠者每丈四兩天青每丈六兩大紅每丈十兩今以銀四百八十兩買毦八十丈則各色各該幾丈其法先以總價和總丈之數而匀之每丈得六兩立六爲中數依

前互法列之

立 六兩

四 六 一十

四 四 ○二

四十五 六十又五

差積十

一 一十

二 八十丈

三 四綠 四青 二紅

四 三十二丈 三十二丈 一十六丈

問有酒四等甲酒每瓶二錢一分乙酒每瓶二錢七分丙酒三錢丁酒四錢今有酒共三百瓶每瓶立價三錢三分

則毎酒若干瓶依法列之但此以三十三爲主數（即三錢三分）而其餘惟四十（即四錢）爲大其二十一（即二錢一分）二十七（即二錢七分）三十（即三錢）皆小數則此三小數皆與四十之大數相互

云共積四十二爲第一率

立　三錢三分

二錢一分　七
二錢七分　七
三錢　七
四錢　十二
　六
　三

差積四十二

一　四十二

二　三百瓶

三　七　七　七　二十一

四　五十瓶　五十　五十　一百五

問銀四百兩買藥四百斤內丁香每斤該六錢胡椒每斤該七錢桂九錢蘇合一兩一錢辰砂一兩二錢阿魏一兩六錢每色各該幾斤方合總數其法亦先折中價如四百斤當四百兩則每一兩得一斤其中價乃依互法參之

立

丁六　椒七　桂九　合十一　砂十二　魏十六

六　一
二　六
二
四
三　一
四　三

此以丁魏互乂厂
合互椒砂互乂椒
魏互桂砂互
差積三十二

一　三十二
二　四百斤
三　七丁　八椒　二桂　四合　四砂　七魏
四　八十七斤又二之一　一百　二十五　五十　五十　八十七斤又二之一

又法

中價千	丁六	椒七	桂九	合十一	砂十二	魏十六
	一	一	一	四	四	四
	二	二	二	三	三	三
	六	六	六	一	一	一

此以丁互合又互砂又互魏以椒互合亦互砂互魏以桂互合亦互砂互魏以上三位徧互下三位差積五十

一　五十一

二　四百斤

三　九　九　九　八　八　八

四　七十斤又五十一分斤之三十　同上　同上　六十二斤又五十一分斤之三十八　同上　同上

右五十一分斤之三十以求兩者化一斤爲一千六百分以子數三十乘之以母數五十一除之得九兩四錢一分又五十一之九也

又法

中價十　丁六　椒七　桂九　合十一　砂十二　魏十六

一　二　六　四　三　二

差積十七

以丁合互椒砂互桂魏互

又法

中價十　丁六　椒七　桂九　合十一　砂十二　魏十六

六　一　一　一　三　四　五

差積十七

此以丁魏互椒砂互桂合

又法

中價十　丁六　椒七　桂九　合十一　砂十二　魏十六

一　六　三　四　一　五

差積十七

此以丁砂互椒合互桂魏

問金鑄編鐘一口計重三百兩俱九六成色今見有九九成色及九三成色二等金約該每用若干此以九六為中價依法互之

立 九六 甲金 九九 乙金 九一

五 三

差積 八

一 八

二 三百兩

三 五甲 三乙

四 一百七十七兩五錢 一百一十二兩五錢

問米麥五百石共價四百零五兩七錢米每石價八錢六分麥每石價七錢二分五釐其各石數價數若干先以米麥每石之價乘五百石米得四百三十兩麥得三百六十二兩五錢即以總價立為中率先得石數次得價數

立四百五兩七錢　米四百三十兩　麥三百六十二兩五錢

四十二兩二錢　二十四兩三錢

差積六十七兩五錢

一　六十七兩五錢

二　五百石

三　四十三兩二錢米　二十四兩三錢麥

四　三百二十石乘石價得二百七十五兩二錢　一百八十石乘石價得一百三十二兩五錢

問銀二十八兩二錢買銅錫鐵共重三百斤其價銅一斤銀一錢五分錫一斤銀九分鐵一斤銀四分此三物各該若干此貴賤衰分三色者以總物歸總銀立九分四釐爲中價

立九分四釐

銅	錫	鐵
五十四	五十四	五十六四

鐵互錫銅 差積一百六十八

一 一百六十八

二 三百觔

三 五十四 銅 五十四 錫 六十 鐵

四 九十六又七之三 同上 一百零七又七之一

問用銀九十三兩買綾羅紗絹共一百六十疋每疋價綾九錢羅七錢紗五錢絹三錢疋數銀數各幾何先以總疋除總銀立五錢八分一釐二毫五絲為中價

立五錢八分一釐二毫五絲

綾九萬	羅七萬	紗五萬	絹三萬
二萬八一二五 八千一二五	同上	二萬八一二五 三萬一八七五	同上

羅絹互 綾紗互 羅紗又互 綾絹又互 差積一十六萬

一　一十六萬

二　一百六十疋

三　三千六百二十五 綾羅同　四千三百七十五 紗絹同

四　三十六疋又四之一　四十三疋又四之三 以各疋價乘之合總

又法先以四約總疋得羅紗各四十疋以減總疋餘八十疋爲綾絹共數又于總價內減羅價二十八兩紗價十兩餘四十五兩爲綾絹共價乃以疊借互徵之法推之前銅錫鐵三色亦然

借裒互徵法第六

數有隱伏非裒分可得者則別借虛數以類徵之或合率增減或母子射覆如藏鬮然借彼徵此借虛徵實大抵即三率之法而觸類長之

問三人共買宅一區用價一千七百兩其捐價則乙視甲加倍丙視甲乙又加倍各若干此倍增法也隨意立一數爲甲衰但用小數而以乙丙衰遞加之如甲衰一則乙衰二丙衰六也如甲衰六則乙衰十二丙衰三十六也餘倣此并各衰爲第一率甲衰一者一二六共九也甲衰六者六及十二及三十六共五十四也餘倣此隨取一衰爲第二率且用甲以總價爲第三率依互測法得甲數倍之得乙數二倍之得丙數

一　五十四

二　六此只借甲衰用乙用丙皆同

三　二千七百

四　三百甲　六百乙　一千八百丙乙丙皆從中倍出

問絹不知幾何但云其三之一其四之一其五之一併得四千七百疋其實數幾何曰此尋一通數可以兼三之一及四之一及五之一者而測之如用六十以通各分三之一是二十也四之一是十五也五之一是十二也併之共四十七為第一率卽以六十為第二率四千七百下六十絹總數為第三率

一　四十七

二　六十

三　四千七百

四　六千疋

問鹿馬不知幾匹但云加一倍又加二之一又加三之二

又加四之一又加一共得一百十二匹今算實幾匹可用前法否曰此有最後所加一數卽不同前法當先減一數只以一百十一算之次立通數可兼各衰者如用十二爲通數加一倍二十四又加二之一六及三之一四四之一三共得三十七爲第一率卽以十二爲第二率就前一百十一數內減一爲第三率一百十一準而測之知三十七出于十二則知一百十一出于何數矣再加一合問

一	三十七
二	一十二
三	一百一十一

四　三十六　再加一乃三十七匹

問牧羊不知數但云加一倍又加二之一又加四之一外加一得一百只其原數若干此亦除去加一數只用九十九爲第一率而另借一數爲通數如用一十二爲次率以加一倍一十二加二之一六四之一三併得三十三爲首率依法推之知一十二出于十三則知九十九所出也再加一合問

一　三十三

二　一十二

三　九十九

四　三十六倍之爲七十二加二之一得九十加四之一得九十九外加一得一百

問價銀五千兩買駿馬一匹園宅一區園價比馬多三倍宅比園多四倍各價幾何此與首問法同隨意立一數遍各衰假如立馬衰三十園宅以次增衰（園多三倍得一百二十宅又多園四倍得六百）併爲第一率（七百五十）於各衰隨取一數爲第二率（且用馬衰）總銀爲第三率（五千兩）如準測法得第四率（如用馬則得馬價餘俱倣推之）

一	七百五十兩		
二	三十馬		
三	五千兩		
四	二百馬	八百園	四千宅

問入園摘瓜摘過三分之二又五分之一尚剩三十六瓜

此圖原有幾瓜法先求一通數內除三之二及五之一而剩三十六數者假如借立三百內減三之二除二百亦于三百內減五之一除六十通減二數只餘四十為第一率以三百為第二率知四十出于三百則知三十六出于何數矣

一　四十　右所云三之二又五之一者併之未滿原數故可以右法推之若云三之一又五之三則溢于原數知為虛設不必算矣

二　三百

三　三十六

四　二百七十　原瓜數

問二分之一三分之一四分之一五分之一六分之一共

併得五百二十二數其原數幾何先立一遍數可剖爲二分之一以至四五六分皆可者如借六十爲主依法分之其二之一爲三十其三之一爲二十其四之一爲十五其五之一爲十二其六之一爲一十併各率共八十七爲第一率以六十爲第二率知八十七出于六十則五百二十二出于何數可推也以五百二十二爲第三率

一	八十七
二	六十
三	五百二十二
四	三百六十

其二之一乃一百八十其三之一乃一百二十其四之一乃九十其五之一乃七十二其六之一乃六十共五百二十二數

問倉中有粟幾石不言其數但言外加二之一又三之一又四之一又加一百石便成三百石此其原粟幾何其法先減一百石在外只就二百起算乃隨借一數可以通二之一及三之一及四之一者如借二十四爲通數外加二之一（十二）又加三之一（八）四之一（六）併之（五十）爲第一率所借二十四爲第二率知五十出于二十四則二百出于何數可推也以二百爲第三率而得第四率外加所減一百合

問　一　五十

二　二十四石

三　二百

四　九十六石（外加二之一爲四十八加三之一爲三十二加四之一爲二十四又加一百共三百）

問水碓五副大小不等共舂麥五十石甲碓每一時舂七斗乙碓每一時舂五斗丙四斗丁三斗戊一斗五碓齊舂須幾時可完完時每碓各舂得幾何其法隨意立一時數假如借四箇時畢之以計各碓所舂（甲二十八乙二十丙一十六丁十二戊四）（共得八十）倂爲第一率四時爲第二率知八石畢于四時則五十石可推也以五十石爲第三率

一　八石

二　四時

三　五十石

四　二十五時以各價乘甲以七乘得一十七石五斗乙五乘得一十二石五斗丙四乘得一十石丁三乘得七石五斗戊一乘得二石五斗共五十石

問貸貲商販三次俱獲倍息每次歸還三百兩三次毋子適盡原貸若干先借一爲毋貲以加三次倍息初一次二其三得四併得八爲首率減毋貲之一只併三次倍息一二四併得七爲次率知七出于八則知三百原毋所出矣以三百爲第三率

一	八
二	七
三	三百兩
四	二百六十二兩五錢

問商販四次俱獲倍息每次變銀九十六兩四次乃于母俱盡原母若干亦借一為母加四次倍息一二四八并得一十六為首率減母貲之一只併四次倍息一二四八併得一十五為次率知十五原於十六則知九十六原於何數也以九十六為三率

一	一十六
二	一十五
三	九十六兩
四	九十兩

問有商挾貲赴集初次所獲比母銀多三之二以併入母

銀再往獲五之四三次往又獲四之三實計所獲併母銀共四百兩所原挾貲若干其法先借一數以遞乘各毋而例推之假如借一十爲通數以乘各毋乘三得三十以三十乘五得一百五十以四乘一百五十得六百併之爲第一率以所借一十爲第二率知六百出于一十而四百之所從出可知也以四百爲第三率

一	六百
二	一十兩
三	四百
四	六兩又三分兩之二此係初販原貲二三乘得二十兩又五乘得一百兩又四乘得四百兩

問携酒郊遊三入肆中俱飲酒一斗九升每飲添酒輒倍餘酒至三次酒盡原携若干法借一爲原酒加三次倍率四併得八爲首率減原酒之一只三次倍率七爲次率以所飲一斗九升爲三率知七出于八則知一斗九升所自出矣

一	八
二	七
三	一斗九升
四	一斗六升八之五 卽六合二勺五抄

又法併三次倍率七以乘所飲一斗九升得一石三斗三升

減半三次得原携數同前

問截米賑濟不言其數每次散米一千五百石亦每次糴增倶倍餘米之數五賑恰盡無餘原米若干法立一爲原數加五次倍率一二四八十六併得三十二爲首率減原數一只併五倍率三十一爲次率知三十一之原于三十二即知一千五百之原

一　三十二

二　三十一　二三相乘得四萬六千五百石以減半五次亦同四率

三　一千五百石

四　一千四百五十三石三十二之四　即一斗二升五合

問立一虛數以乘四得數又以乘三得數又以乘六得數外加一十共八百前所立虛數幾何其法先除所加一十只以七百九十起算亦借一通數假如借一十為正以通乘各數以四乘得四十又乘三得一百二十又乘六得七百二十併之為第一率七百二十以所借為第二率一十知七百二十之出于一十而七百九十之所從出可知也以七百九十為第三率而得第四率乃以一十加之

一	七百二十
二	一十
三	七百九十

四　一十又三十六之三十五以乘四得四十三又九之八再以乘三得一百三十一又三之二又乘六得七百九十加一十合問

問老人不知其年但云加二之一又減四之一得九十九歲實年幾何其法借一虛數外加二之一又減四之一而側之假如借八十為算依法加減加二之一得一百二十又減四之一得九十得數為第一率八十為第二率知九十之出於八十而九十九之所從出可準也以九十九為第三率

一　九十

二　八十

三　九十九

四　八十八

問遠望一塔上露出二丈四尺其下有樹遮之云尚有三分之一又五分之二共該高幾何亦借立一數以其三之一及五之二類準之如借立三十爲主酌減餘分（三之一乃一十五之二乃十二）以其所剩數（該剩八即所露）爲第一率以三十爲第二率知八之出于三十而二十四尺可測也以二十四爲第三率

一	八尺
二	三十尺
三	二十四尺

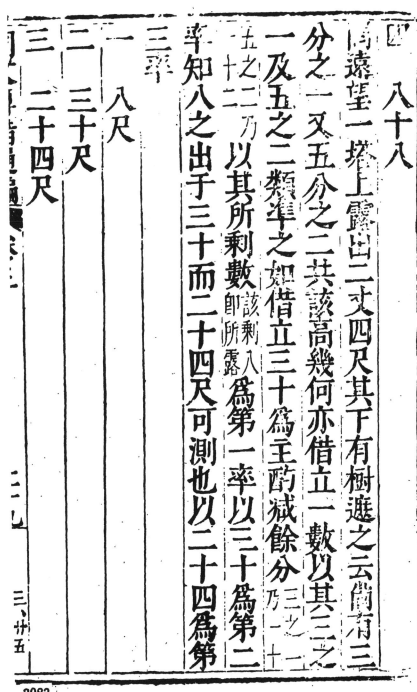

四　九十尺　此塔高之數內減三之一乃三丈減五之二乃三丈六尺此外露二丈四尺

問旗竿一根其三之一是白色五之一是黑色九之二是青色外尚餘十二尺紅色竿長幾何亦借一數以通各數而觀其所剩以類徵之假如借四十五數以減各分減三之一得十五減五之一得九減九之二得一十其餘四十五內減前各數剩十一爲第一率以所借爲第二率四十五知十一之出於四十五而十二之所從出可推也

一　一十一

二　四十五

三　一十二尺

問　四十九尺又十一分尺之一其白色三之一乃十六尺又十一之四黑色五之一乃九尺又十一之九青色九之二乃十尺又十一之十也

問白布三十疋青布四十疋共價六百六十兩其青布每疋比白布價多一倍各價幾何法借一虛數爲白價倍之爲青價而以前疋數乘之假如借立四兩倍得八各乘青白四乘白得一百二十八乘青得三百二十併之四百四十爲第一率以所借四爲第二率知四百四十之出于四而六百六十之所出可知也以六百六十爲第三率

一　四百四十

二　四兩

三　六百六十

四　六兩

此係白價倍之得青價十二兩各乘疋數白得一百八十兩青得四百八十兩

同文算指通編卷三

同文算指通編卷四

疊借互徵第七 附盈朒

借虛徵實其術精矣又有子毋雜互隱與難知者則兩借虛數以徵之徵之于實尚遠也或兩浮而盈或兩縮而不足或一盈一不足俱以借數列上以較原數以多寡之差列下而左右互乘焉其法有二凡俱盈俱不足者以差數相減餘爲法以乘數相減餘爲實若一盈一不足者以差數相併爲實而以法除實則二法相同舊有盈朒一章大都類此而此則於未有盈朒之先借數推出盈朒以求隱數故曰借徵其顯有盈不足實數者但依舊法求之諸盈

不足者兩盈若兩不足者盈適足者不足適足者及疊互
毋子者各具數條見例

問設一虛數以其半爲用內除三之一又除四之一尚餘三百其原總數幾何其法先另借一通數以分其半而通各分母借二十四爲數列左上其半爲十二其三之一爲四其四之一爲三尚餘五以比三百則不足二百九十五列左下另借九十六爲數列右上其半爲四十八其三之一爲十六其四之一爲十二尚餘二十以比三百不足二百八十列右下次以左上乘右下又以右上乘左下各得數附註其下以少減多其餘爲實而以左下右下相減其餘爲法除之

六　九
不足
八〇　二　乘得六千七百二十

四　二
不足
九五　二　乘得二萬八千三百二十

減餘一十九
減餘二萬一千六百

除得一千四百四十合原總以減半爲七百二十其三之一乃二百四十其四之一乃一百八十加三百合一半七百二十之數

假如借四千八百爲通數列左上其半爲二千四百其三之一爲八百其四之一爲六百餘一千以比三百則盈七百列左下又借二千四百爲通數列右上其半爲一千二百其三之一爲四百其四之一爲三百餘九百以比三百盈二

百列右下亦以二數相減餘爲法而以左上乘右下以右上乘左下相減餘爲實而以法除之

二四○○　盈　二○○　乘得九十六萬

一六○○　盈　七○○　乘得一百六十八萬

減餘九百　減餘七十二萬

以法除實亦得一千四百四十合原總數

又假如借二千四百爲通數列左上（即前第二式右上者尚餘五百）右盈二百列左下再借九十六列右上（即前第一右上者餘二十）不足二百八

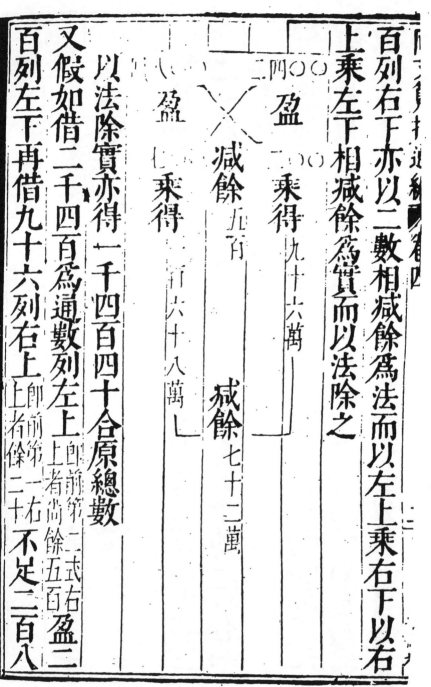

十列右下此係一盈一不足者相併爲法次以左上乘右下以右上乘左下亦相併爲實以法除實仍得一千四百四十

九　不足　二八〇　乘得　六十七萬二千

二四〇〇　盈　二〇〇　乘得　一萬九千二百

積　四百八十

積　六十九萬一千二百

問三人共銀四十四兩乙多甲一倍外又多四兩丙兼甲乙之數外又多六兩分人實數幾何此大小析以四分分之六兩算先借

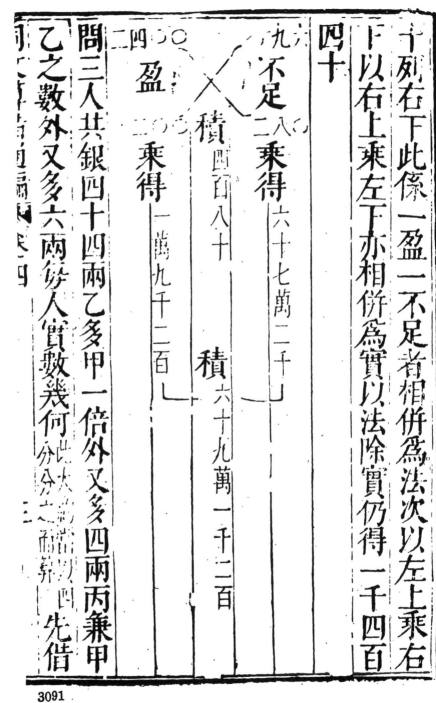

一十爲通數列左上甲一十乙倍得二十又加四共二十四內兼二數又加六得四十共七十四以比四十四盈三十列左下又借六列右上甲六乙倍之加六得十六內兼數加六得二十八共五十以比四十四盈六列右下以相減餘爲法乃以左上乘右下以右上乘左下亦以相減餘爲實而以法除之得五爲所求之甲數倍之又加四得一十四爲乙數兼之又加六得二十五爲丙數

盈 乘得六十

減餘二十四

盈 乘得一百八十

減餘一百二十

右圖以甲之左數一十乘右數六及以右數六乘三十者

因除得甲五若以乙之二十四乘十六及一十六乘三十亦得乙數以丙之四十乘六及二十八乘三十者亦得丙數以共數七十四乘六及五十乘三十者亦得共數

甲乙丙
六六八〇
一二五
盈
十六

減餘二十四

〇四〇四
一二四七
甲乙丙
盈
三〇

問甲乙各不知數取乙九與甲則甲倍于乙取甲九與乙則甲乙正等原數各若干借一百為等數乙既得甲九則甲原一百九列左上而乙九十一列其次甲若取乙九則甲一百十八而乙八十二以視甲之半盈二十三因甲取乙九當倍乙數故列左下以借五十為等數乙既得甲九則甲原五十

九列右上而乙四十一列其次甲又取乙九則甲得六十八而乙三十二以視甲之半不足二列右下盈不足相併三十九為法左上乘右下右上乘左下相併為實以法除實係甲乘者除得六十三為甲數係乙乘者除得四十五為乙數

甲九 乙四十一	不足二	乘得 乙一百八十二 甲二百一十八	
	積二十五		積 甲一千五百七十五 乙一千一百二十五
甲十一 乙九	盈三	乘得 甲一千三百五十七 乙九百四十三	

問携酒遊山到處沽增一倍俱飲六升至第四處飲訖無餘原携若干借五升四合刻左上倍之一斗八合減六四升八合又

倍之九升六合減六三升六合三次倍之七升二合減六一升二合四次倍之二升四合以減六不足三升六合列左次另借六升二合列右上倍之一斗二升四合減六六升四合又倍減至四次倍得一斗二升八合減存六升八合復倍得一斗三升六合減存七升六合又倍得一斗五升二合減存九升二合盈九升二合列右次盈不足相併為法以左上乘右下右上乘左下併為實以法除實得五升六合二勺五抄為原酒數

四五 不足 六二 乘得二千二百三十二

六 盈 九二 乘得四千九百六十八

積一百二十八

積七千二百

問貸穀不知數每年加息一倍一年還穀五斗至五年本利俱完其原貸若干先借四十三石列左上倍之八十六減

所還餘三十六又倍之七十二又減餘二十二仍倍之四十四不足六石
列左下又借四十四石列右上倍之八十八減所還餘三十八又
倍之七十六又減餘二十六仍倍之五十二盈二石列右下併盈不
足為法左上乘右下右上乘左下得數併為實以法除實
得原穀四十三石七斗五升

四三 盈二 乘得八十六	四四 不足六 乘得二百六十四
積八	積三百五十

或依三率置五十為實置三年之倍一二四併得七乘之加毋一為法除之亦同

問逐兔百隻每三人得四隻該幾人先借七十二人列左上以四乘二二除九十六盈四隻列下另借九十人列右上以

四乘三除一百二十不足二十列下盈不足併爲法左上乘右
下右上乘左下得數併爲實以法除實得七十五人

九〇 不足 二〇 乘得一千四百四十
一 積二十四 積一千八百
七二 盈 四 乘得三百六十

此問依三率三
乘四除即得借
此見例云

問甲乙丙共數六十乙多甲一倍外加四丙兼甲乙數外
加六各該幾何先借六爲甲逼乙丙數列左上甲六乙十六丙二十八共得五十比正數不足一十列左下又借八爲甲逼乙
丙數列右上甲八乙二十丙三十四共六十二比正數盈二列右下
相併爲法次以左上乘右下以右上乘左下亦相併爲實

以法除得七零三之二爲甲數倍之加四得十九零三之
二爲乙數兼甲乙加六得三十三爲丙數總合六十數

二〇四　六　盈二〇　乘得一十二
六八〇　八〇　不足八〇　乘得八十
積一十二　積九十二

問試以三十數隨手剖爲二以其一加六十以其一加二
十而加六十者爲加二十者之三之二其剖分之數各幾
何此攷三十而隨意剖之且借二十爲甲數列左上列乙
一十于次而各如問加焉察其數甲二十加六十得八十乙一十加二十得三十
甲視乙固不足三之二乙三十則甲之三分二者該九十今郄八十以不足一

十列左下又借二十四爲甲數列右上亦列乙六于其次各加如問而察其數（甲二十四加六十得八十四乙六外加二十得二十六）甲又盈乙三之二（乙二十六則甲之三分二者該七十八今却八十四）以盈六列右下盈不足積併爲法次以左上乘右下以右上乘左下併爲實以法除實得二十二又二之一爲甲數然後求三之一則七零二之一爲乙數也

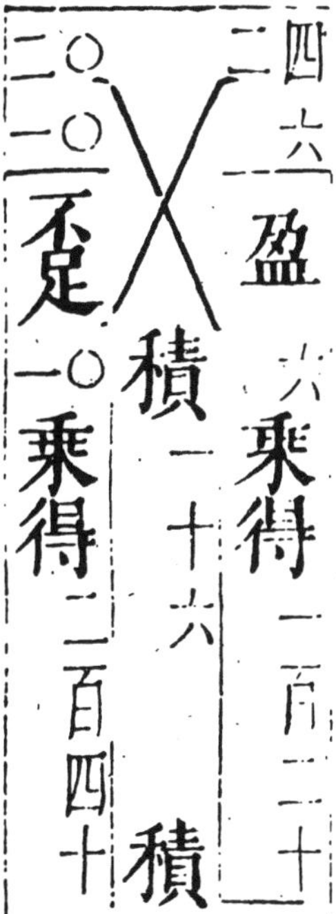

問甲乙丙三數甲加七十三得爲乙丙數者二乙加七十三得爲甲丙數者三丙加七十三得爲甲乙數者四其實

數各幾何此因有三之二及四之一三當借奇數爲通數以求甲數而又因乙丙之加帶逺難析則豐用前法以徵之且如借一乃有數也以當甲列左上左圖加七十三共七十四當兼乙丙而倍之此以七十四爲兼乙丙且倍之則乙丙當併得其半共得三十七因以折半三十七爲乙丙數而乙與丙又衰分焉乙加七十三又得十四之二[illegible]依前法隨意衰之爲兩如借二爲乙衰另列于左上左圖則丙係三十五矣列左次乃以二加七十三得七十五以較甲丙合數未足三之二甲一丙三十五共三十六則其三之二乃該一百零八今[illegible]加七十[illegible]只有七十五尚縮三十三列左下又借五當乙二十七中之五列右上則丙係三十二矣列右次乃以五加七十三得七十八

以較甲丙有三之二丙不足二十一甲一丙三十二共三十三則其三之二該九十九今乙該五九加二十二以七十八列右下兩不足相減餘爲法而以左上乘右下以右上乘左下相減餘爲實以法除實得一十零四之一爲乙實乃列乙實于左圖初借立一之次既巳得乙實即得丙實乙丙共三十七九乙得一十零四之一則丙得二十六零四之三列于

又次

乙丙 五二 不足 二二 乘得 四十二

乙丙 二九 不足 三三 乘得 一百六十五

減餘 一十二

減餘 一百二十三

一〇 四二

又另借三爲甲衰列右上加七十三共七十六以其半爲乙丙

衰十六而隨意分之爲兩另作一法如前焉如以二爲乙衰列左上其餘三十六乃丙衰列

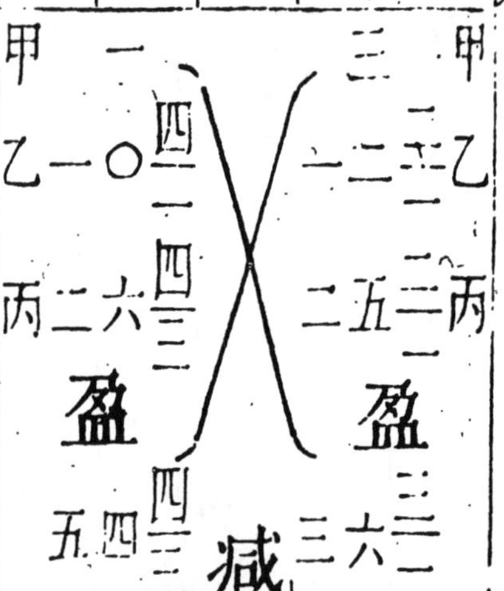

減餘之一一十八又四

左次卽以乙衰之二加其七十三得七十五與甲丙相較是三之二不足四十二甲三丙三十六共三十九其三分之二乃一百十七也今乙衰加之只七十卽以不足列左下另借二十三爲乙衰列右上其半十五爲丙衰列右次以乙衰二十三加七十三得九十六與甲丙相較是三之二不足四十二甲三丙十五共十八其三分之二皆是五十四今乙

數在右九十六數以盈列右下盈與不足相併為法仍以左上乘右下以右上乘左下而相併為實以法除實得一十二零二分之一為乙實乃列乙實于前所借甲三之次因得丙實乙丙共三十八乙既得一十二又二分之一則丙得二十五零二分之一亦列于又次俱照前式

一　乙丙
一　三二五　盈　一四　乘得八十四
一　二一　　積併八十四
一　二六　不足　四　乘得九百六十六　積併一千五十
二九

乃依所問列之甲加七十三要兼乙丙數又多一倍乙加

七十三要得甲丙數者三丙加七十三要得甲乙數者四

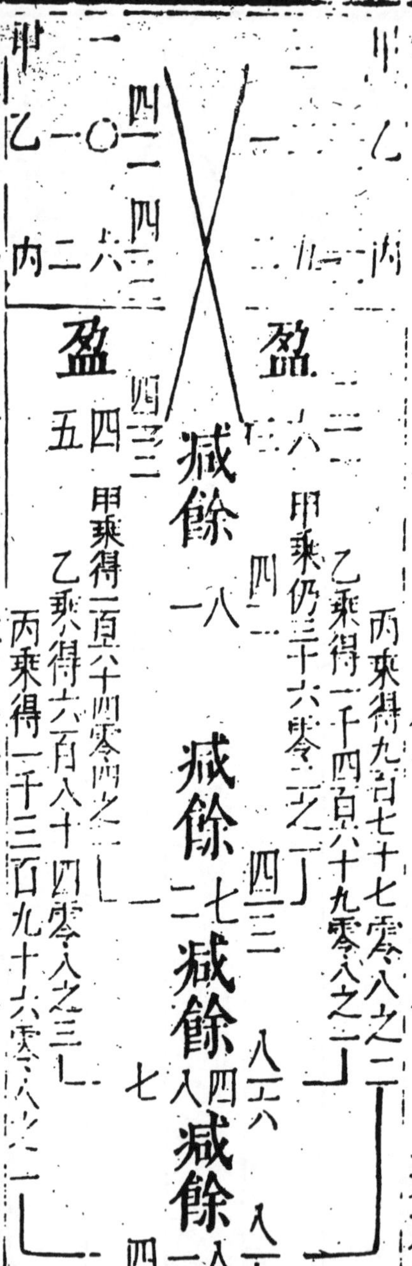

如右圖左上甲衰及所加共七十四已兼乙丙之數與其倍數乙丙共三十七兼而倍之則七十四也左次乙衰所加共八十三又四之一亦兼甲丙數之三甲丙共二十七又四之三以加二倍合乙衰俱合原問惟左又次丙衰及所加共九十九零四之三以合甲乙共六十一零四之一如原問但欲得甲

乙數者四只須四十五今却九十九零四之三乃盈五十四零四之三到此不合矣仍依互乘之法求之

右上甲衰及所加（共七十六）亦合乙丙兼數與倍數（乙丙共三十八兼倍之數七十六也）右次乙衰及所加（共八十五半）合甲丙亦具三因（甲丙共二十八半三因之得八十五半）惟右又次之丙衰及所加（共九十八零半）以合甲乙（共十五又二之一）以四因之當得六十二今却九十八零二之一乃盈三十二零二之一也不合原問仍依互乘之法求之

于是以左上甲衰乘右下以右上甲衰乘左下相減餘爲實以左下右下相減餘爲法除之得七爲甲衰如欲得乙衰則以乙之左右上下互乘相減以法除之得一十

也爲乙衰如欲得內衰亦以丙之左右上下互乘減除得二十二爲內衰

問設有一數以與三相乘外加一十又以此乘四外加二十又乘五外加三十又乘六外加四十卽共得六千七百此共原設數幾何其法先借二爲主列左上以乘三得六外加十共十六又與四相乘六十四加二十共八十四又與五相乘四百二十加三十共四百五十又與六相乘二千七百加四十共二千七百四十以此所問數六千七百不足三千九百六十列左下次借三列右上以乘三九外加十共十九又乘四七十六外加二十共九十六又乘五四百八十外加三十共五百一十又乘六三千六十外加四十共三千一百

以此所問數六千七百不足三千六百列右下兩不足相減餘

爲法除之得一十三係原設

三　　　　　　　　　　二

不足六〇〇　三　　　　不足九六〇　三

乘得七千二百　　　　　乘得一萬一千八百八十

減餘三百六十

減餘四千六百八十

右法已除得十三者與三相乘三十九加一十四十九又與四

相乘一百九十六加二十共二百一十六以乘五一千八十加三十共一千一百一

十以乘六六千六百六十加四十實得六千七百合問

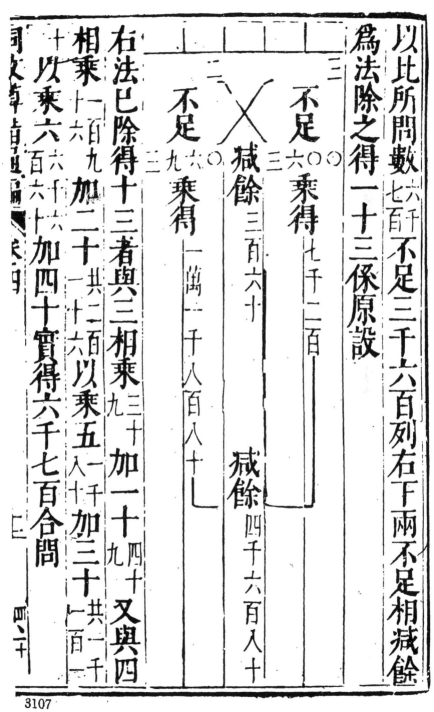

問二人共分銀一百兩不得其均若均分則每人當五十兩然須甲還所得銀三之一乙又還所得銀五之一方得每人五十兩其不均之分各得若干先借三十兩為甲衰列左上亦列乙衰七十于次乃減甲三之一（減一十 存二十）亦減乙五之一（一十四）而以乙減歸甲（甲二十加乙一十四共三十四）以比五十不足一十六列左下另借六十為甲衰列右上亦列乙衰四十于其次乃減甲三之一（減二十 存四十）亦減乙五之一（八）而以乙減歸甲（甲四十加八共四十八）不足二列右下兩不足相減餘為法以左上乘右下以右上乘左下相減餘為實以法除實得六十四兩零七分兩之二為甲衰就一百兩內減甲

衰餘三十五兩又七分兩之五爲乙衰合原分不均之數

〇〇
六四〇 不足 二十 乘得六十

〇
七〇 不足 六一 乘得九百六十七

減餘一十四 減餘九百

問二人共分銀一百兩未得其均須甲捐所得三之一乙亦捐所得四之一和合平分乃各得五十兩其未均之數各若干先借六十爲甲衰列左上亦列乙四十于左次乃減甲三之一減二十存四十減乙四之一減一十存三十和所減甲二十乙一十而均分之各得十五以甲所得十五合減存四十之數甲原存四十加十五[illegible]以比五十盈五數列左下另借二十四爲甲

衰列右上亦列乙衰七十六于右次乃減甲三之一減八存一十六減乙四之一減十九和所減甲八乙一十九共二十七而均分之各得十三半以甲所得一十三半之數合減存一十六數共二十九半以比九十不足二十半列右下盈不足相併爲法右上乘左下左上乘右下相併爲實以法除實得五十二兩零十七分兩之一十六爲甲衰其餘四十七兩又十七分兩之一爲乙衰

四　二六
不足　二〇一
乘得一千二百三十　積一千三百五十

一〇六
〇
盈　五
積二十五二二
乘得一百二十

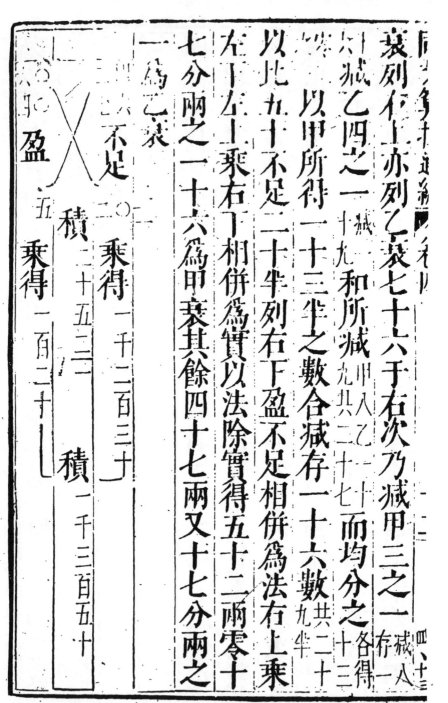

問以一千剖爲二甲多于乙四十九作何剖之其法借六百爲甲衰列左上亦列乙四百于次相較差二百以比四十九則盈一百五十一列左下另借五百五十爲甲衰列右上亦列乙四百五十于次相較差一百以比四十九則盈五十一列右下兩盈相减餘爲法以左上乘右下右上乘左下相减餘爲實以法除實得五百二十四零二分兩之一爲甲衰餘爲乙衰

五五〇　六〇〇
四五〇　四〇〇
盈 五一　盈 一五一

乘得 三萬六百
减餘 一百
乘得 八萬三千五十
减餘 五萬二千四百五十

問香鑪二座其蓋重一百五十斤以蓋加甲鑪則多于乙二倍以蓋加乙鑪則與甲鑪正等此二鑪各重若干其法借三十爲甲衰列左上蓋一百五十列左次共一百八十又列其次以三之一爲乙衰得六十以乙加蓋得二百一十比甲衰三十盈一百八十列左下另借九十爲甲衰列右上蓋一百五十列左次共二百四十又列其次取其三之一爲乙衰得八十以乙加蓋二百三十比甲衰九十盈一百四十列右下兩盈相減餘爲法左右上下互乘仍相減餘爲實以法除實得三百斤爲甲鑪以加蓋得四百五十斤其三之一得一百五十斤爲乙鑪

九〇
一五〇
二四〇
盈一四〇　乘得四千二百

三〇
五〇
一八〇
盈一八〇　乘得一萬六千二百

減餘四十
減餘一萬二千

問香鑪二座有一蓋其蓋重百兩加甲鑪則其重比乙多二倍加乙鑪則其重比甲多一倍此二鑪各重若干其法借五十為甲衰列左上蓋數一百列左次共一百五十又列其次而以其三之一五十為乙衰（因甲加蓋多乙二倍故）加蓋得一百五十比甲衰（二倍）盈五十列左下（緣倍甲五十只該一百今却一百五十故盈五十）另借一百一十為甲衰列右上蓋數一百列右次共二百

一十又列其次而以其三之一為乙衰十七加蓋七一百比甲衰 借甲一百一十即該二百二十 今却一百七十故不足五十 不足五十列右下盈不足相積為法左右互乘積為實以法除實得八十兩為甲爐其加蓋三分之一得六十為乙爐

五〇
一〇〇
一五〇
盈 五〇 乘得五千五百
不足 五〇 乘得二千五百
積 一百
積 八千

問有人買鵪鶉不知其數但云以其二之一加三之一又加四之一再加二十二共得一百此是幾何其法借一通數可以二三四分之者為主先借十二列左上而以二之一之

一六三之一四四之一三併之得十三再加二十二共得
三十五以比一百不足六十五列所不足于左下另借六
十列右上而以二一三十三一二十四一十五併之得六十五加
二十二共得八十七以比一百不足一十三列所不足于
右下兩不足相減爲法左右互乘相減爲實以法除實得
七十二爲所問之數以其二之一三十六三之一二十四四之
一一十八再加二十二共一百隻

六十　不足一三　乘得一百五十六

一二　不足六五　乘得三千九百

減餘五十二

減餘三千七百四十四

問二商各携銀未知其數但云取乙十二兩與甲則乙
有甲六之一取甲十五兩與乙則甲有乙十之一其實數
若干法從乙起算先借二十兩爲乙衰列左上內減十二
餘八以當甲六之一用六因求甲六八四十八內還乙所加十二存
數三十六又捐十五與乙甲剩二十一共乙原餘八又取甲十二共二十今又加三十
五以甲剩數較乙加數甲是乙十之一否甲二十一則乙當二百一十今
不足一百七十五列左下另借一百爲乙衰列右
上內減十二餘八十八以六因求甲衰五百二十八亦還所加十二存
數五百一十六內除十五與乙甲剩五百一乙原餘八十八又取甲十二共一百今
加十五共一以乙較甲甲是乙十之一否甲五百一則乙當五千一十今

乙少下一十五
不足四千八百九十五列右下兩不足相減為法左右上下互乘相減餘為實以法除實得十七兩零五十九之三為乙毋內捐十二兩與甲則實得五兩又五十九之二以六因求甲得三十兩零五十九之十二內亦減十二實得十八兩零五十九之十二再捐十五兩與乙加乙原數十七兩又五十九之二共得三十二兩零五十九之二以十之一約之則三兩零五十九之十二也為甲毋

一〇〇 不足 四八九五 乘得 九萬七千九百

二〇 不足 一七五 乘得 一萬七千五百

四 減餘 四千七百八十

減餘 八萬四百

問三人所各携銀不知其數但云減乙六兩與甲則甲多乙一倍減甲三兩與乙則與乙正等各實數幾何從乙多數起算先借一十五兩爲乙衰列左上內減六存九以當甲之半則甲該一十八內又除所加六得十二爲甲衰正數內減三與乙則甲剩若九以甲所剩九較乙衰十五及所加之三乃盈九（甲九乙十八也）列所盈于左下另借二十爲乙衰列右上內減六存十四倍之爲甲衰當是二十八亦減所加六實得二十二爲甲衰正數若取三與乙則甲剩十九以甲之十九較乙之二十及所加之三又盈四（甲十九乙二十）列盈數于右下兩盈相減爲法左右上下互乘相減餘

為實以法除實得二十四為乙衰內減六與甲餘倍之得三十六甲先借六與乙則甲之本數只三十矣就三十之內減其三兩併入乙二十四兩為二十七甲三十減三亦二十七故其數正等

二〇 盈 四 乘得六十 減餘 一百二十

減餘五

一五 盈 九 乘得一百八十

問漏壺一座注水其中下有三孔其甲孔流水二時而盡乙孔流水三時而盡丙孔流水六時方盡若三孔俱開則幾時水盡且借四時為用列左上而各據其孔之大小流水之遲速測之甲二時一壺則四時當盡二壺乙三時盡一壺則四時當盡一壺零三分之一丙六時

一壺則以時當 四三分壺之二 得數併計之共以四時盡四壺而所問者一壺也爲盈盈三列左下另借十時爲用列右上亦以時推其多寡 甲二時一壺則十時該五壺乙三時一壺則十時該三壺又三分壺之一丙六時一壺則十時該一 壺之一 之二 得數併計共以十時盡十壺比原問一壺又盈九列右下兩盈相減剩六爲法上下左右互乘相減亦得六爲實以法除實得一是二孔俱開則壺水一時洩盡也

一 盈九 乘得三十六

四 盈三 乘得三十

減餘六 減餘六

問漏壺一具上有渴烏注水凡十二時而滿下有竅通天

池洩水凡十八時而水盡若上注水下洩水當幾時水可滿且借二十爲滿候列上以推注洩之時已知下洩十八時盡一壺則二十時當盡一壺零九分壺之一而其上注二十時必能滿至二壺九之一方與此合乃且注且洩只有一壺三之二不足九分壺之四列左下另借三十時爲滿候列右上而各推其時已知下洩十八時盡一壺則三十時當盡一壺零三之二而其上注三十時必須滿至二壺三之二方與此合而又不然只滿二壺半亦不足六分壺之一列右下兩不足相減餘爲法乃以右上乘左下以左上乘右下減餘爲實以法除之

不足六一　乘得六五二十

減餘一八五五　減餘九十四之五百四十

不足九四　乘得九五二百二十

問甲匠做工三十日完加乙匠則十八日完若獨用乙匠須幾日完先要知甲匠十八日所做之工乃三十日內五分之三則知乙匠十八日之工乃其五分之二也試借四十日為乙衰列左上以十八日完五之二推之則四十日完九分之八不足九分之一列左下別借六十日為乙衰列右上亦以十八日五之二推之則六十日完全工外又溢九之三列右下兩盈不足相併得九之四為法次以左

上乘右下右上乘左下相併得九之一百八十為實以法
除實得四十五日完工

六　盈　九三　乘得九之一百二十	積得九之卅
四　不足　九一　乘得九之六十	

右乙匠十八日完五分工之三所少五之三者算該二
十七日完以二十七加一十八是四十五也
問甲乙丙三人共博甲羸乙金二之一乙羸丙金三之一
丙又羸甲金四之一事畢各剩金七百兩三人原携毋金
若干法已知三人原共金二千一百兩七百三箇三分之當于

甲衰七百內與丙內四之一又得乙二之一于乙衰當加入丙三之一又與甲二之一于丙衰當得甲四之一又與乙三之一乃先借一百兩爲甲衰列左上內除四之一二十五該存七十五而總有七百兩足所贏于乙者爲六百二十五兩而乙衰當爲一千二百五十兩矣列左次內輸去三之一則所剩當亦爲六百二十五兩又贏丙三之一而爲七百兩則亦得丙七十五兩而丙所携毋爲二百二十五兩矣又列其次內輸與乙三之一尚存一百五十加入得甲四之一　共得一百七十五兩以較原問不足五百二十五列左下別借二百爲甲衰列右上內除四之一五十

剩一百五十而總有七百以乙二之一足之剩知乙衰二之一該五百五十兩而乙總數爲一千一百兩矣列右次內輸與甲二之一當剩五百五十兩又以丙三之一足之而爲七百兩則亦得丙一百五十兩而丙所携母爲四百五十兩矣又列其次內輸與乙三之一尙存三百兩加所得甲四之一伍僅得三百五十兩比原問不足三百五十列右下兩不足相減剩爲法左右上下互乘相減剩爲實以法除實得四百爲甲母推知乙母八百以甲四內減四之一存三百加四[illegible]丙母九百以乙八百減二之一存四[illegible]該增三[illegible]

[illegible]

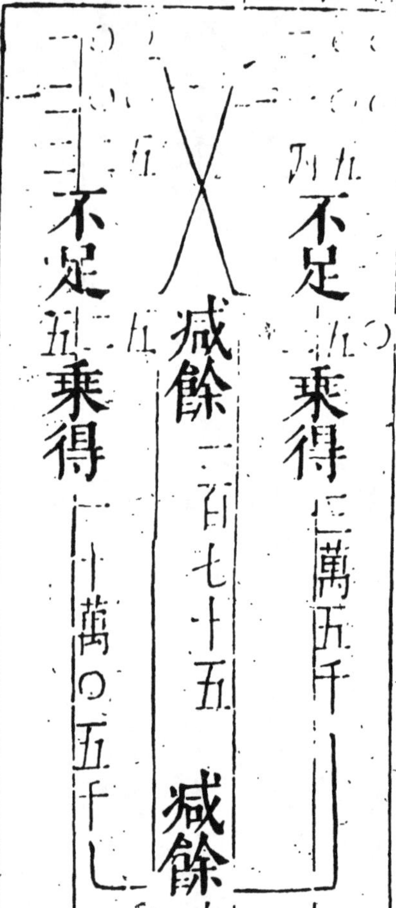

問甲乙丙三商共販得子銀四百兩依毋銀分之乙比甲多分十二兩丙比乙多分十六兩要知各分若干先借一兩爲甲衰列左上推得乙該十三兩丙該二十九兩共四十三兩以視四百不足三百五十七兩以次列左下別借

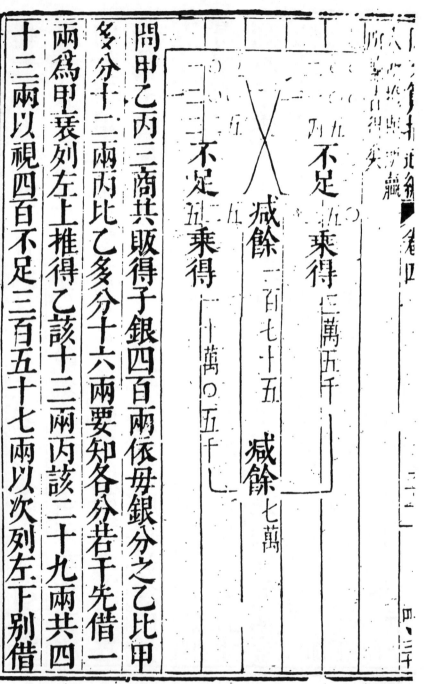

二兩爲甲衰列右上推得乙該十四兩丙該三十兩共六四十六兩以視四百不足三百五十四兩以次列右下兩不足相減剩爲法左右上下互乘得數減剩爲實以法除實得一百二十爲甲衰以推乙衰一百三十二丙衰一百四十八合問

問調兵征倭內有南北西三處兵馬南兵四萬北兵爲南

兵及西兵二分之一西兵爲南兵北兵三分之一要知北
兵與西兵各若干併南兵共若干先借三萬爲北衰列左
上推得南西二兵共該六萬而西兵僅該二萬列左次借
爲南北三之一則南北共只六萬而實七萬是盈一萬也
列左下又借二萬四千爲北衰列右上推得南西二兵共
該四萬八千而西兵僅該八千列右次借爲南北三之一
則南北共只二萬四千而實六萬四千又盈四萬也列右
下兩盈相減剩數爲法上下左右互乘得數亦相減剩爲
實以法除實得三萬二千爲北衰推知西兵二萬四千總
共九萬六千而北得南西二之一西得南北三之一

四〇〇〇〇　二　三〇〇〇〇
八〇〇〇〇　　　三〇〇〇〇

盈　　　盈

四〇〇〇〇　減餘三萬　〇〇〇〇

乘得一十二億　　乘得二億四千萬

減餘九億六千萬

問黃金百斤製鑪一座既成慮匠人盜金和銀銷毀驗之恐傷工本欲知和銀若干法以器貯水令滿已知水幾斤乃以金鑪百斤入器內溢水六十五斤加水令滿別以純金百斤入之溢水六十斤另貯滿水以銀百斤入之溢水

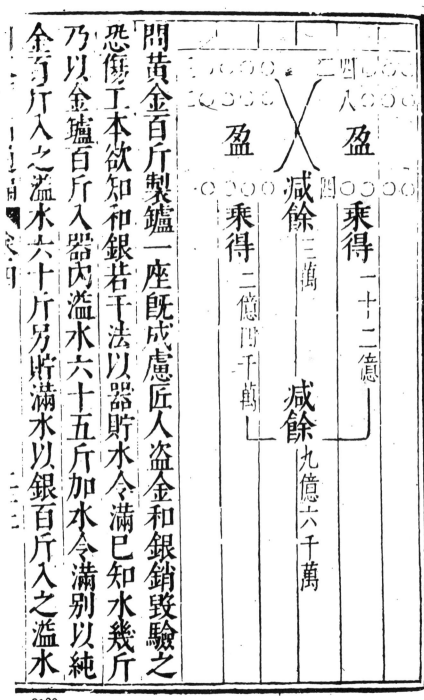

九十斤今借銀四十斤爲匠所換數列左上存金六十斤列左次以鑪溢水六十五斤若以純金只溢六十斤推之實在鑪內之金六十斤只該出水三十六斤又以純銀溢水九十斤推之所和之銀四十斤亦該出水三十六斤共該溢七十二斤今視原數六十五斤盈七斤列左下又借銀三十斤爲匠所換數列右上存金七十斤列右次以純金溢水六十斤推之則鑪金七十斤該出水四十二斤又以純銀溢水九十斤推之則和銀三十斤該出水二十七斤共該溢水六十九斤今視原數六十五斤又盈四斤列右下兩盈相減剩爲法左右上下互乘得數減剩爲實以法除實得一

十六斤零三分斤之二爲匠人盜和銀數其實在純金九
八十三斤三分斤之一也蓋比例推之金百斤溢水六十
斤則八十三斤及三分斤之一該出水五十斤銀百斤溢
水九十斤則一十六斤及三分斤之二該出水一十五斤
合之得六十五斤合問

三〇
七〇盈　四乘得一百六十
減餘二　減餘五十
四〇
六〇盈　七乘得二百一十

問綾七尺羅九尺兩價適等其每尺之價羅少于綾者其
較三十六文此綾羅各價若干是爲匿價衰分法先借七

三二三

十二文爲綾價列左上則羅價當三十六文列左次各以尺數乘之綾七尺得五百〇四文羅九尺得三百二十四文羅視綾不足一百八十文不相等也又列其下別借一百文爲綾價列右上則羅價當六十四文列右次各以尺數乘之綾七尺得七百文羅九尺得五百七十六文羅視綾不足一百二十四文亦不相等也又列其下以兩不足相減餘爲法乃以左上乘右下右上乘左下得數亦相減餘爲綾實以法除之得綾每尺價一百六十二文再以左次乘右下右次乘左下各得數相減餘爲羅實以法除得羅每尺價一百二十六文又各以尺數乘之綾七尺共一千一百三十四文羅九尺亦一千一百三十

四文正等

一○○
六四
不足
一二四

七二
三六
不足
一八○

次乘得四千四百六十四

上乘得八千九百二十八

減餘一十四

減餘九十七十二

減餘七千五十六

上乘得一萬八千

次乘得一萬一千九百二十

問金九錠銀十一錠其重適等互換一錠則金輕十三兩金銀每錠重若干此因互換一錠而金輕十三兩因知金銀之較爲六兩五錢也乃先借一十三兩爲金衰列右上則銀該六兩五錢列右次各以錠乘金九錠得一百一十七兩銀一十一錠得

七十兩九錢金視銀盈四十五兩五錢列下另借二十四兩為金數列左上則銀該一十七兩五錢列左次各以錠乘金九錠得二百一十六兩銀十一錠得一百九十二兩五錢金視銀盈二十三兩五錢又列其下兩盈相減餘為法

〇三　五六
盈
五五四

〇四二　五七一
盈
五三二

次乘得七萬九千六百二十五

上乘得十萬九千二百

減餘二十二

減餘七萬八千六百五十

上乘得三廿五百五

減餘六萬四千三百五十七

次乘得一萬五千二百七十五

而以左上乘右下右上乘左下得數相減餘為金實左次

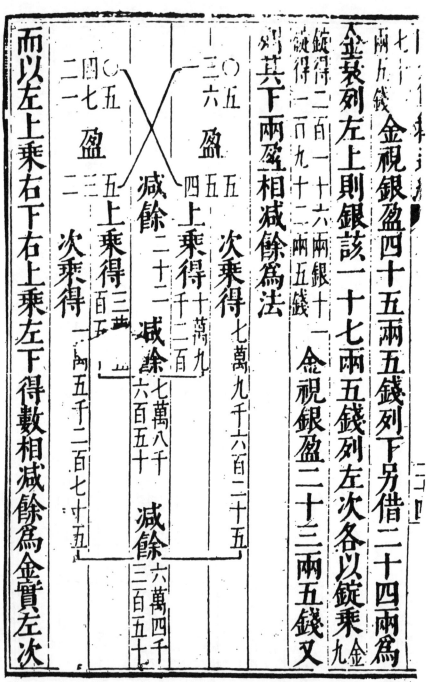

乘右下右次乘左下得數相減餘爲銀字俱以法除得金一錠重三十五兩七錢五分銀一錠重二十九兩二錢五分而各以錠乘金九錠共三百二十一兩七錢五分銀十一錠亦三百二十一兩七錢五分正等

問牛羊共二百牽總價一百六十八兩每牛三頭銀十二兩羊四羫銀一兩五錢欲知牛羊各數各價若干此于大總內又立小總法先以三歸十二得牛一頭價四兩以四歸一兩五錢得羊一羫價三錢七分五釐而化兩及錢分皆爲釐算之先借六十爲牛衰列左上則羊該四十列左次而以各價乘之牛六十頭乘四千釐得二十四萬羊四羫乘三百七十五釐得一萬五千併共

價一百九十五兩以視共價盈八十七兩列左下又借三十爲牛

裹列右上則羊該七十列右次而以各價乘之牛得一十二萬鼈羊

得一萬六千二百五十鼈併共得一百四十六兩錢五分以視共價不足二十一兩

七錢五分列右下併盈不足爲法依式互乘

〇〇
〇七
不足
二一七五

〇〇
六四
盈
八七〇〇

次乘得八萬七千

上乘得十三萬五百

併得一萬八百七十五

併得三十九萬一千五百

併得六十九萬六千

上乘得二十六萬一千

次乘得六十萬九千

乃以左右上數互乘下併爲牛實左右次數互乘下併爲

羊實以法除得牛三十六羊六十四以各價乘得總

隱雞兔同籠不言其數但云九十六頭三百零八足其雞兔各幾何法以九十六頭爲主先借到雞四十八隻列右上兔亦四十八隻列右次而以各足乘之雞二足乘四十八得九十六足兔四足乘四十八得一百九十二足併二百八十八足以較三百〇八足不足二十列右下又借作雞六十隻列左上則兔該三十六隻列左次而以各足乘之雞二足乘六十得一百二十兔四足乘三十六得一百四十四併二百六十四足以較三百〇八足不足四十四列左下兩不足相減餘二十四爲法又以左上乘右下右上乘左下各得數相減餘爲雞實以法除之得雞三十八隻其左

次右次亦如法乘減餘爲兎實以法除得兎五十八隻各以兩足四足乘之合三百〇八足之數

不足〇

次乘得七百二十

上乘得一千二百

減餘二十四

減餘九百十二

減餘一千三百九十二

上乘得二千一百十二

次乘得二千一百一十二

不足四

又法置九十六頭倍之得一百九十二以減總足餘一百一十六足以二歸之得五十八爲兎數却以四足乘之得二百三十二又以減總足餘七十六以二歸之得

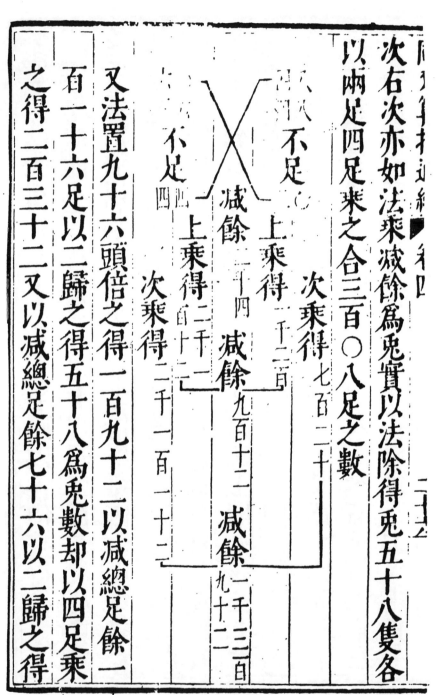

三十八爲雜數蓋以兩物皆借作兩足起算者

以上原二十二條補七條與舊法盈朒略似然本無盈朒而借立一數以求盈朒乃以盈朒推之者與前借衰互徵之法俱極超妙雖至隱至奧之數用此推求未有不渙然氷釋者學人熟此二法於算義思過半矣其舊法盈朒率人所恒習亦附數條于後用相比擬

舊法未知借推之妙只立盈與不足或兩盈兩不足爲母兩母相減爲法以母子互乘之數求其物實以兩子或併或減之數求其人實大抵一盈一不足者

相併爲實兩盈兩不足者減餘爲實俱如前法耳又有疊數盈朒如幾人分幾許盈幾數幾人分幾許不足幾數之類列作上中下三位所求人實亦取下層盈不足併減同前而取兩上相乘以爲通法更乘人實然後乃以上中互乘減餘爲法除之又以上中乘出之數互乘下層仍前併減以爲物實以法除之與人實同

問醵金買物每人出五兩盈六兩每人出三兩不足四兩人數物價各若干左列五之六右列三之四互乘併之爲物實另併兩子六四爲人實兩母相減餘二爲法除人實得人數五除物實得物價一十九兩或先得人數以乘出率

五內減盈六及以乘三外加不足四皆同

三不足四乘得二十　積一十為人實

倣二

五盈六乘得一十八　積三十八為物實

右法若依借衰者且借立一數與五相乘內減六得若干又與三相乘外加四得若干如相同即所求之數若不同者則依盈朒推之假如借四人列左上以乘五減盈六得一十四亦以乘三加不足之四得一十六兩數相較不足二列左下又借七人列右上以乘五減盈六得二十九亦以乘三加不足之四得二十五相較盈四列右下以併左

下共六為法左右上下互乘併得三十為實以法除實得五人以乘出率五內減盈六得一十九兩君以乘三加不足亦同

七　盈　四　乘得一十六

八　積　六為法　積　三十為實

四　不足　乘得一十四

此併子數為法併乘數為實以求人數與前兩母減餘為法而除人實物實及以乘出為物實而以母較除之者法稍異耳

問衆人分穀每人五石盈三十石每人六石不足四十石其人穀各若干以五之三十列左六之四十列右互乘併之為穀實併兩子二十四十為人實兩毋五六相減餘一為法除人實得人數七十除穀實得三百八十石或先得人數節

以乘分率五外加盈三十及以人數乘分率六內減不足四十亦同（前條除出率故減盈增不足此條係入率故增盈減不足）

六不足 四〇 乘得 二百四十

較 一 ╳ 積 七十為人實　積 三百八十為物實

五盈 三〇 乘得 一百八十

右法若用借衰者試借三十人列左上以乘五（一百五十）加三十（共一百八十石）亦以三十乘六（一百八十）減四十（一百四十）以前數較盈四十列左下另借一百人列右上以乘五（五百）加三十（五百三十）卽以一百乘六（六百）減四十（五百六十）亦以前數較不足三十列右下盈不足相併為法左右上下互乘併之為實以法除

實得七十為人數乃以人數乘五得三百九十外加盈三十為三百八十石又以人數乘六得四百二十內減不足四十亦三百八十石

一〇〇 盈 〇 乘得九百

積七十

二〇 不足 四〇 乘得四十七

積四千九百

問以絹一疋作帳先揩成六幅比舊帳長六寸後揩成七幅比舊帳短四寸新絹舊帳幅各長若干此先以幅數乘盈不足數求之置六幅列左上以乘盈六寸得三尺六寸列左下置七幅列右上以乘不足四寸得二尺八寸列右下左右上下互乘併之為絹實另併盈不足三尺六寸二尺八寸為

舊帳幅實而以七幅六幅相減餘一爲法除之得絹長四丈二尺舊帳幅長六尺四寸

七不足二八乘得一丈六尺八寸

較一積六六尺四寸爲舊實　積四丈二尺爲新絹實

六盈三六乘得二丈五尺二寸

問直田一段欲截一半另佃劈云截長六八步不足七步截長八步盈九步所截步及原濶步各若干列六八之七及八之九互乘併之爲截積之實併子數爲原濶之實而以兩毋相較餘二爲法除之得原濶之步八得截積之步五十五

八 盈 九 乘得五十四

較 二 ╳ 積十六為潤實 積一百一十為截積實

六 不足 七 乘得五十六

以上係一盈一不足者

問每人出銀三兩五錢盈六兩每人出銀三兩三錢盈二兩八錢人數物價各若干此以兩出率左右列及以兩盈各置出率之下互乘得數相減餘為物實以兩盈相減餘為人實又以出率相減餘二為法除物實得價五十兩除人實得一十六人

三三 盈 二八 乘得九十八

較二 ╳ 較二十為人實 較一百為物實

三五 盈 六○ 乘得一百九十八

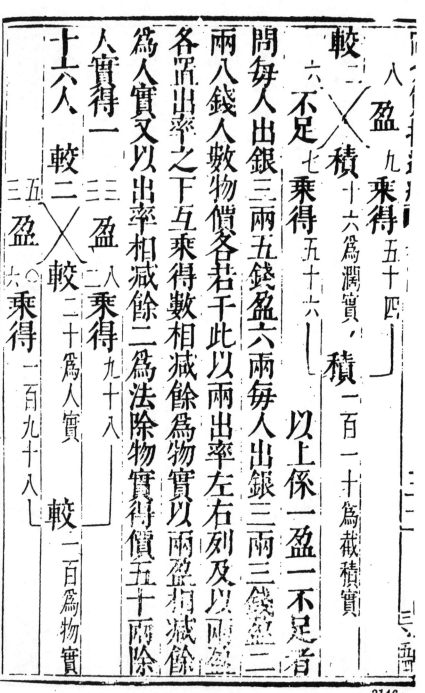

問每人出銀五兩不足四兩每人出五兩四錢不足二兩人數物價各若干列兩出率及兩不足互乘得數亦相減餘爲物實以兩不足相減餘爲人實又以兩出率相減餘四爲法除人實得五人除物實得價二十九兩

較

四 五 不足 二〇 乘得 一百

較 二十爲人實 較 一百一十六爲物實

五四 不足 四〇 乘得 二百一十六

問井不知深將繩摺作三股入井汲水餘繩四尺次將繩摺作四股入井繩餘一尺井深繩長各若干置三股四股爲毋各以所盈數乘之以三乘四尺得一十二尺以四乘一尺得四尺左右列位

互乘得數相減餘爲繩實以前所乘出兩盈數相減餘爲井深之實乃以二毋相減餘一爲法除繩實得繩長三丈六尺除井實得井深八尺

四 盈 四 乘得 一十二

較 ╳ 較 八爲井實 較 三十六爲繩實

較 三 盈 三 乘得 四十八

以上兩盈兩不足者

問每人出銀二兩五錢盈六兩每人出二兩三錢適足人數物價各若干置出率各以盈適足乘之除適足無乘只以左盈乘右出率爲物實以盈數爲人實仍以兩出率相減餘二爲法除物實得物價六十九兩除人實得三十人

或不乘盈數徑求人數而以所得之人數乘適足之出率者亦得物價同前

三 適足
二
較二
五 盈
二
〇 乘得一百三十八為物實
六

問每人出銀七兩不足一十四兩每人出九兩適足人數物價各若干仍前列位以右九乘左不足為物實以不足為人實兩出率減餘二為法除人實得七人除物實得價六十三兩或不以乘法求物實徑求人數而以人數乘適足之出率亦得物價同前

九　適足

較二

七　不足　四　一乘得一百二十六為物實

問以米換布換九疋適足換七疋多米四斗其米數布價各若干置出率及盈適足以盈數為實以兩出率減餘為法除之得每疋值米二斗乃以適足之九疋乘之得總米一十八石

七　盈　四為米實

較二

九　適足

以上係盈與適足及不足與適足者

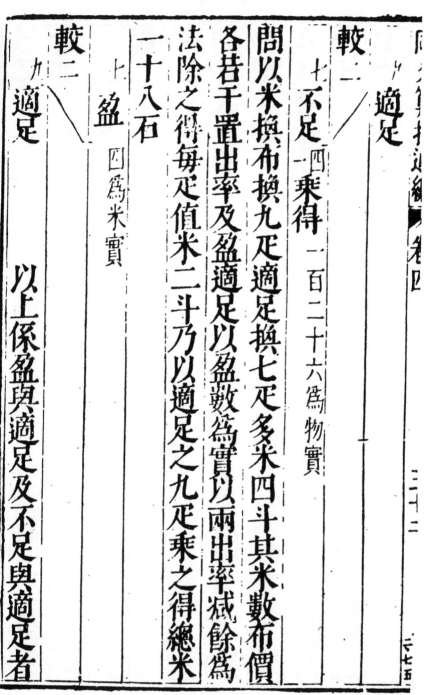

問每八人共出銀七兩盈四兩五錢每九人共出六兩不足三兩人數物價各若干此疊數盈朒也布位三層先立通數以乘人率法取左上右上相乘爲之七十二乃以上中二位左右互乘得數左六十三右四十八相減以其餘數一十五爲後除人實物實之法而各以乘得之數與下位左右互乘左二百一十六右一百八十九併之四百零五爲物實以法除得價二十七兩仍併盈不足數爲人實之率七十五而以前求通法七十二乘之得數五百四十爲人實亦以法除得三十六人此法與前數條大略相同但物實則以上中乘出之數乘其下位盈朒之數而人實則增二上相乘通數以與再乘其所除人實物

實之法則前條直以出率減餘爲之此以上中互乘得數相減餘數爲之此其小異耳

上　中　下

九　六　互四八不足三○互乘得一百八十九

[illegible]　較五　積七五通法乘四○五人實　積四○五物實

八　七　乘三六盈五四互乘得二百一十六

問每六人共出銀九兩盈三兩每四人共出銀七兩盈六兩人數物價各若干法以左上右上乘得數爲通法二十四

次以上中互乘左得三十六右得四十二相減餘六爲除人實物實之法六又以互乘所得之數[illegible]以兩盈數互乘左得二百一十六右得一

十七二十 相減餘為物實兩九十 以法除得價一十五兩以兩盈

相減餘 為人實之率而以通法四二十 乘之得人實二七十

以法除得一十二人　其疊數兩不足倣此

上　中　下

四　七 互二 盈 六 互乘得一百二十六

乘 較 較三通乘二七為人實　較九〇為物實

六　九 乘 三 六 盈 三 互乘得二百一十六

問每三人共出銀伍兩多一十兩每五人共出銀九兩適足人數物價各若干法以左上右上相乘得數為通法十一

二十 次以左上乘右中七二十 右上乘左中五二十 相減餘二 為

除人實物實之法次以右中得數乘左下盈得二百七十兩為物
實以法除得價一百三十五兩就以左下盈十一為人實零
而以通法五十一乘之為人實五百一十以法除得七十五人
上　中　下　其疊數不足適足倣此

九　九　互 二 七　適足
乘 五　較 二　通乘一百五十為人實
三　五乘 二 五　盈 一〇　乘得二百七十為物實　右疊數盈朒

問銀未知數以買物用三分之二盈三兩用五分之三不
足一兩銀數物價各若干法取子毋互乘以通盈朒之數
如子數二互乘毋五得一十以通朒一兩得一十兩列左

子數三互乘毋三得九以通盈三兩得二十七兩列右乃以左中乘右下七十二右下乘左下九十併之一百六十二而以兩子相乘六為法除之得二十七為銀實而以左上右上減餘一為法除之仍得總銀六十兩次併盈朒二數三十七為物實而以法除得價三十七兩

上　中　下

一二　盈　三　九　盈　二七　互乘得　二百七十

乘　六　較　積　二七　積　二百六十一　六除得銀實六十

不足　一〇　不足　一〇　互乘得　九十七

問銀未知數取六分之四買物盈二兩取四分之三買物

盈一兩八錢銀數物價各若干以子數四互乘毋四得一
十六以通盈二兩五錢得五十六兩列左以子數三互乘
毋十六得一十八以通盈二得三十六列右乃以左中乘右
下　以右中乘左下　減餘四十亦以兩子相
乘　為法除之　為銀實以左中右中減餘　為法
除之得總銀一十八兩別以兩盈相減餘十二為物價之實
乃以法除得物價一十兩

上　中　下

一　盈一八　盈二　乘得五百七十八

較　較　為物實　較　以子乘　除得　為銀實

四二盈九十六二一盈五六乘得一千零八

問派納官銀不言其數但知有甲乙二等戶乙戶所辦當甲戶十之八先令甲等八戶乙等五戶納之不足五兩後令甲等六戶乙等八戶納之不足三兩其派銀數及各戶則例若干法以甲乙二衰乘戶數各併之列位甲衰一十以乘八得八十乙衰八以乘五得四十併得一百二十戶列左又以甲衰十乘六得六十以乙衰八乘八得六十四併得一百二十四戶列右以兩不足數系之互乘相減餘爲銀實三百六十兩乃以二上相減餘爲法四得官派銀六十五兩別以兩不足數相減餘二爲則例之實以法除之得五錢而以各衰乘之甲衰一十乘得五兩爲甲等一戶辦數乙衰八乘得四

兩爲乙等一戶辦數

不足三　乘得三百六十

較四　較二　爲則例實　較六○　爲銀實

不足二　乘得六百二十

問錢未知數以買物取二分之一盈四文取七分之三適足錢數物價各若干先取母子互乘一乘七得七列右三乘二得六列左而以六互乘盈四得二十四列右下即以爲物價之實兩母減餘爲法一除得物價二十四文又以適足之母七乘盈數四二十八得數爲錢實一百六十八而以原子

二三相乘得數為法三除之得錢二十五文

三二盈四 六盈四二為物實乘得一百六十八為錢實

✕✕乘三 較一

七三二適足 七適足

問糴麥不知數但云取三分之一糴銀八兩適足若取八分之三糴銀十兩不足二石總麥石數若干每銀一兩糴麥若干法取兩子毋互乘得數各迺糴銀以毋三互子一得九通八兩得七十二以毋八互子三得八通十兩得八十另以所通得數七十二列左八十列右乃以適足銀八乘不足之麥得數一十六石列右下如不足適足例而取適足所迺出之銀率七十以乘不足所

乘出之麥率六十 得數六千一百 又以兩子相乘三爲法

除之以爲麥實左中右中相減餘八爲法除得總麥四十

八石另以不足乘出六十爲銀實亦以法除八得麥二石

價銀實一兩

八 乘二 不足二十 八 不足一六 乘得五十二以三除三爲麥實八除得麥四八 四

較八

八 適足 七二 適足 右毋子盈朒

同文算指通編卷四

雜和較乘法第八

諸物互和未易縷析必取互乘之數較餘為用以少除多得一數以推其他而纖悉見矣若條縷多者別立正負為算別同異以分加減總歸于去煩就簡故率除首列同乘減盡一數而其餘則名類相同者減之相異者加之其最繁者亦視首列所主為用如首以同名減則其下同減而異併首以異名減則其下異減而同併大要與盈縮相近而又濟盈朒之窮賤名分物價不一而置借互徵亦同頭緒多者用此為便

問犀三象二共重一百五十五兩又犀四象五共直二百

六十五兩鼎彝各重若干將二項左右對列各作三叚遞
互徧乘之又相對較之視其餘數以少除多而互得其重
如以彝乘則反得鼎重以鼎乘則反得彝重且如以右鼎
徧乘左行鼎鼎四得一十二彝五得一十五重二百六十五得七百九十五以左鼎徧乘右
行鼎鼎三得一十二彝二得八重百五十五得六百二十各得數相減兩鼎數相等
減盡不用兩彝數減餘七又兩重減餘一百七十五以少
除多七為法一百七十五為實除得彝重二十五兩以右
下彝二乘之得五十兩以減右總餘一百零五兩亦以右
鼎三除得每鼎重三十五兩

鼎三以乘左行得一十二彝二得八重一百五十五兩得六百二十

絲四以乘偏行綟五得一十五 重二百六十五兩得七百九十五

右法若以綟偏乘其以七爲法亦同所得減餘之實凡二百四十五以法除之先得毎鼎三十五兩以右鼎三乘之得共鼎一百五兩以減右行重數餘一百兩爲二綟重數若以左鼎四乘之得共鼎一百四十兩以減左行重數餘一百二十五兩爲五綟重數

問紗三疋絹四疋共價四兩八錢又紗七疋絹二疋共價六兩八錢紗絹各價若干亦將二項左右列之各三段偏乘如以右紗偏乘左行（紗七得二十一 絹二得六 價六兩八錢得二十兩四錢）左紗偏乘右行（紗三得二十一 絹四得二十八 價四兩八錢得三十三兩六錢）各得數對減其兩

紗減盡不用兩絹減餘二十二爲法兩總減餘一十三兩二錢爲實以法除實得絹每疋價六錢就以右絹四乘得共價二兩四錢以減右總價尚餘二兩四錢爲右紗三疋之價得每疋價八錢

紗三與次乘得二十一 絹四得二十八 共四兩八錢得三十三兩六錢

紗七與右乘得二十一 絹二得六 共六兩八錢得二十兩四錢

右式若以絹徧乘其法同前但減餘之實一百七十六以法除之亦得八錢爲疋紗之價以右紗三乘得二兩四錢就以減右總價餘二兩四錢爲四絹之價若以左紗七乘得五兩六錢就減左總價餘一兩二錢爲二絹

之價

問筆三管換硯七箇貼硯價四百八十文別以硯三箇換筆九管貼筆價一百八十文筆硯各價幾文依前左右三行列之而以硯爲正筆爲負互乘得數却于正負同名者對減異名者對加求之

硯正七　筆負三（負九）　價正四百八十文（正一千四百四十）

硯正三（正二十一）筆負九（負六十三）價負一百八十文（負一千二百六十）

右硯正七乘左（硯正二十一筆負六十三價負一千二百六十）左硯正三亦乘右（硯正同上筆負得九價正一千四百四十）得數兩硯正同名減盡兩筆負同名減餘五十四爲法兩價正負異名加併得二千七百爲實

以共除實得五十文爲一筆之價取右行筆負之三乘之得一百五十加入價正四百八十共六百三十即右硯七筒總價以七除得九十文爲一硯之價若取一筆之價以左行筆負之九乘之得四百五十則當就內減總一百八十餘二百七十即左行三硯之價

若移置筆負爲法徧乘者得異併之實四千八百六十文以法除之八十一得九十文爲硯價

問七錋九釵共重九兩四錢錋重釵輕于中互換其一輕重適等不知各重若干此係互換者列位二一係六錋一釵一係一錋八釵而中分其總重之數

釧六　釵一　四兩七錢

釧一　釵八（四十八）　四兩七錢（二十八兩二錢）

先以右釧六徧乘左行（釵八得四十八價四兩七錢得二十八兩二錢）次以左釧一徧乘右行（釧一價四兩七錢）對減餘四十七者爲法餘二十三兩五錢者爲實以法除實得五錢爲一釵數以減右行總重（四兩七錢）餘四兩二錢即六釧共數六除之得每釧重七錢

若移用右行釧一左行釵八爲法徧乘者得減餘之實三十二兩九錢以法除之（四十七）先得七錢爲一釧之重

問錢一萬文以買二馬一牛則不足半馬之價以買一馬二牛則餘半牛之價其牛馬價各若干此當以不足半馬

者損爲一馬零二分馬之一及一牛以餘半牛者益之爲一馬及二牛零二分牛之一依法列之而以整帶零之法乘除之

馬一匹三之一　牛一頭　價一萬文

馬一匹一匹二之一　牛二頭二之一三頭四之三　價一萬文一萬五千

先以右馬偏乘左行馬一匹二之一牛三頭四之三價一萬五千次以左馬偏乘右行馬如上牛價一萬文　其兩馬減盡兩牛減餘二頭又四之三爲法兩價減餘五千文爲實以法除實得一千八百一十八文又十一之三爲牛價以減右行總價一萬文餘八千一百八十一文又十一之九以馬一匹又十一之一除之得

五千四百五十四文又十一之六爲馬價

問甲乙二窖積粟不知各幾何但云取乙三之一與甲及取甲二之一與乙則各滿二千石其原窖幾何此零法照前列位互乘甲得六千乙得四千減餘二千爲實而以兩毋相併得五爲法除之得四百以乙毋之三乘之得一千二百石爲乙窖原粟餘八百石以甲毋二乘得一千六百石爲甲粟其必各以毋乘者蓋前所除得只是子數必歸毋見整故也

甲二之一　二千文　六千

乙三之一　二千文　四千

問治地不知畝數每工種麥三畦種菽四畦共三百零一工其菽麥數并工數各若干此爲雙頭單脚互乘取三四左右列之併得七爲法其下列工數

麥三畦

菽四畦

三百〇一工

右求菽數者右三乘總工九百三以法除得一百二十九爲菽畦以四乘得工五百一十六卽以右三除得麥畦數共

求麥數者左四乘總工一千二百四以法除得一百七十二爲麥畦以三乘得工數如前亦以左四除得菽畦

問犒夫不知數但云二人共飯三人共酒四人共肉總用

假酒肉六十五分計夫若干列三位維乘二乘三得六又三乘四得一十二又四乘二得八併得二十六爲法另用乘併之法二乘三得六以乘四得二十四得數以乘總分六十五　二人
得一千五百六十爲實　三人　六十五分
以法除得六十爲夫數　四人

問銀二百六十四兩買牛羊共一百韋每牛三頭價二十兩每羊四羫價一兩五錢內牛羊併價各若干以牛羊各價依子母左右列之互乘得數牛乘羊四兩五錢羊乘牛八十兩減餘七十五兩七錢爲法另列總韋總價于下如求牛數者先以羊四乘總價一千五十六以羊價乘總韋一百五十減餘九百零六爲實

以法除得一兩二錢爲牛衰以右位牛三乘得三十六頭

以二十乘得共價二百四十兩就總內減牛數餘爲羊數

牛三　二十兩

羊四　一兩五錢

一百牽　二百六十四兩

若先求羊數者以牛三乘總價七百九十二以牛價乘總牽二千

減餘一千二百零八爲實亦以法除之得一十六爲羊衰以左位

羊四乘得六十四羫以一十五乘得二百四十兩就總內減

羊亦得牛數

開用匠五千名包磚板隄共四千九百九十五方定限每

日匠九名包板隄十一方匠七名包磚隄四方磚板堤匠

各若干以母子左右對列互乘得數九乘四得三十六七乘十一得七十七減餘四十一爲法另列總匠總隄于下

九名　十一方　　五千名　四千九百九十五方

七名　四方

若求板隄數者左七乘總方三萬四千九百六十五四乘總匠二萬減餘一萬四千九百六十五爲實以法除之得三百六十五爲板衰以乘右九得板匠三千二百八十五名以乘十一得板隄四千一十五方于總內除板隄餘皆磚數或求磚隄數者右九乘總方四萬四千九百五十五十一乘總匠五萬五千減餘一萬零四十五爲實以法除之得二百四十五爲磚衰以乘左七得磚匠一

千七百一十五方以乘四得磚隄九百八十方于總內除磚隄餘即板數

問七人釀金不知總數亦不知各數第云甲乙共二十三兩七錢戊己庚共二十六兩一錢亦不知丙丁共數此七人各若干法先求隅毋且以甲乙二列左戊己庚三列右以右衰三增一為四與後章求隅毋法同仍以右衰三乘之得數十二減半六又減去右衰三餘三為右中率取左衰二乘總位得數四十內減右衰三餘十一為左中率而各以共金數列其下

右三	三	二十六兩一錢
左二	一十一	二十三兩七錢

乃以左三偏乘右中三得六下二十六兩一錢得五十二兩二錢以右三偏乘左中十一得三十三下二十三兩七錢得七十一兩一錢各得數相減中餘二十七爲法下餘一十八兩九錢爲實以法除實得七錢爲隔毋之數别取甲乙共數二十二兩七錢併入隔毋七得二十四兩七錢減半得一十二兩二錢爲甲金數內減差數七得十一兩五錢爲乙金數其餘以七遞減各得丙十兩八錢丁十兩一錢戊九兩四錢巳八兩七錢庚八兩

問竹第一莖九節下大上細下三節共盛粟三升九合上四節共盛粟三升中二節不知數要見每節盛粟若干

亦先求隔毋數爲逐節相較之率取上三列左下四列右以右四加一爲五與右四相乘得數二十減半一十又減右四得

六爲右中率別以左三乘總位（九）得數（二十七）內減右中率
六得二十一爲左中率各以所共盛之數從之

右四　　六　　三升

左三　　二十一　　三升九合

乃以左三徧乘右（中六得一十八　下三得九分）以右四徧乘左（中二十一得八十四　下三升九合得十五分六釐）得數相減中餘六十六爲法下餘六十
六爲隅毋率別以左三共粟爲實（三升九合）以法（六十六）乘之（得二百五十七分四釐）以三除之（因係三節故也）得八十五分八釐是第八節
數加毋率（六分六釐）得九十二分四釐是第九節數若減毋數
（六分六釐）得七十九分二釐是第七節數其餘遞減毋率（第六節得

七十二分六釐第五節得六十六分第四節得五十九分四釐第三節得五十二分八釐第二節得四十六分二釐第一節得三十九分六釐而仍以法除之第一節六合第二節七合第三節八合第四節九合第五節一升第六節一升一合第七節一升二合第八節一升三合第九節一升四合其以中餘六十六為法下餘為實以法除實者得一合為隔母率以三除左總三升九合得一升三合為第八節數以一合加減之亦得第七第九節數以次推之同前

問四雀六燕七鶴共集于衡重八錢九分又三雀五燕九鶴共重八錢一分又五雀七燕八鶴共重一兩六分三禽各重若干法置左右中三行三色及總重作四段列之先以右行五雀徧乘中行雀一十五燕二十五鶴四十五共重四兩零五分又以

中行三雀徧乘右行雀一十五燕廿一鶿廿四共重三兩一錢八分對減餘數另列于後圖右餘四燕廿一鶿共重八錢七分次以右行五雀徧乘左行雀二十燕三十鶿三十五共重四兩四錢五分以左行四雀徧乘右行雀二十燕廿八鶿三十二共重四兩二錢四分亦對減而以餘數另列于後圖左餘二燕三鶿共重二錢一分

五雀中十五右廿　七燕中廿一右二十八　八鶿中二十四右三十二　共重一兩六分中三兩一錢八分右四兩二錢四分

三雀一十五　五燕二十五　九鶿四十五　共重八錢一分四兩五分

四雀二十　六燕三十　七鶿三十五　共重八錢九分四兩四錢五分

再置前圖減餘而以右燕四徧乘左行左燕二亦乘右行

餘四燕　餘廿一鶿四十二　共餘八錢七分一兩七錢四分

餘二燕　餘三鶿十二　共餘二錢一分八錢四分

乘訖對減鶴餘三十爲法共重餘九錢爲實以法除實得三分爲一鶴之衡就以乘左餘鶴三得九分以減左重餘一錢二分爲二燕之衡即知每燕重六分也既得一鶴之衡以乘右餘鶴二十一及減右乘訖得每燕六分乃于前左行原價八錢九分之內減去原鶴七二錢一分原燕六三錢六分各重數其餘三錢二分以雀四除之得每雀重八分或于前右行中行原數內減乘皆同

問牛一頭馬一匹驢三匹皆載物七百斤上坡皆不能上牛借馬一匹馬借驢一匹驢借牛一匹方上其三等力各若干列左中右三行以三畜及總物爲四段

正牛一　借馬一　○　七百斤

○　正馬二　二　借驢一　一　七百斤

借牛一　一　○負一　二　正驢三　六　七百斤　一千四百斤

先右行正牛一徧乘左行得數又以左行借牛一徧乘右行得數乘借馬一一如一乘物仍七百斤對減盡因左行中○無減乃倣右馬乘出之數為立負馬一以俟另乘次以中行正馬二徧乘左行中下得數負一得二原驢得六下物一千四百斤復以左行負一為法徧乘中行中下得數正馬得二借驢得一下物仍七百斤以對減正負馬同名減盡正借驢異名相併得七為法下物同名相減餘七百斤為實以法除實得驢力一百斤取中行物實七百內減一驢之力餘六百即二馬之力以二除得每馬三

百斤又于右行物實七百亦減一馬之力餘四百卽一牛力
右法或更置其位先求一馬之力

借驢一　正馬二 六 左〇　七百 二千一百 左減餘一千四百

〇　借馬一 六 正牛一 六 七百 四千二百 左減餘三千五百

正驢三　〇負六 六 借牛一 一 七百 七百

先以右行借驢一徧乘左行中下得數亦卽以左行正驢
三徧乘右行中下得數 正馬得六下物二千一百 因左馬空〇乃如右
馬乘得之數亦置負六相減三畜俱減盡下物餘一千四
百次以中行借馬一徧乘左行中下得數而以左行負六
徧乘中行中下 借馬六正牛六下物四千二百 牛數正借異名以相併得

數七爲法下物中左同名相減得三千五百又以右下餘物減之得二千一百爲實以法除實得三百斤爲一馬之力然後取右行物實減二馬力餘一百見一驢之力又取左行物實減二驢之力餘四百見一牛之力

問硃二斤黄三斤價錢二千四十文又黄五斤碌六斤價六百四十文硃三斤碌七斤價二千九百八十文三色各價若干依式左右中列之

硃二　黄三九　○　價二千四十文六千一百二十

○　黄五四十五　碌六　價六百四十文

硃三　○負九四十五　碌七一十四　價二千九百八十文五千九百六十

先以右行碌二徧乘左行得數碌得一十四價得五千九百六十次以左行碌三徧乘右行得數黃得九價得六千一百二十文於左行〇位照右立負九而與右行相對三色俱減盡其價餘一百六十文又以中行黃五另列右徧乘左行碌七十價得八百以左行負九另列左徧乘右行碌得五十四價得五千七百六十

黃五 四十五 碌六 五十四 價六百四十 五千七百六十

〇負九 四十五 碌餘一十四 七十 價餘一百六十 八百

以相減黃與〇同數減盡碌係正負異名併得一百二十四為法兩價同名相減餘四千九百六十為實以法除實得四十文為碌一斤之價乃於前圖中行原價內減碌六

斤價門十斤餘四百文悉黃價以黃五除之得每斤價八十文又于右行原價減黃三斤價一百四十餘一千八百文悉硃價以二除之得每斤九百文

問鷹二雉三換穀五斗七升鷹五兔四換穀一石雉二兔二換穀五斗三升每色每箇價穀若干先以右行鷹二徧乘左行得數鷹一十兔八穀二石亦以左行鷹五徧乘右行鷹一十雉十五穀二石八斗五升以相減鷹盡雉係○照立負十五兔無減仍八穀餘八斗五升

鷹二　雉三五左一十○　穀五斗七升五升左二石八斗

○　雉三五左四十　兔二十右三　穀五斗三升五升右七石九斗

鴈五　○負十五（中四十五）兔四（右八守二十四）穀一石（右二減餘八斗五升　中乘二石五斗五升）

另以中行雉三徧乘左行中下（雉負四十五兔二十四穀二石五斗五升）左行

雉負徧乘中行中下（雉四十五兔三十穀七石九斗五升）以相對雉減盡兔

係正負異併得五十四為法價穀同名相減餘五石四斗

為實以法除實得一斗為一兔價就于中行穀內減二兔

價餘三斗三升悉雉價以中雉三除之得每雉一斗一升

即于右行穀內減三雉價餘二斗四升悉鴈價以右鴈二

除之得每鴈一斗二升

問賣二牛五羊買十三豕餘價銀五兩賣一牛一豕買三

羊適足賣六羊八豕買五牛不足三兩各價若干此以賣

為正買為負餘為正不足為負而正為主則同減異併負為主則同併異減如前求之列左右中三行以右行牛二徧乘中行得數牛正二羊負六豕正其中行牛一亦徧乘右行牛二同正減盡羊正五與中行負六異名併得負十一豕負十三與中行豕正一係異名併得正十五價正五中空無減又右行牛二徧乘左行牛十羊十二豕十六價六其左行牛五亦徧乘右行牛十[illegible]係異名減盡羊正二十五與左正十二同名併得[illegible]十豕負六十五與減豕正餘得負四十[illegible]九價正[illegible]十[illegible]九異減[illegible]負餘得[illegible]十九依法或減或併訖

牛正二中[illegible]左十　羊正五中五左二十五　豕負十三中十三左六十五　正五兩中五左二十五

牛正一[illegible]　羊負三右六　豕正一右二　○足

牛負五右十　羊正六右十二　豕正八右十六　負三兩右六

乃別列減併之數仍分正負互乘之如後圖羊負十一為法以乘左行中下羊正得四百零七豕負得五百三十九價負得二十兩九錢亦以羊正三十七而乘右行中下羊負同數異名減盡豕正得五百五十五與左豕負異名減餘一十六價正一十八兩五錢與左異名減餘二兩四錢以減餘豕正一十六為法價正二百四十為實以法除實得豕價一兩五錢就以右行豕正十五乘二十二兩五錢加正價五兩共二十七兩五錢俱羊價以十一除之得每羊二兩五錢復以前圖右行豕負十三乘豕價得數一十九兩五錢加入正價五兩共二十四兩五錢為牛羊總價內減右行五羊之價一十二兩五錢餘一十二兩悉牛價以牛二除之得每牛六兩

羊負一十一　豕正一十五（五百五十五）價正五（一十八兩五錢）
羊正三十七（四百七）豕負四十九（五百三十九）價負一十九（二十兩九錢）
問買柰二梨四共錢四十文梨二桃七亦共錢四十文桃
四榴七共錢三十文梨八柰一共錢二十四文各價幾文
列甲乙丙丁四行每行五段先以甲丁柰爲法彼此互乘
以甲柰二徧乘丁（梨空桃空榴一十六錢四十八文）丁柰一徧乘甲（桃榴俱空）
（錢仍四十文對減餘八文）因丁梨空當照甲立負四次當以乙丁柰互
乘乙無柰取梨二徧與丁乘（梨負得八桃空榴三十二錢一十六文）丁亦以
負梨四徧乘乙（梨八減盡桃二十八榴空錢一百六十文併得一百七十六文）因丁桃空
亦照乙立負二十八次以丙桃徧乘丁（桃一百一十二榴一百二十八錢七

（八少四文）丁亦以桃負二十八徧乘丙（桃一百一十二減盡榴一百九十六減餘六十八錢八百四十文減餘一百三十六）相減訖取此餘榴六十八爲法餘錢一百三十六文爲實其甲乙與丁互乘之數但求應立負數以爲乘毋而減併之數皆置不用者也以法除實得二文爲榴價乃就丙價三十文內減七榴之價（十四）餘錢一十六文俱桃價以四除得每桃四文又于乙價四十文內減七桃之價（二十八文）餘錢一十二文俱梨價以二除得每梨六文又于甲價四十文內減四梨之價餘一十六文俱柰價以二除得每柰八文

甲柰二　梨四　○　○　四十文

乙〇　梨二　桃七二十八　〇　四十文

丙〇　〇　桃四　榴七一百九十六　三十文八百四十文

丁柰一　〇負四八〇負二十八　榴八一十六一百二十八　二十四文四十八文

問井不知深用甲繩二不及泉借乙繩一補之及泉用乙繩三則借丙一用丙繩四則借丁一用丁繩五則借戊一用戊繩六條則借甲一乃俱及泉其井深若干五等繩各長若干列五行以五繩之數爲母借繩一爲子先取甲二乘乙三得六以乘丙得二十四以乘丁得一百二十以乘戊得七百二十併入子一共七百二十一爲井深積列位

一　甲二　乙一　〇　〇　〇　七百二十一

二	○	乙三	丙一	○	○	七百二十一
三	○	○	丙四	丁一	○	七百二十一
四	○	○	○	丁五	戊一	七百二十一
五	甲一	○負一	○負一	○負一	戊六	七百二十一

乃取五行爲主而以一二三四其與相乘先以一行甲二爲法徧乘五行甲一得二戊六得十二積七百二十一得一千四百四十二五行甲一亦乘一行對減甲二得二一對減盡乙一得一因五行乙空立負一積七百二十一得本數以減五行仍餘七百二十一次以二行乙三爲法乘五行乙負一得負三戊正十二得三十六積七二十一得二千一百六十三五行乙負一亦乘二行乙三得三對減盡丙一得一因五行丙空立負一積七百二十一得本數併入五行積二千一百六十三共二千八百八十四再以三行丙

四為法乘五行戊正三十六得一百四十四積二千八百八十四得一萬一千五百三十六五
行丙負一亦乘三行丙四得四減盡丁一得一因五行丁空亦負一積得本數與五行積一萬
餘一千九百三十六對減萬八千一十三又以四行丁五為法乘五行丁負一得
五戊正一百四十四得七百二十積一萬八百一十五得五萬四千七十五五行丁負一亦乘
四行丁五得五減盡戊一得一併入五行戊正七百二十共七百二十一積得本數併入五行積五萬四千七
十五得五萬四千七百九十六乃以最後所得求之以積五萬四千七百
九十六為實戊七百二十一為法除之得戊繩七尺六寸
以減四行總積七百二十一餘六百四十五以丁五除之得一
百二十九為丁繩一丈二尺九寸以減三行積七百二十一後同
餘五百九十二以丙四除之得丙繩一丈四尺八寸亦減

二行積餘五百七十三以乙三除得乙繩一丈九尺一寸
以減一行積餘五百三十以甲二除得甲繩二丈六尺五
寸

遞加法第九

數始于微積于鉅漸加漸積覽之茫如然有定數可推如人數物數有分有總但知一隅亦可例推也爲立法如左

有循次順加者　一　二　三　四　五　六　七
八　九　〇　一　二　三　四　五　六　此類順
一　一　一　一　一　一　加

有超位加者凡二等一陽數一陰數

一 三 五 七 九

一一 一三 一五 一七 一九 二一

三 五 七 九 三一

二 二 二 二

此類陽位超

二 四 六 八 ○

一○ 一二 一四 一六 一八 二○ 二二

四 六 八 ○ 二

二 二 二 三 三

此類陰位超

有超位加三數或四數以至多數者

二 五 八 一 四 七 ○ 三 六 九 二

一一二一二二二二三

五八一四七 此類超三

三三四四四

四八

二六○四八二六○四

一一二二二三三四四

八二六○四 此類超四

四五五六六

右超位加各審其母如超一超二超三四之類各以所超
爲母其間少者易知多者難定大率以退位減之餘數即
母

凡超位數截取三位較之其前後二位數必倍于中位數

三五七
一四七四八二
一一一三二三

若截四位較之則前後二位與中二位數等

三五七九

以上皆取位置勻列超毋相同者論之雖所超多位如超五超六至千萬位但同超毋者截取前後遠數相併較其進內挨身兩位相併其數皆等

一四七○三六九二五八一
一二一一二二二三

四　七　同前加三數

三　三

右凡加數以求總積之實不論累加超加及超二超三等但係遞加者只除首位單一不用外取次位與末位數併爲實其中間亦不拘幾位但察自前至後布位之數爲法乘之所得之數皆倍各位實積之數以減半得總數如右式以前四後三十七併之共四十一數係一十二位以一十二乘四十一得四百九十二減半爲二百四十六即其十二位之全數若以前四後十六併之共二十係五位乘得一百減半得五十即五位全數也（如欲連首位算則再加一云）

一	
八	
六	一
四	二
二	三
○	四
八	四
六	五
四	六
此超八	遞加者

右式假如方箭一束外周六十四枝問中積數幾何者凡方物必以八包一每層超八遞加今置中心一枝不算即首倂之以內層之八倂外周六十四共七十二以八位乘之得數五百七十六減半得八位之總數加中心之一爲二百八十九枝凡平方面有中心之一者倣此

一	
六	
二	一
八	一
四	二
○	三
六	三
此超六遞加者	

右式假如圓箭一束外周三十六枝問中積者凡圓物必

以六包一每層以六遞加今置中心一枝不算外以內層之六併外周三十六共四十二以六位乘之得數二百五十二減半得六位之總數再加中心之一爲一百二十七枝凡平圓面倣此

一	九	八	七	六	五	四	三	二	此超九
		一	二	三	四	五	六	七	遞加者

右式假如有三稜物一束外周七十二枝問積者凡三稜物必以外九包中一每層超九遞加置中心一枝不算外以內層之九併外周七十二共八十一以八位乘之得數六百四十八減半得八位之總數再加中一爲三百二十五枝

凡三棱面者倣此

若順數而加自一而二而三而四以遞相加者另是一法

但取最後二大數相乘得數亦以減半即得最後第二位

以至首位之數惟餘最後第一位在外又併入得全數

一 二 三 四 五 六 七 八 九

○ 一 二 三 四 五

一 一 一 一 一 一

右式假如有物倚墻一面尖堆最下一行闊十五枚問總

積若干取最下二行十五十四相乘得數二百一十減半一百○五

又加入下行十五得一百二十枚合總

一法取下行加一為法以乘下行得數減半亦同
若首位不係一數而自二數或三或四為首者併首尾二
位為實而以首位數減尾位數其餘數加一為法乘之減
半合總
假如有物倚墻一面平堆下闊十四枚上闊四枚問總積
者併首尾二位得一十八為實就尾位減首位得一十外
加一共一十一乘之盡原係十一位也以乘得數一百九十八
減半得九十九枚合總
又假如衆人醵錢首位出八文末位出六十文問總數總
人者以首位減末位餘五十二外加一係五十三位乃併

首尾二位錢數以乘五十三得三千六百四文合總

若有一而三而九俱以陽數超加者但看位數以自乘得

个數	一	三	五	七	九	一	三	五	七	九
						一	一	一	一	一

此皆陽位但據位數自乘如係一十位自乘得一百之類

其陽數超加已知首尾兩位之數而未知中間若干位者

但取尾位之數外加一以減半得位數如右式尾位十九

外加一得二十減半則十位也但係陽數雖至百千萬位皆

同此法

若有二而四而六俱以陰數超加者取最後一位之數減

半卽得位數再以減半數外加一而與位數相乘卽得自首至尾全數

二	四	六	八	○	二	四	六	八	○	二	四
				一	一	一	一	一	二	二	二

取二十四減半見位數又減半加一爲十三以乘位數十二得一百五十六見全數

又若自二數起遞加至一百數止但取一百減半知是共五十位再加一爲五十一以乘位數五十得二千五百五十卽五十位之全數

若多中起數超位遞加但知位數及首位數及所超毋數

而求知最後一位數者但審布位若干於內減一以乘超

母[illegible]得數加入首位數即得尾位之數

既得首尾二位乃照首尾相併而以位乘減半得全數

三一九七五三一九七五

二一二三四五五六七

此超八遞加者計十位減一為九與八相乘得七十二

再加首位三得七十五為末位數又以七十五加三得

七十八以乘十位得七百八十減半三百九十合全數

假如行牛四十區但云第一區是三十頭餘區遞加二十

頭今問第四十區幾頭依前法就四十減一為三十九與

起毋二十相乘得七百八十再加首區三十知是八百一十乃最後一區之數也再問各區總數幾何照法以首區三十加末區共八百四十以乘區數四十得三萬三千六百減半得一萬六千八百頭爲各總數○若但知末區數及毋數位數而不知首區數者照前以區數減一與毋數相乘得數而以末區數減之即得首區之數如前乘得七百八十而末區係八百一十相差三十即知首區係三十頭

六七〇	三四〇
六四〇	三一〇
六一〇	二八〇
五八〇	二五〇
五五〇	二二〇
五二〇	一九〇
四九〇	一六〇
四六〇	一三〇
四三〇	一〇〇
四〇〇	
三七〇	

假如發兵破一賊巢有二十人先登以登城先後敘賞其第二十人賞銀一百兩第十九人賞一百三十兩其餘遞加三十兩問第一人該銀幾何此以二十爲位減一爲十九以乘超數三十得五百七十再加尾位一百得六百七十兩爲第一人所賞之數也若問此二十人共銀幾何照法併首尾二數得七百七十與位數二十相乘減半得七千七百兩見全數

若但以總數及超數及首尾共數而不知係幾位亦不知首尾二位數各若干者以總數爲實以首尾數減半爲法除之得位數又以位數減一乘超數得數即用此數爲若

一七三九　以併首尾共數減其半卽尾數若

七七八八　以較首尾共數減其半卽首數

右式假如貸錢起息每日增錢六文共積子母錢三百二十文不言每日細數但云併初末日共錢一百六十文問初末日各幾文其起息計幾日者以日爲位立總錢三百二十爲實併初末減半得八十除之得四日依法減一爲三乘增母之六得一十八以併初末數得一百七十八減半是末數若以較初末數餘一百四十二減半是初數

若但舉中積及位數及首尾之較若干以求首尾各幾何者倍中積爲實以位爲法除之得數以較減之半其餘得

首數乃以較加之得尾數

八	六	
四	七	
〇	八	
六	八	
二	九	
八	九	
四	〇	一
〇	一	一
六	一	一
二	二	一
八	二	一
四	三	一
〇	四	一

右假如織布自冬至始歷十三日共織一千三百五十二寸日女漸長其功日加六寸末日視首日多織七十二寸問首日末日各織幾許者倍中積得二千七百四寸爲實以積日十三爲法除之得二百零八以較減之得數又減半合首數六十八以較併入亦減半合末數一百四十

若但知位數總數及超母數而未知每位得若干數者取

位數列之去尾位　併之如係九位則但用一二三四五六七八共三十六數除九不用以乘超毋得數減總乃以位數歸其餘得首位數乃以超毋遞加得各位細數

一	一
四	一
七	一
○	二
三	二
六	二
九	二
二	三
五	三

共九位以三爲超毋
總數二百○七

假如兄弟九人遞差三歲共二百○七歲欲知每人幾何者照右法置毋數三十六乃取位數內除去尾數九只以八位細數併之得三十六以乘毋得數一百零八以減總數餘九十九以九除之得最幼一人歲數一十一乃以三遞加之得諸人歲數

	六	五
	八	二
	九	九
一	一	六
一	三	三
一	五	〇
一	六	七
一	八	四

共八位以一十七為超毋總數九百九十六

假如鈔九百九十六錠分給八人遞差一十七錠各若干

取位數除去尾八併自一至七之數共二十八以乘超毋一十七得數四百七十六以減總餘五百二十以八除得最少一人數六十五仍以一十七遞加得諸人數

若超位遞加但知係幾位及各位總數而未知超毋幾位亦未知各位細數與首尾二位數第二云前幾位共若干後幾位共若干以求各位細數者依毋子互乘法求之以所

知前幾位後幾位爲母以前共若干後共若干爲子互乘得數相較爲實又併其母減半以較總位餘若干而以兩母相乘之數乘之得數爲法以法除實得超母加入所知之數如係二位者加入折半得多者數如係三位者加入三歸得中數乃依超母遞加遞減得全数

〇	七	四	一	八	五	二	九
四	三	三	三	二	二	二	一

假如八人差等分錢但知甲乙共七十七文巳庚辛共六十六文問每人幾文者以二人乘六十六（得一百三十二）以三人乘七十七（得二百三十一）以相較餘九十九爲實併分母（二三）得五

減半得二零二之一以減總位六餘五零二之一仍以分母所乘之六乘之得三十二為法以法除實得三為超母之數併入甲乙減半得四十為甲衰若求己庚辛則三歸之得中間六衰超分以超母遞加遞減得全數(一)外如係戊己庚辛四位首三歸之得己庚其數又加減超母之半得己庚數

倍加法第十

數有挨次遞加者以一數為遞母而累加之其母不易焉另有以倍而加者

一 二 四 八 六 三 四 八 六 二 四

一三六二五一二
一二五一〇
一三九七一三九七一三
二八四二八六八
二七一五六
二六九
右二因加

一
三六二四八六二四八六
一二四九九八六三
一三七五
右三因加

右亦二因加

右法皆取乘法如第一式倍一加者以二一見二以二二見四以二四見八以二八見十六也第三式倍一加者以二三見六以二六見十二也第二式倍三加者以三三見九以三九見二十七以三箇二十七見八十一也此由少進多之法假如欲尋其母則取挨身小數減其大數知之以二減盡者倍一也以三減盡者倍二也凡挨次遞加者由少推多其多至于無窮盡凡數從多減少其減至于單數而止無復尺分之可減也惟此倍加之數則進而加之無窮減而約之亦無窮剖之又剖細微毫忽按法而約求焉豈可以數盡乎

二六八四二六八四二一二

一五二六三一四一八二一六

五二一

此以倍一約之其數無窮餘法皆同

右數假如截取三位以首尾二位相乘其所得數與中一位數之自乘者等假如八四二共三位以二八相乘得十六以中開之四四自乘亦十六若截取四位而以首尾二位相乘其所得數與中二數相乘者亦等假如十六〇八〇四〇二〇此四位以十六乘二得卅二以中間之八與四乘亦得卅二雖至許多位但以首尾二位相乘其所得數與挨身次二位俱相等步步乘入皆無不同至於最中若有單位以之自乘亦復如是

三		
六		
三	二	
四	三	
八	四	
六	九	
三	九	一
四	八	二
此外乘與進內	乘皆同中單自	乘亦同

凡倍加之數不論幾位欲知總數但取首尾二位爲主以首最小數減尾最大數而以其所剩大數依後法求之

如係加一倍者卽四先取尾大數倍之內減首數得全數

如一二四八一六三二六四此七位者取尾六十四倍得一百二十八數減首位一得一百二十七卽此七位之細數加一倍者自一起手用此法其加二加三者雖亦自一起手但各另有倍數則另如後法以倍數爲首位不以一爲首位云

如係加二倍者卽三四法取尾後最多數內先減首位之數而

以餘數二歸緣二歸者係加二倍故以二為倍母而用二取其所得之一數併入尾位大數即得中間幾位細數凡四因五因以至六七等類皆同此法而四因三歸五因四歸各減因數之一者依所倍之數為母也餘皆同

				三
			一	二
			四	八
		一	九	二
		七	六	八
	三	○	七	二
一	二	二	八	八
四	九	一	五	二

此係四因者三倍于本數以相加也用尾位數內減首位數實剩四萬九千一百四十九以倍母之三除之得一萬六千三百八十三

加入四萬九千一百五十二共得六萬五千五百三十

五是八位全數

又有加一倍又二之一遞進者即四六衰分法也

	四	
	六	
	九	
二	三	一
四二	〇	二
八三	〇	三
一九	五	四

此一因半

右四六衰分倍加係一因有半者若欲求其各位總數亦取尾位數（四十五又十六之九）內減首位數（除四得四十一又十六之九）如前法亦減除法一數（十一因半減其一也如前三因者用二及四因用三之類）而用半以除之（以半為倍切以除之若是一化為二）得八十三零八之一以併尾數總共

得一百二十八零十六分之十一也爲七位細數
凡二因半三因半等類倣此其除法俱只減其一數
凡倍加數不論其有幾位但就中抽取一位自乘但看自
首挨來是第幾位假如第五位其前有四位矣今以五位
自乘其所得之數即與此後第四位之數相同（即九位）不特
此也又如取第五位與第七位相乘其五位前凡有四位
則其第七位後亦管四位其五位七位乘得之數即與第
十一位之數相同如後式
假如後式十六係第五位前有四位後亦管到四位今以
十六自乘得二百五十六恰與後四位之數相同

			一
			二
			四
			八
		一	六
		三	二
		六	四
	一	二	八
	二	五	六
	五	一	二
一	○	二	四

又假如三十二係第六位前有五位今以三十二自乘得一千二十四即合後第五位之數

又假如八係第四位與七位之六十四相乘以八前凡有三位則六十四之後亦管到三位今以八乘六十四得五百十二數亦與第十位之數相合其相離亦三位故也

又法不必算其前後之位但看所自乘數爲第幾位以本位數加一倍內減一即得同數之位假如第六位倍六得十二內減一爲十一位則第六位自乘所得之數正合第

十一位之數與前法理同而更為捷徑

又法不必減一但先排倍數于右次排位數于左相對而于位前加一即以〇見所減之一其餘以次察之

倍數	位數
一	〇
二	一
四	二
八	三
一六	四
三二	五
六四	六
一二八	七
二五六	八
五一二	九
一〇二四	一〇
二〇四八	一一

凡所得位數但係自乘者只一位以位數倍之但係互乘者有兩位以兩位數積之

右式假如以四自乘得十六矣其四之本位是二位倍二得四四則十六之數即第四位之數也此一位自乘之法

又假如八乘三十二得二百五十六數其八之本位係三位三十二之本位係五位三與五併共得八即係第八位數　以上乃首位起一者

其首位非自一起（如二或三或四或五之類）則自乘互乘皆先取首位之數分之（如首位四則以四分其所得）而後倍位積位如前法

		倍數五
	一	○
	二	○
	四	○
	八	○
一	六	○
三	二	○
六	四	○
二	八	○
五	六	○
一	二	○

位數	
○	
一	
二	
三	
四	
五	
六	
七	
八	一
九	二
一○	五

假如以八十自乘得六千四百因首位非從一起而從五起先以首位之五而分之得一千二百八十數仍取列位之四倍之爲八則對八之數

又假如以四十與六百四十相乘得二萬五千六百以首位之五分之得五千一百二十次以兩位相積其一是三其一是七合對十之數

凡倍一加者卽二因就中隨意截取一位以其本數減一卽合此位以前各位之細數此除本身而言然必從一數起

者合此

倍數	一	二	四	八	一六	三二	六四	一二八	二五六	五一二
位數	〇	一	二	三	四	五	六	七	八	九

假如截取一百二十八數內減一得一百二十七數即合第六位以前之總數蓋自六位之六十四以前各位細數總得此

又假如右式以對八位之二百五十六數而求本位以前各位之總依前法以次位求之次位減一得五百一十一

乃對八以前各位細總也若就以此八位爲主亦勿作一作五百一十二以自乘得二十六萬二千一百四十四同數內再減一此何數乎按實對八之位乃係第九位此前既有九位此後亦管九位乃是第十八位以前各位細數也蓋以倍位所對之本數自乘則得對位加倍之本數此用倍位法看之如不以本數乘而以推出本位以前諸位之全數乘則又推得本位以後相對若干位之全數此則不用倍位而用實位得之者實位者如本位前實有九位則本位後再管十位即其相對之位之全數也須減一數始合不減一數則進越一位矣

倍數
一二四八六二四八六二四八六二四八六二四八
一三六二五一二四九九八六三七四八
一二五〇〇〇一三七五〇一二
一二四八六二五一二四
一三六三六二
一二五

位
一二三四五六七八九一〇一一一二一三一四一五一六一七一八一九

位
一二三四五六七八九一〇一一一二一三一四一五一六一七一八一九二〇

假如借銀一忽每日加息一倍至第六十四日該息幾何

以此法推之試如一二四八此四位共十五數加一自乘

約二百五十六內減一餘二百五十五即係八位之數蓋
自首位一至第八位之一百二十八其細數乃二百五十
五數也再以此加一二百五十六自乘得六萬五千五百三十
六內減一餘六萬五千五百三十五即知其為第十六位
之數再以此數加一得六萬五千五百三十六自乘得四
十二億九千四百九十六萬七千二百九十六內減一即
知其為第三十二位之數凡四十二億九千四百九十六
萬七千二百九十五數又以之加一自乘得一千八百四
十四兆六千七百四十四萬零七百三十七億又九百五
十五萬一千六百一十六忽內減一即知其為第六十四

位之數凡一十八兆四千四百六十七億四千四百零七萬三千七百九兩五錢五分一釐六毫一絲六忽也

同文算指通編卷五

測量三率法第十一

凡測山岳樓臺城郭之高川谷之深土田道里之遠舊名句股法立表或立重表參望相直乃以開方求之今立器以代表名曰矩度而以三率代開方之算句股者植立地上爲股其影橫地上爲句今半矩木尺其制也矩度之形平方而取橫直二邊各刻爲度互爲句股立爲直影倒影二算義同句股而法稍捷

製矩度法以竪木或銅版其制平方上畫甲乙丙丁四直角分形將此形取半分以其綫作矩木用甲乙邊立兩耳平對各通一竅名

曰通光以便窺望以甲角爲矩極系線任其垂下以權鎮之次自甲至丙斜界一線分矩面爲兩平分乃並乙至丙及並丙至丁各依原邊線又平行二線俱勻分十二度其度各自其邊界望矩極分之近極爲虛線外周爲實線或

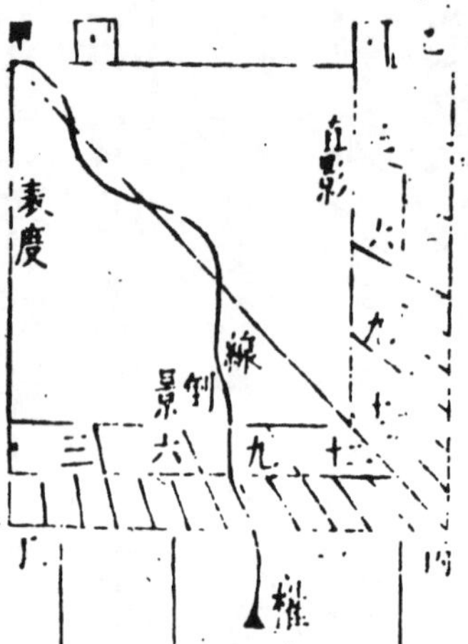

每度更分三分五分六或分至十二皆隨版體大小爲分愈細則法愈密矣用時甲昂乙低以目射兩竅與所望之物參相直視其繩之所直何度何分以算稽之或不設兩竅只立相等兩小表亦可凡測望必以所[illegible]物與[illegible]矩

度處爲直角形取平（[illegible]幾何）有不平者須先準平然後測量

次論直倒二影直影者繩在乙丙界內即句影也如立表地中影落地上者是倒影者繩在丁丙界內即股影也如立表墻上影射墻面者是凡有所窺測而望者前卻其步使其繩適在甲丙是爲句股平等知句即得股知股即得句其不然者須將倒直互變推求且如求高求深所求在股即權繩宜在直度而却在倒度則當變倒爲直若求遠求近所求在句其權繩宜在倒度而却在直度則當變直爲倒各以通二度之窮其互變之術皆以矩全度爲準（少者 測十二度者[illegible]）

假如繩在倒影三度今欲變爲直影度者

法以矩度[illegible]為實三度為法除之得四十八為直影度假如繩在倒影五度三分度之二欲變直度者因有三之二分度以三通之得一十七為法亦以三通其矩度得四百三十四為實以法除之得二十五度餘十七分度之七為直度也其繩在直度而欲變為倒度者亦如之見徐太史測量法義

用影測高

已知影長若干欲測其高者如測日影即以矩度向日目切于乙甲耳在前日光透于耳之兩竅權線與矩度相切任其垂下審値何度何分若在十二度之中正對幾度

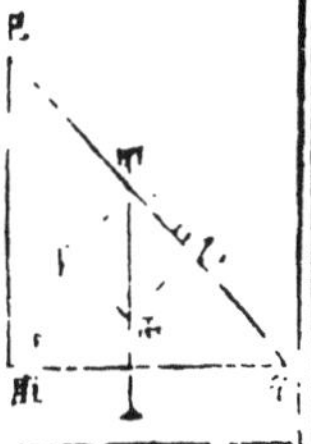

陰影與物必正相等知影幾何長即得物幾何高矣

若權線在直影邊則影小于物以直影上所值度分為第一率以矩度十二為第二率以物影度為第三率二三相乘一除之得第四率為其物高

假如欲測巳庚之高線在直影乙戊得八度正其庚辛影長三十步即以矩度十二乘庚辛之三十得三百六十為實以乙戊八度為法除之得四十五即巳庚高四十五步

若權線在倒影邊則影大於物以矩度為第一率以倒影

上所值度分爲一率以物影度爲二率算之得物之高

假如欲測巳庚之高線在倒影丁戊得七度五分

庚辛影六十步卽以丁戊七度五之一乘庚辛之六十得

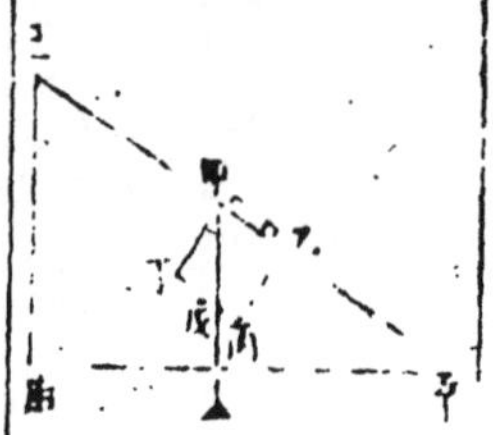

二千一百六十爲實以知度六十分爲法除

之得巳庚之高三十六步因權值有七分五分度之一故以分母五通七度通作三十五分以分子一從之爲三十六分其表度十二亦通作六十分

從高測影

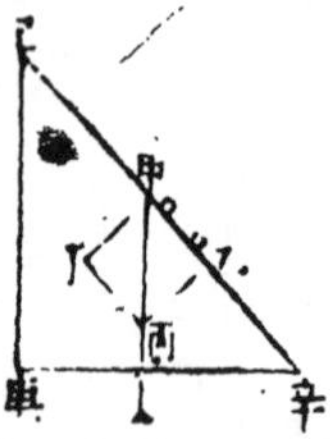

若巳知物高若干欲測其影者以矩度承日

審值度分若權線在丙則影與物等

若權線在直影邊卽物大于影以矩度十二

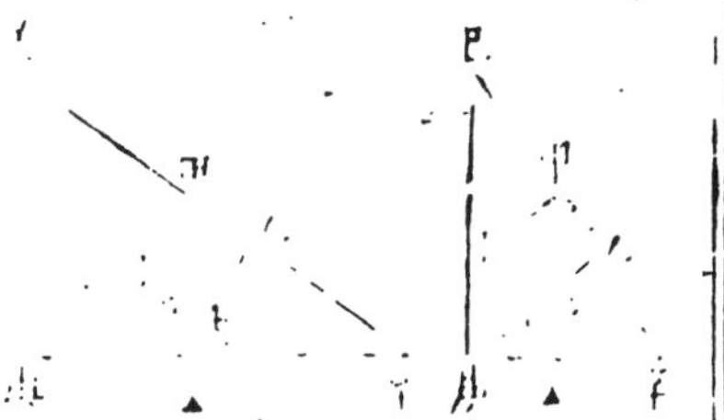

爲第一率直影度分爲第二率物高度爲第三率算之得數爲影度

若權線在倒影邊則物小于影以倒影度分爲第一率矩度爲第二率物高度爲第三率算之得數爲影度

以目測高

已知庚辛之遠欲測己庚之高人目在辛先量自目至足其高幾何乃以矩度向所測物頂甲耳在前目切乙後目與甲耳及高相參直細審權線值何度分假如權線在直影乙戊以乙戊度爲第一率矩度爲第二率次量庚辛之

遠幾何為第三率二三相乘以一除之得物之高

假如權線任倒影丁戊即以矩度為第一率丁戊倒影為第二率庚辛為第三率照前算之

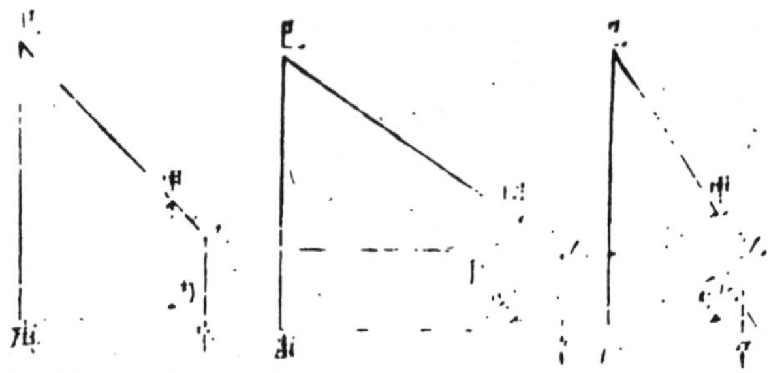

若權線不在丙而有平地可前可却即任意前却至權線值丙而止不必推算既知辛庚即知巳庚

若人目在辛求巳庚之高而為山水林木屋舍所隔或地非平面不欲至庚或不能至者則用兩直影之較起算[illegible]

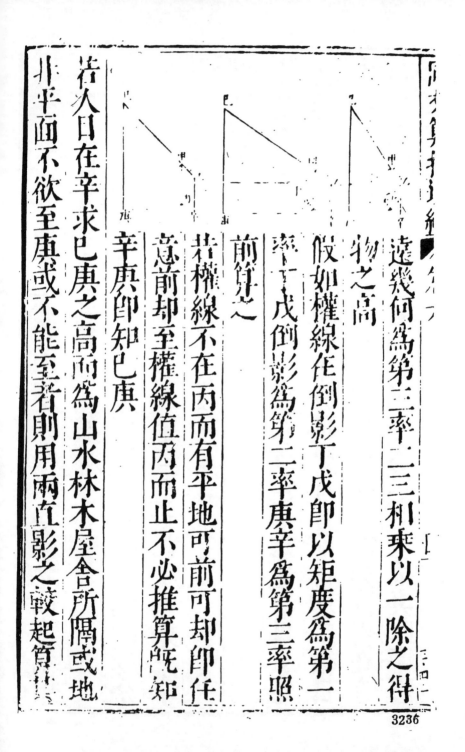

法依前以矩窺向物頂齊權線在直影至如在倒影即以所值度分依法變作直影次從所立之辛依地平取直後或前或却任意遠近至癸仍以矩窺向物頂齊權線在直

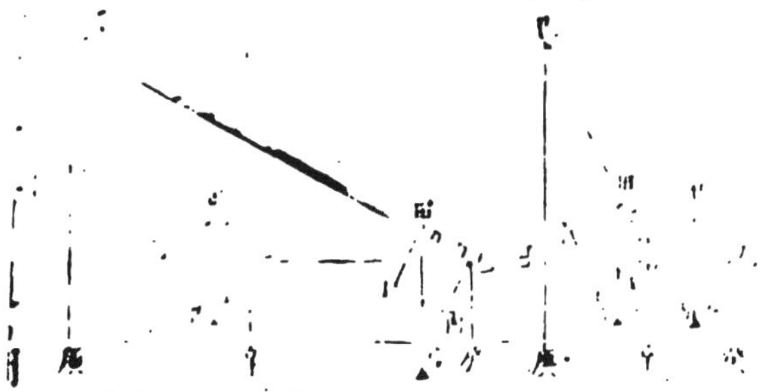

影否如在倒影亦以所值度分變作直影乃以兩直影度分相減之較為首率以値度為二率辛癸大小兩矩之較為三率依法算之得巳壬之高又加自目至足乙癸之較得巳庚之高

假如欲測巳庚之高如前圖先從辛立窺得直影小乙戊為五度次却立于癸得直

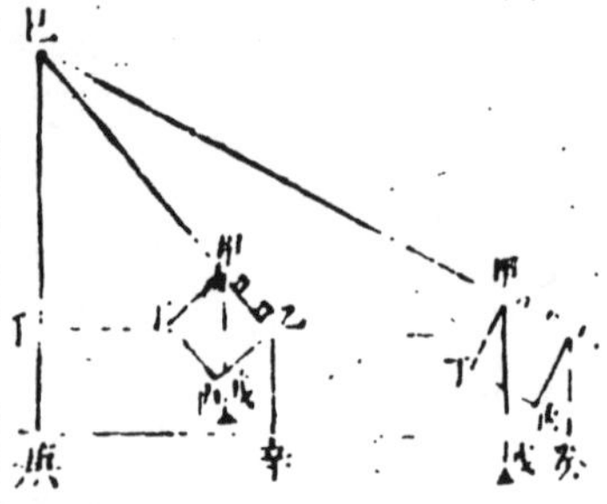

影大乙戊爲十度內影之較五度爲首率矩度爲次率次量足距之較從癸至辛十步爲二率依法算得二十四步加目至足之乙辛或乙癸試作一步即知巳庚之高二十五步　如後圖先于辛得直影小乙戊爲十一度次退立于癸得倒影九度當如前變法作大乙戊直影十六度得景較五度以爲首率矩度爲次率次量距之較癸辛二十步爲三率依法算得四十八步加自目至足或一步即知巳庚之高四十九步

地平測遠

欲于巳測巳庚之遠先除自目至足之高爲甲巳若量極遠則立樓臺或山岳之上以目下至地平爲甲巳測高法以前次以矩極甲角切于目以乙向遠際之庚如前法稍移就之俾甲乙庚相參直細審權線值何度分

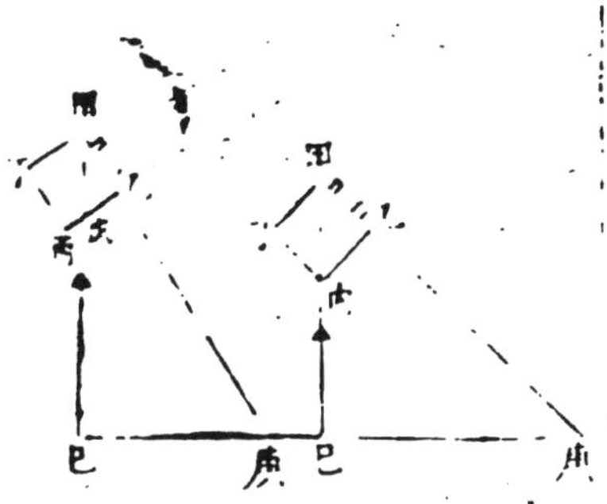

如權線在丙則高與遠等

若權在乙丙直影邊卽遠數不及高數以矩度十二爲首率直景乙丙爲二率甲巳爲第三率算之得巳庚遠

若權在丁丙倒影邊卽遠過于高以倒影

丁丙爲首率以矩度十二爲次率甲巳爲三率算之此所置一率二率視前測高之法互換云

測深

凡從井上測深者井口或徑爲巳庚井面爲辛壬欲測巳壬之深用外極中角切目以乙從巳向對面水際之辛如前法稍移就之令目與窺與辛相參直垂下權線假如線在直影乙戊三度爲首率矩度爲次率次量巳庚井口十二尺爲三率算得四十八尺爲

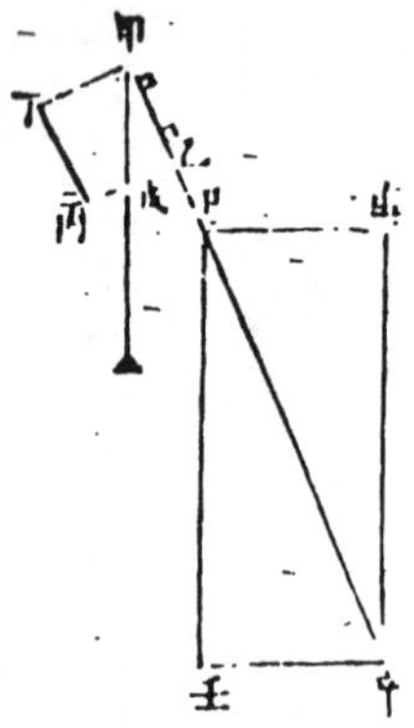

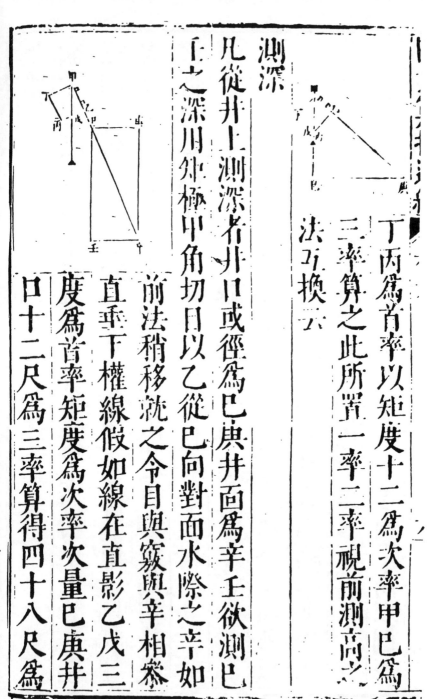

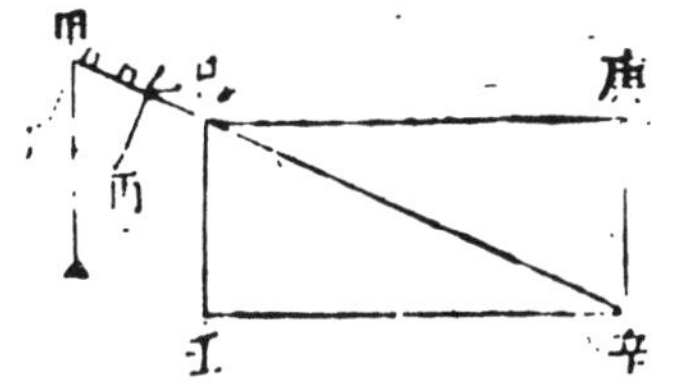

己壬之深

若權線在倒影三度則依法變爲直影得四十八度而以矩度十二爲首率變得直影度爲次率井口乘之歸除數同

以上用矩度若如無矩度另有用鏡用表用尺諸法具後

平鏡測高小遠小亦同

欲知甲乙之高置平鏡于丙人立于丁其丙丁取平人目在戊向物頂之甲稍移就之令目見甲在鏡中心而甲影從鏡心射

首乃量自丁至丙之度為首率丁戊為次率乙丙為三率算之得甲乙高

以表測高凡立表必三面垂線以取端直

已知乙戊之遠而欲測甲乙之高立表于丙為丁丙退立

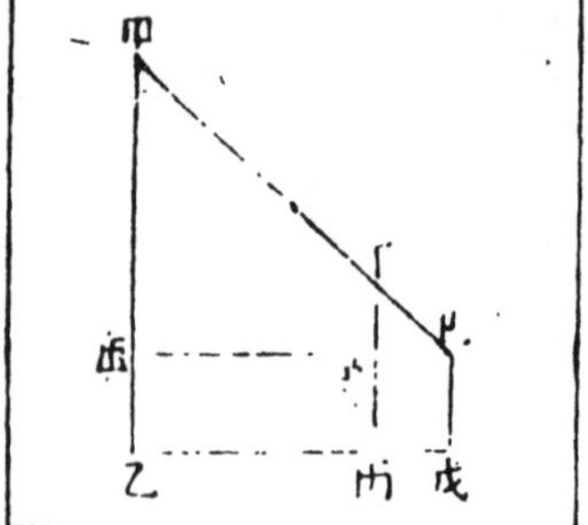

于戊置乙丙戊為極平線人目在巳視表末丁至物頂甲相參直次從目至足數移置表上為辛以截取丁辛之數其辛巳線與乙丙戊為平行若其表僅與身等或小于身則另立一小表為巳戊而以目切之為巳亦可乃以丙戊為首率丁辛為次率乙戊為三率算之得甲庚之高

加自至足之數巳戊即得甲乙之高

若戊不欲至乙或不能至則用兩表之較爲第二率如前圖立

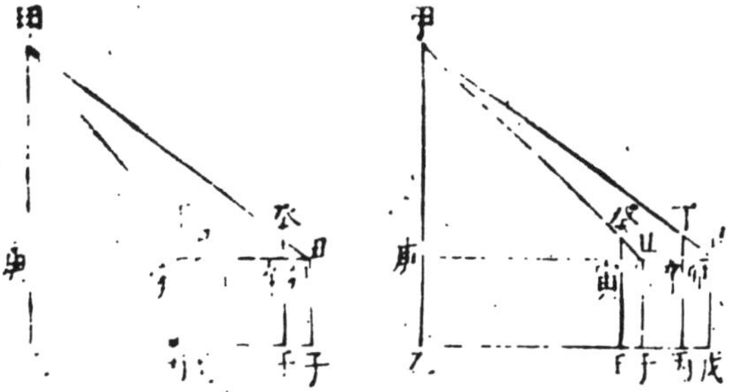

于戊目在巳望丁至甲移巳置辛得丁辛數乃或前或却又立一表（或即用前表或兩表等）爲癸壬目在丑望癸至甲亦移丑至寅得癸寅數此癸寅與丁辛之度相同而丑寅度必小于巳辛度以相減截巳辛于卯得卯辛較爲首率以表目相減之較癸寅或丁辛爲二率以兩目相距之較巳丑或戊子爲三率算得之得甲庚加自目至足之數得

甲乙之高前測爲進步立前表者 後測爲退步立後表者

以表測地平遠

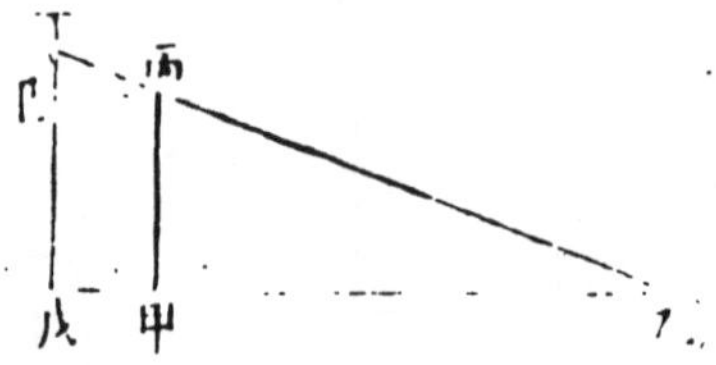

欲于甲測甲乙之遠依地平立丙甲表此表稍矬于身以便規望次却立于戊目在丁視表末丙與遠際乙相參直次移內度于巳截取丁巳之度為首率以丙巳或甲戊為次率丙甲表度為三率算之得甲乙之遠

以矩尺測遠

欲于甲測地平遠者先立一表樣如甲丁與地平為直角次以矩尺之內直角置表末丁之上以丁戊尺間所望遠際之

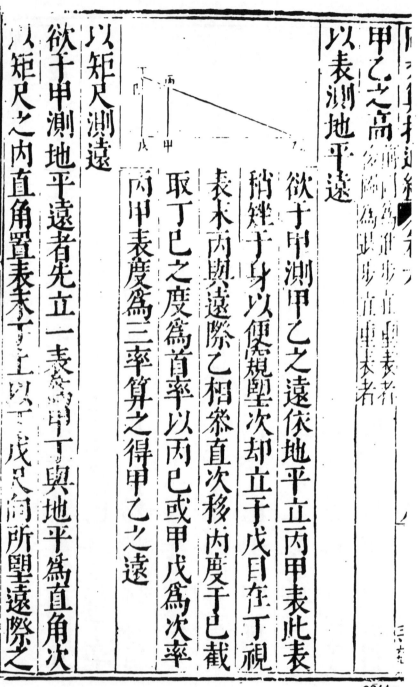

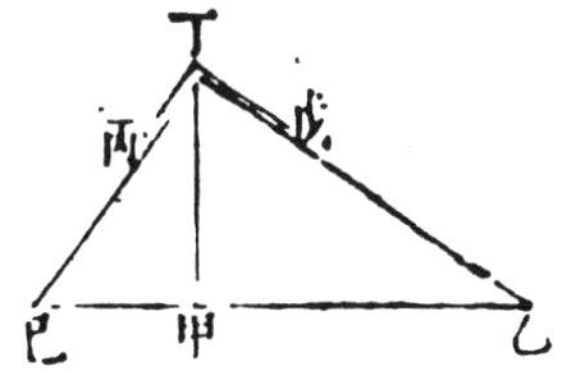

乙稍移就之使丁戊與乙相參直次迴身從丁丙尺上亦隱墻平之巳使丁丙與巳相參直乃量巳至表下甲為首率表身丁甲為次率又為第三率依法算之得甲乙遠

以重矩兼測無廣之深無深之廣

有甲乙丙丁壁立深谷不知甲乙之廣欲測乙丙之深則

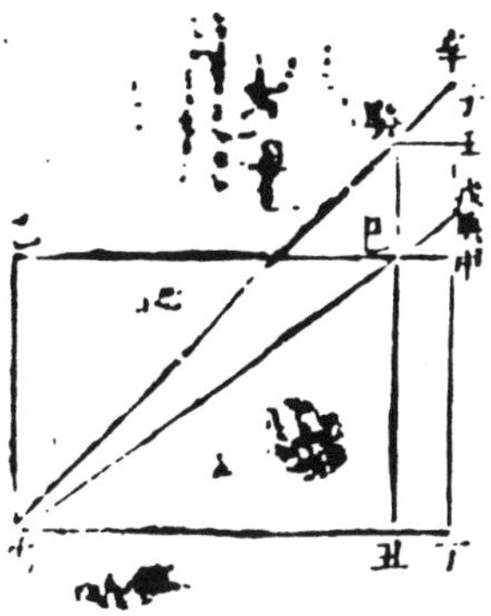

用重矩法先于甲岸上依垂下直線立戊甲巳句股矩尺其甲巳句長六尺人從股尺上視句末巳與谷底丙相參直以上截取戊甲股上之庚庚甲之高得

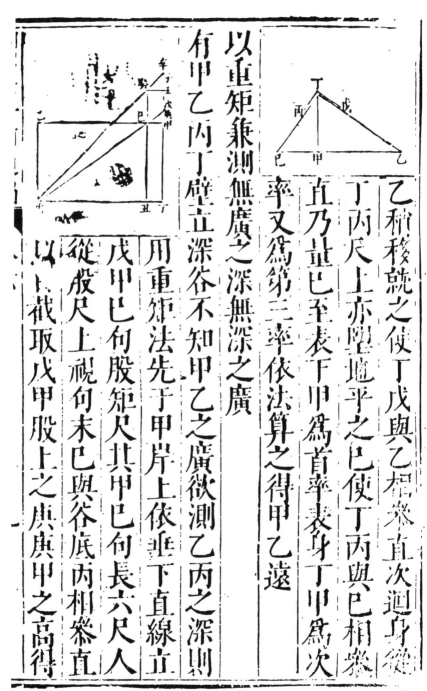

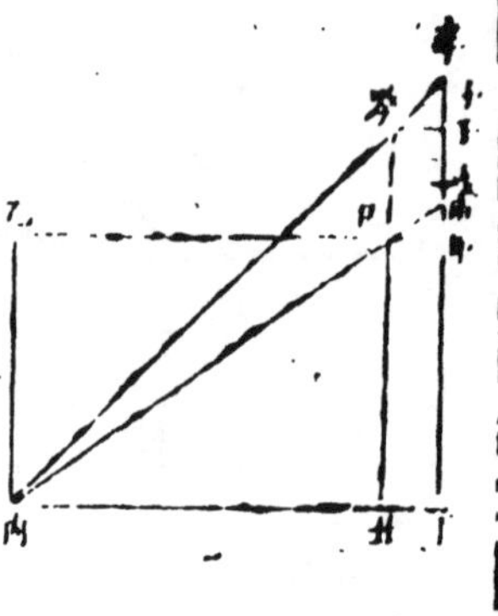

五尺次又于甲上依垂下直線取壬壬丈甲一丈五尺于壬上亦依垂直線更直一辛壬癸句股矩尺壬癸句亦長六尺從股尺上視向木癸與谷底丙相參直而以目低取辛壬股上之辛辛壬之高八尺如欲求深者以前股所得庚甲五尺與兩句間壬甲十五尺相乘得七十五尺爲實以兩股所得庚甲辛壬相減之較辛子三尺爲法除之即得乙丙深二十五尺如欲求廣者以倉六尺與兩句間十五尺相乘得九十尺爲實以辛壬三尺爲法除之即得甲乙之廣三十尺

測深法與

測遠法與

移測地平遠及水廣

凡測江河谿壑之廣遠身不能至而其傍近有平地與欲

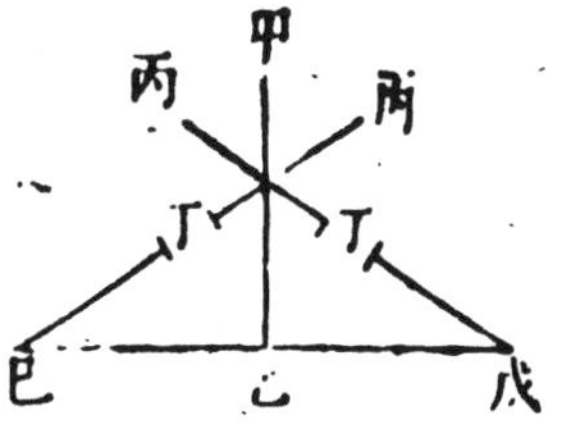

相當者立表於乙際爲甲乙與地平爲直角次用一小尺或竹木等爲丙丁斜加表上稍移就所望之戊使丙丁戊相參直次以表帶尺旋轉向平地以目視丙丁尺端所直得巳

次自乙量至巳即得乙戊之數　如不用表即以身代作甲乙表不用尺或以笠覆至目代作丙丁亦便

以四表測遠 前測遠諸法不依極高不得極遠此法能于平地測極遠

遠望一山或城或臺爲甲欲測其遠擇平曠處立表 前云依地

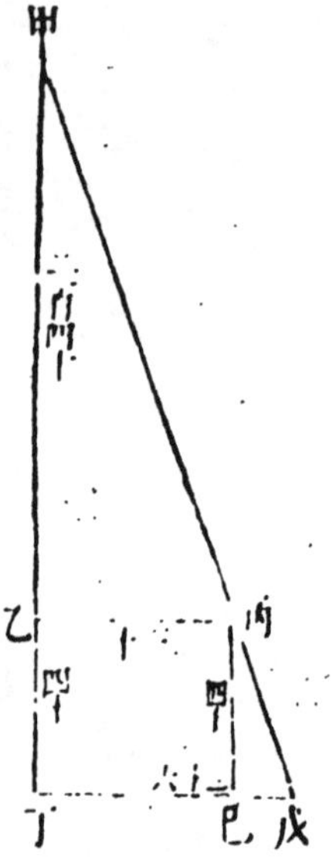

平線必依直線取平此不必拘為乙次任却後若干步更立一表為丁朢兩表與甲一直線次從乙丁各橫行若干步取平方為四角形其二角為丙為巳就丙上更立一表又從丁巳直行若干尺朢丙與甲一直線此際立表為戊乃以乙丙減丁戊之較為首率乙丁為次率乙丙為三率算之得乙遠

假如丁戊三十六乙丙三十相減餘六乙丁四十以六為首率四十為次率三十為三率算之得二百四十為甲乙遠

測高深遠近不諳布算而得其度

凡測量必先得三率而推第四率三率者其一直影度或倒影度其二所立處距所測物之底若不能至者則其影

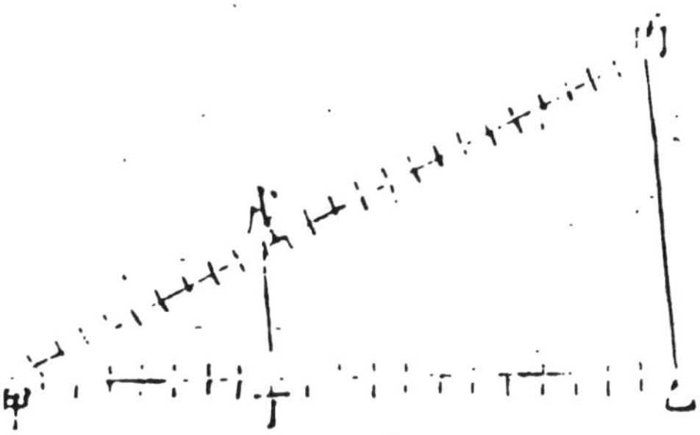

較度或兩測較度也其三表度或距較度也設如測一高其影較八而距較十步其影較八率一與表十二率二之比例若距較十步率三與其所求之高率四如不諳算法則于平面畫作甲乙甲丙兩直線任相交于甲從甲向乙用規作八平分為影較甲丁次用元度從丁向乙規取

十二平分爲矩度丁乙次從甲向丙規取十平分爲矩較甲戊（此分度與前同斜以任意之線）乃從戊至丁畫一直線次從乙亦畫一直線與戊丁平行而截甲丙線于丙次取甲戊元規度從丙向戊盡得若干分即所求之高

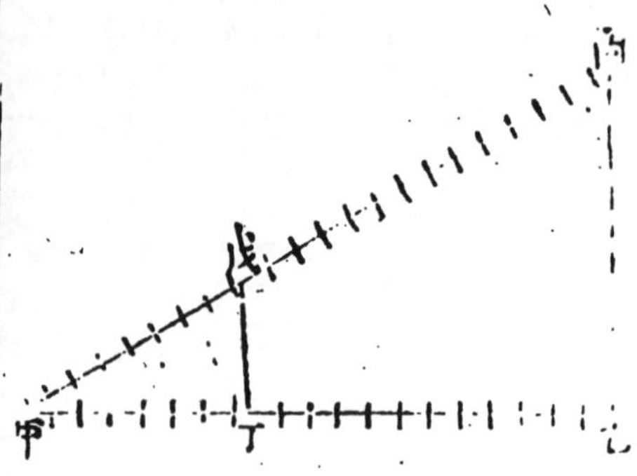

又法若景較七度有半距較八度三分度之一即物高度十三步三分步之二如後圖加目至足高即得全高

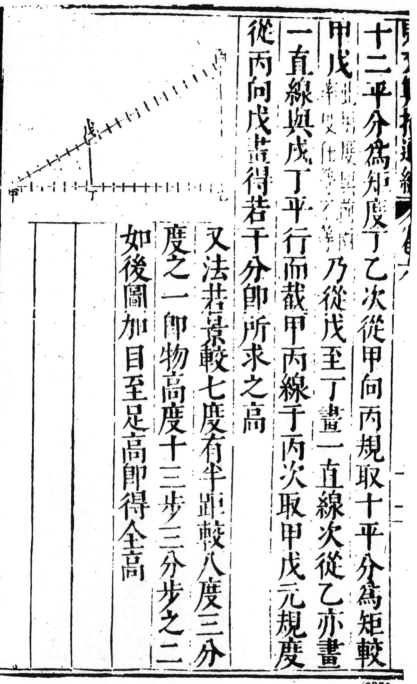

句股略

測量之法專用半矩則句股所必藉也故補入句股以顯測望原本舊法句三股四弦五蓋句自乘股自乘併之即弦自乘數故得句股可以求弦得句弦可以求股得股弦可以求句而引伸其義可以求句股中容方容圓可以各較求句求股求弦可以各和求句求股求弦其變無窮今撮其要者十五則著於篇

句股求弦

甲乙股四乙丙句三求弦以股自乘得十六句自乘得九併得二十五爲實開方得

甲丙弦五開方法見後篇

句弦求股

如前圖乙丙句三自乘得九甲丙弦五自乘得二十五相減得較十六開方得甲乙股四

股弦求句

如前圖甲乙股四自乘得十六甲丙弦五自乘得二十五相減得較九開方得乙丙句三

句股求容方

甲乙股三十六乙丙句二十七求容方以句股相乘得甲乙丙丁方形爲實并句股得甲戊長綫六十三爲法除之

得庚戊長方其辛乙乙癸各邊俱一十五零六十三之二十七約之爲七之三爲句股内所容方形

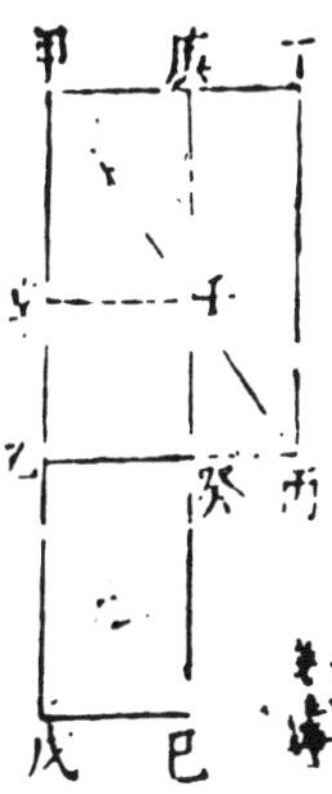

餘句餘股求容方求句求股

甲丁餘股七百五十戊丙餘句三十求丁乙戊巳容方邊以丙戊句甲丁股相乘爲辛壬巳庚方形得二萬二千五百爲實開方得容方乙丁丁巳各邊俱一

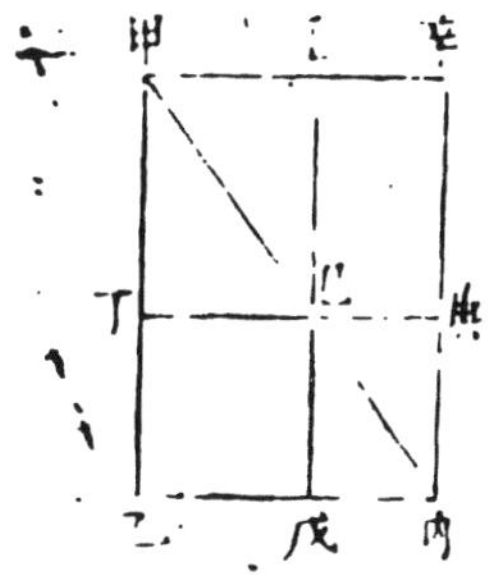

百五十加餘股得股九百加餘句得句一百八十 句壬巳庚形與乙巳戊庚方形等[illegible]原本八[illegible]甲[illegible]相同若此方與容方

容方與餘句求餘股與餘股求餘句

容方丁乙巳丁各邊俱一百五十戊丙餘句三十求甲丁

餘股以容方邊自乘爲實以餘句爲法除之得甲丁餘股七百五十以容方與餘股求餘句法同辛巳方之羃旣等丁戊方之羃矣開方即容方夾加餘股非全股乎加餘句非全句乎

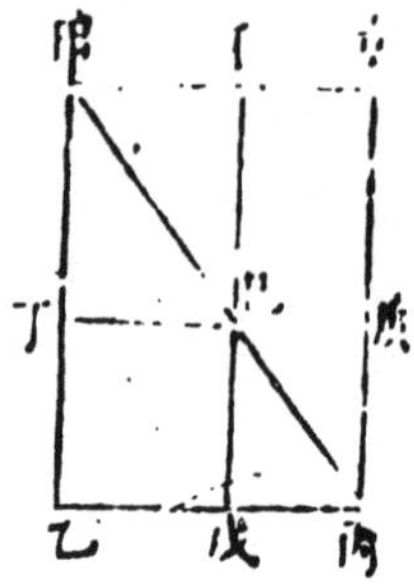

句股求容圓

甲乙股六百乙丙句三百二十求容圓以句股相乘得一十九萬二千爲甲乙丙丁方形倍之得三十八萬四千爲內丁戊巳方形以爲實別以句股求弦得甲丙邊六百八

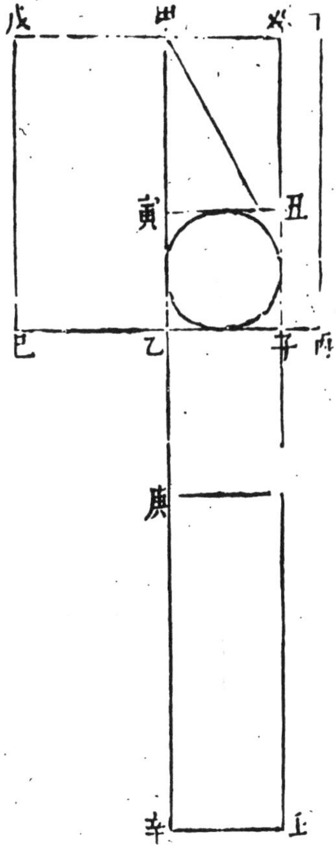

十併句股弦除甲辛長線一千六百爲法除實得辛壬癸甲長方形其辛壬與相等之乙子二百四十卽容圓徑半徑爲圓心於甲乙線引長之此乙庚與句等庚辛與弦等得甲辛爲弦和和爲法除實卽[illegible]壬癸甲長方形與丙丁戊巳方形之羃等而壬癸邊與[illegible]句十子次作子丑寅乙小方形此各邊名弦和[illegible]圓徑亦皆切圓線也詳著徐太史句股義

又法甲乙股六百乙丙句三百二十并得九百二十與甲丙弦六百八十相減亦得乙子二百四十

句股較求股求句

甲丙弦四十五甲乙股甲丙句之較爲甲丁九求股求句

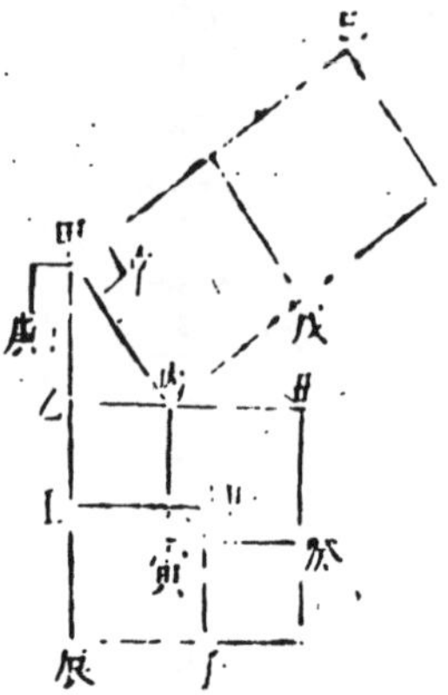

以弦自乘得二千○二十五爲甲戊方形倍之得四千○五十爲巳丙方形較自乘得八十一爲甲庚小方形以減巳丙之兩弦羃存三千九百六十九爲實開方得句股和六十三卽丑辰大方形四邊之一也以之加較九得七十二半之得三十六爲甲乙股卽以減較得二十七爲乙丙句丑辰方形内[illegible]八丑寅方及卯辰方形兩[illegible]壬方癸子多較自羃也以此甲巳方形以八中心[illegible]一較羃耳故減[illegible]句股和[illegible]以減

句弦較求句求弦　附弦較和求句求弦　弦和較求句求弦

甲乙股三十六乙丙句甲丙弦之較爲甲丁十八求句求弦以股自乘得一千二百九十六爲甲戊方形較自乘得三百二十四爲庚丁小方形兩方形相減於甲戊方內去其等庚丁方之辛癸方餘得甲壬戊乙二磬折形存九百七十二爲實倍較乙寅爲法除之得乙子長方形其丙乙之邊二十七爲句以加較得四十五爲甲丙弦乙子方何以等于甲戊形之實也蓋句與較相乘之乙丑形以成于卯癸之磬折形內與股羃甲戊方形等也又甲丙方形弦羃也內

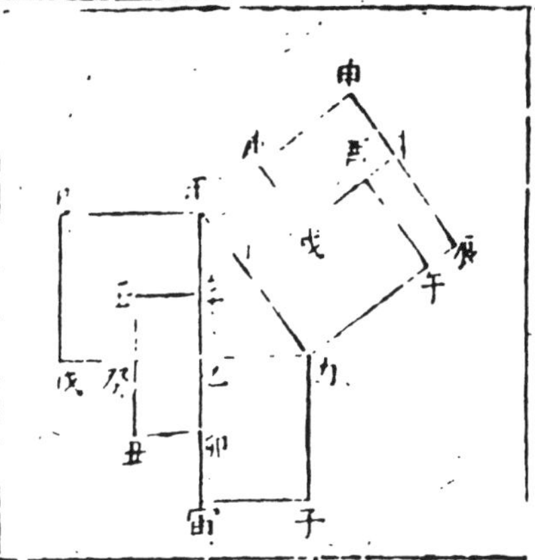

弦句股二冪試照與丁較冪分作庚未未午午丁三形其中木及丙戊較也庚中及未戊及未辰及午酉及丁丙股而與子形未午形相併句冪也庚丁形丁午形相併股冪形子加較冪則甲戊午之磬折形與子卯癸之磬折形等之弦甲戊股冪等內各減較冪則乙子方形即甲壬戊磬形矣

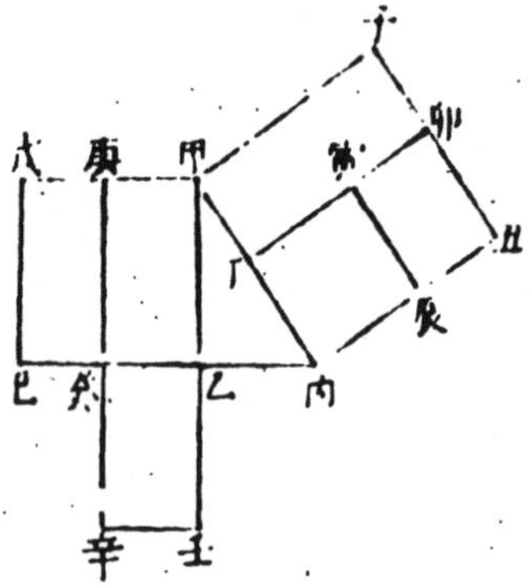

又法股自乘得甲巳方形一千二百九十六爲實以句弦較甲丁十八即同乙癸爲法除之得甲壬之句弦和七十二加較得九十半之得弦四十五減較得句二十七

甲壬何以知爲句弦和蓋弦冪甲丑形內既兼句[illegible]矣試以甲丁之度移于子卯又移于丑辰于卯寅分[illegible]方形其丙丁與辰形句冪也則甲卯卯辰兩形併[illegible]即甲辛長方形也子卯也卯寅也甲庚也皆較也[illegible]子弦卯丑句也故甲辛形內之甲壬線爲句弦和

若以股與弦較和求句求弦者股自乘爲實次以股減弦較和餘卽句弦較除實得句弦和乃以加減同前

若以股與弦和較求句求弦者股自乘爲實以股減弦和較餘卽句弦較除實加減同前

股弦較求股求弦 附弦和和較求股求弦 弦較較求股求弦

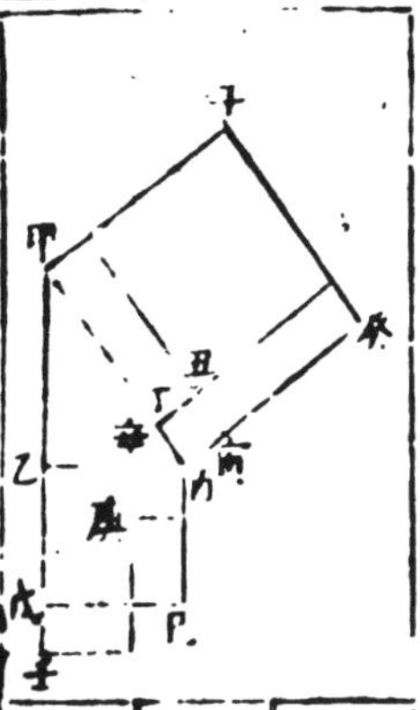

乙丙句二十七甲乙股甲丙弦之較爲丙丁九求股求弦

以句自乘得乙巳方形七百二十九較自乘得丙丑方形八十一丙庚同相減存乙庚巳罄折形得六百四十八爲實乃倍丙丁較爲辛乙線以爲法除實得辛壬方形其乙辛邊

三十六即甲乙股數以加較得甲丙弦四十五弦冪甲癸方形內兼句股二冪試依丙丑較冪線分作甲丑形丑癸形丑子形即丑子為股冪而餘為句冪之實也甲丑與丑癸併兩與之丙巳冪與之形等亦與辛壬長方之形等而辛乙兼丁故丑亦與兩較甲丁及寅癸均為兩股合併成乙壬之形

又法句自乘得丙戊方形七百二十九為實以丙丁較九為法除之得丙巳方形其丙庚邊八十一為股弦和加較得九十半之得弦四十五減較得股三十六丙庚線何以為股弦和也甲丙弦冪內兼有句股二冪試依丙丁較截作丁辛形丁癸形癸壬形即壬癸方形為股冪而餘為句冪小即丙巳長方形之實也夫甲癸也壬辛也庚巳也均較也而甲丁之股丙辛之弦併之非丙庚乎故云股弦和也

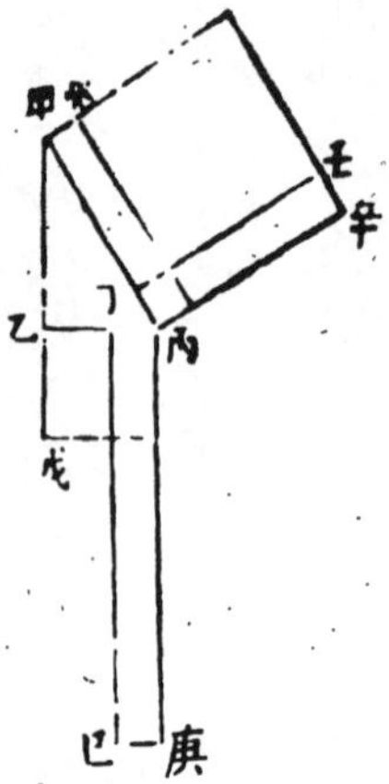

若句與弦和較求股求弦者句自乘為實次以句減弦和

以餘即股弦較除實得股弦和乃以加減同前

又句與弦較較求股求弦者句自乘爲實以句減弦較較

餘即股弦較除實加減同前

句股和求股求句

甲丙弦四十五甲乙乙丙句股和六十三求句求股以弦自乘倍之共得四千〇五十句股和作甲丁線自乘得甲巳方形三千九百六十九相減得八十一開方得句股較甲卯九加和得七十二半之得甲乙股三十六減較得乙丙句二十七句股和自乘爲甲巳方形此形以丙甲辛及癸巳之兩股弦乙寅及戊壬之兩句弦而中間重併一癸辛小方

形正斜較冪若以弦自乘只得一句一股冪倍之當得兩句股冪併以減甲巳方形少一較冪之癸辛形故以癸辛[illegible]之[illegible]也

句弦和求句求弦 附弦和和和求句求弦 弦較較求句求弦

甲乙股三十六乙丙甲丙句弦和七十二求句求弦以股自乘得一千二百九十六又以句弦和作乙巳線自乘得五千一百八十四為乙戊方形次用股冪減之乾乙戊大方內減去庚壬長方餘三千八百八十八即丁辛及丙巳兩長方形半之得一千九百四十四為實以句弦和乙巳為法除之得乙丙句二十七以減和得甲丙弦四十五何以知[illegible]

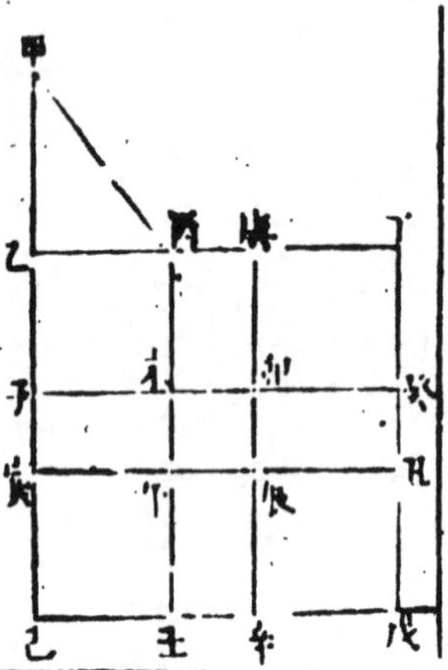

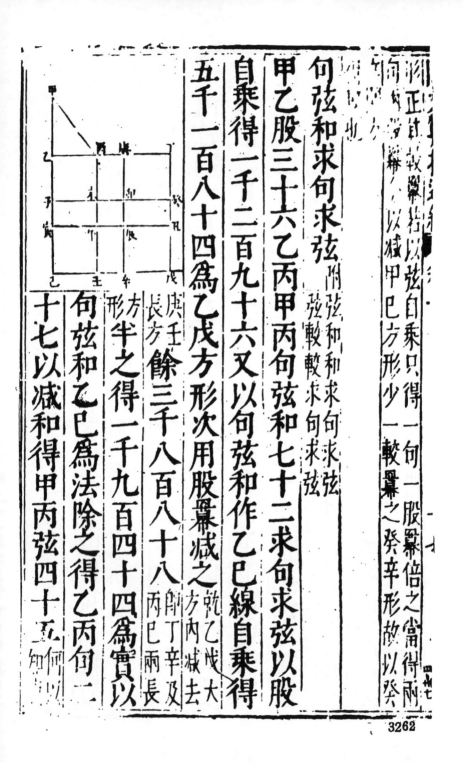

一長方爲股羃也試于乙戊方之乙巳線以句度截之取子寅二點作子癸線寅丑線又照取丙庚二點作丙壬庚辛二線則一形內四隅有句羃四中央有較羃一而四正又有庚未辰壬未寅癸辰爲句較相乘之羃亦四也夫一句一較相併爲弦則卯巳之方形爲弦羃而弦羃之內存一午巳之句羃而此外子午辛之磬折形即爲所減之股羃然以庚未形代子午形則庚壬圖所減之股羃矣此丁辛丙巳兩形所以爲減餘形也半之即丙巳形次以乙巳線除之

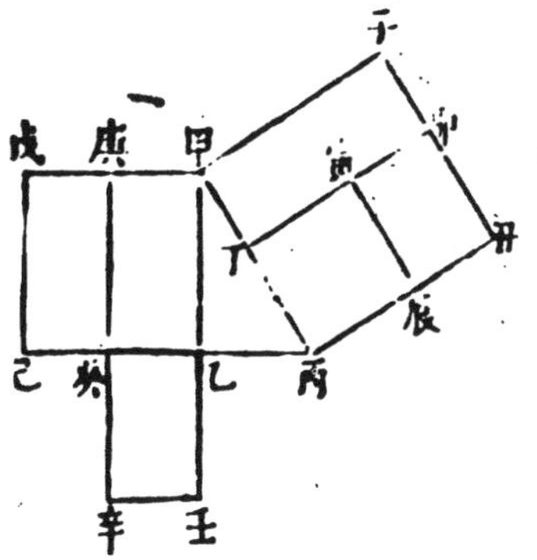

又法股自乘得一千二百九十六以句弦和七十二爲法除之得十八爲句弦較加句弦和得九十半之得四十五爲弦減較得二十七爲句此與前句弦較求句求弦又法同理

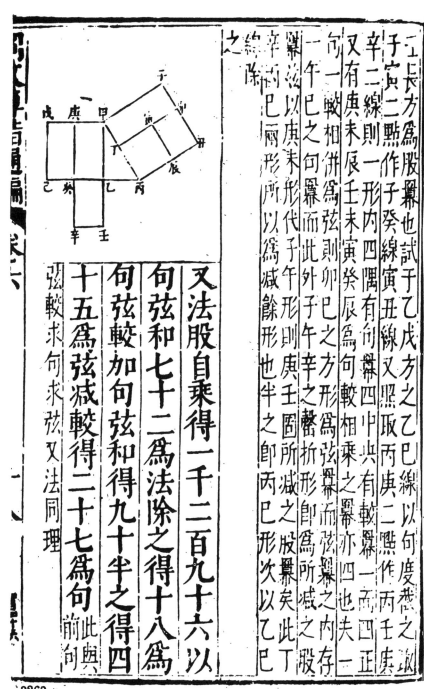

者以股與弦和和求句求弦者既得股自乘之數乃以股減弦和和餘卽句弦和除之得句弦較加減如前因多一股故用一減

又股與弦較較求句求弦者股自乘爲實以股併弦較較卽得句弦和除實加減同前

股弦和求股求弦 附弦和和求股求弦 弦較和求股求弦

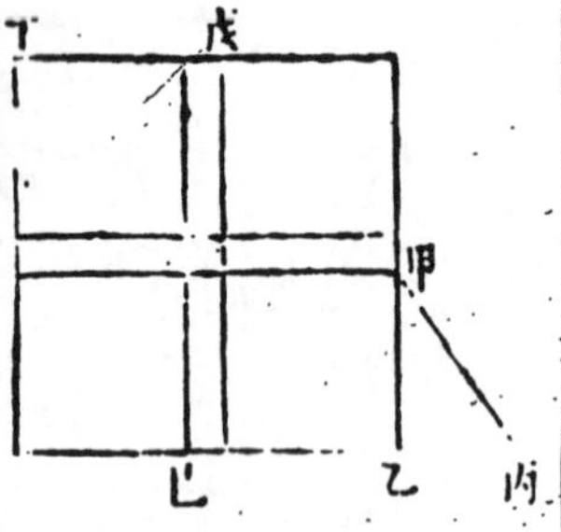

乙丙句二十七甲乙乙丙股弦和八十一求股求弦以句自乘得七百二十九股弦和自乘爲乙丁方形得六千五百六十一乃以句羃相減去戊巳長方形存乙戊方

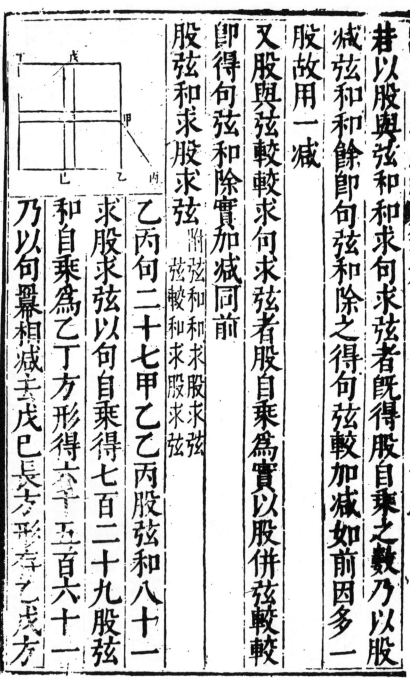

以丁巳方得五千八百三十二半之得二千九百一十六爲實以和爲法除之得甲乙股三十六以減和得甲丙弦四十五大方形內之戊乙句冪也餘論詳前

又法句自乘得七百二十九以股弦和八十一爲法除之

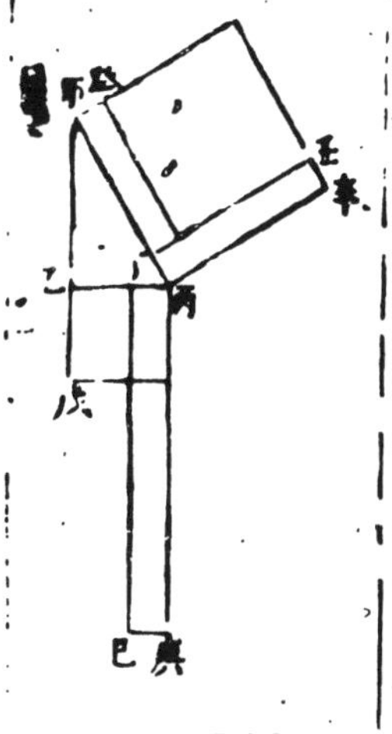

得九爲股弦較加股弦和得九十半之得四十五爲弦減較得三十六爲股此與句弦較求句求弦又法同理

若以句與弦和和求股求弦者句自乘爲實以句減弦和和仍得股弦和除之餘如前亦因多一句故用一減

若以句與弦較和求股求弦者句自乘爲實句和相併即

股弦和除之

股弦較句弦較求句求股求弦

甲乙股甲丙弦較二乙丙句甲丙弦較九求句求股求弦

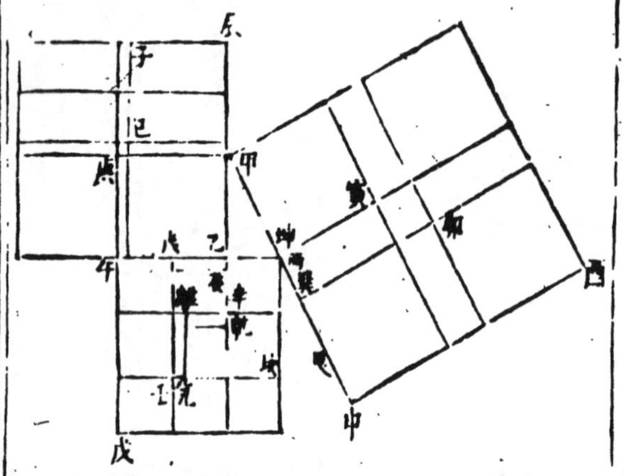

以二較相乘得十八倍之得三十六爲實平方開之得六爲弦和較加句弦較九得甲乙股十五加股弦較二得乙丙句八以句弦較加句或股弦較卽股得十七爲甲丙弦此最要者在求弦與句股和之較法以二九互乘是乘兩次也故倍之戊癸及子丑長方形是也倍之而開方得六卽弦和較[illegible]所爲以三十六開方爲弦和較者[illegible]

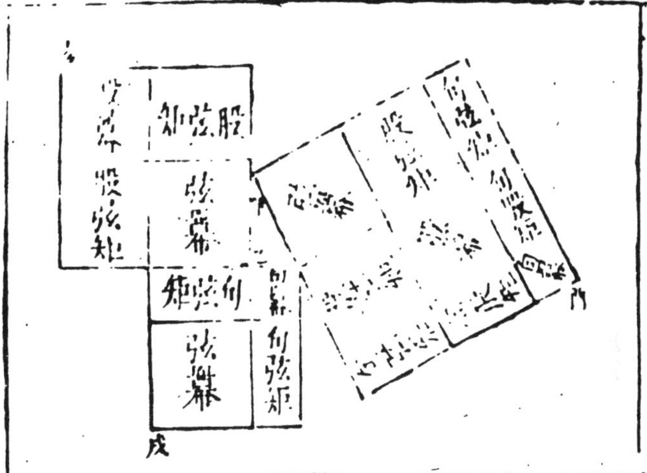

也蓋一弦之冪常兼有句股兩冪今試于甲乙股線引之加甲辰之弦亦于丙乙句線引之加乙午之弦于甲丙弦引之加丙巳之股巳申之句此三線者各以自乘爲三大冪則弦兼句股之冪此諸股弦與句弦相併之冪共多四十九數而此四十九爲合減之數既于多冪中心減之所餘三十六卽開方之弦和較何者試取三大冪各以元設之句股弦分之爲諸小冪相當相抵其甲丙冪內多句股矩之一形凡二其丙戊或乙亥冪抵多弦冪一以此兩多之形又相當所差者有四十九數而原設股弦較二句弦較九相減餘七自乘之數亦相倂焉于中心減之而餘三十六者蓋又有說試以股弦較二自乘得四爲一巳庚方形以句弦較九自乘得八十一爲辛壬方形倂得八十五而以四十九減之減法乾兌形其餘形

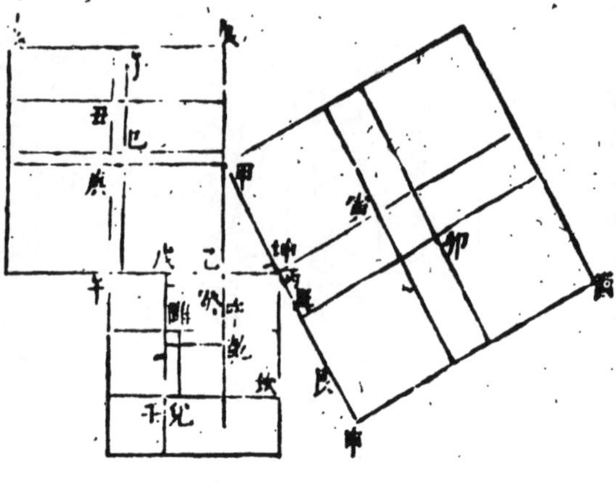

之乾離離壬及巳庚形合三十六即前二九女來戊癸子丑之數也用此開方得太以作寅卯方形令于甲酉方減此寅卯而丙戌方亦減辛壬而乙亥方亦減巳庚則其弦兼句股之冪不等于股弦句弦之二冪乎蓋甲酉四隅四弦冪也乙亥四隅四股冪也丙戌四隅四句冪也所謂弦冪兼句股冪者既相當抵而甲寅辛坎兩形併亦與寅巽方形相當中心除出乾兌之四十九而乾離離壬及巳庚又與寅卯相當故以寅卯開方求之而弦和較得焉夫丙巽即寅卯邊也在甲丙巽申兩弦之間者也丙距申爲句股和則丙截巽爲弦和較明矣巳得弦和較即以元幷兩較相加而句股弦皆可得矣加九者巽距艮也艮申爲句而艮丙爲股也加二者丙距坤也坤甲爲股而巽坤爲句也以巽艮益艮申以丙坤益坤申皆弦也

句弦和股弦和求句求股求弦

甲丙乙丙句弦和七十二甲乙甲丙股弦和八十一求句求股求弦以兩和相乘得五千八百三十二爲乙巳長方形倍之得一萬一千六百六十四爲丁戊大方形以爲實平方開之得巳庚形其邊一百〇八爲弦和和求乙丙句者以股弦和和減之得句二十七求甲乙股者以句弦和減之得股三十六欲求弦者以句股和減之得弦四十五巳庚形與丁戊形等其開方邊爲弦和和者蓋丁戊全形內有弦冪二股弦矩形及句弦矩形各二與巳庚方形內諸形比各等其丁戊形內餘一弦冪巳庚形內亦餘一句冪一

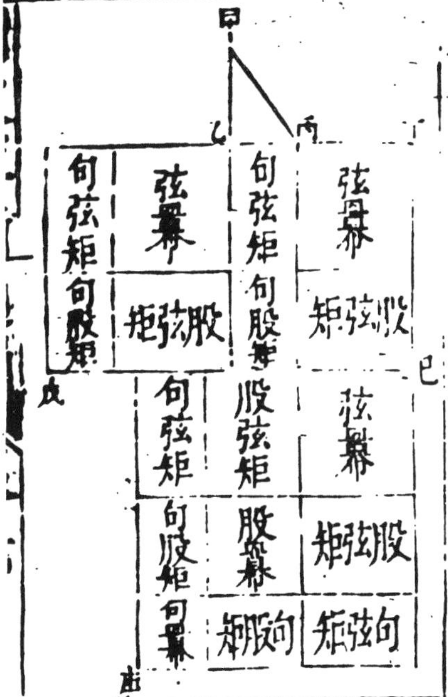

論曰句股弦三合成形錯綜立義句股相減其差曰較句股相併其名曰和股弦之差曰股弦較句弦之差曰句弦較併句股與弦較其差曰弦和較句股之差與弦相減其差曰弦較較股弦相併曰股弦和句弦相併曰句弦和句股之差併弦曰弦較和句股弦併曰弦和和句股各自乘併之爲弦實故開之得弦句弦各自乘減餘爲股實故開之得股股弦各自乘減餘爲句實故開之得句句股和自乘倍弦實相減開其餘即句股較也句股較自乘以減倍弦實開其餘即句股和也併句弦以除股實得句弦較若

股冪又相等故已與形之名
與皆弦和和

以句弦較除股實即得句弦和矣併股弦以除句實得股弦較若以股弦較除句實即得股弦和矣句股和自乘減弦實除以弦較較得弦較和矣除以弦較和非即弦較較乎句股較自乘減弦實除以弦和和則得弦和較矣除以弦和較非即弦和和乎句乘股為實併句股為法除得容方徑句乘股倍之句股求弦併之除得容圓徑容圓之徑即弦和較也又錯綜論之句為主以加股弦較即弦較較以減股弦較即弦和較若加弦較和又即股弦和也股為主以加句弦較即弦較和以減句弦較即弦和較若加弦較較又即句弦和也句股較為主以加股弦較即句弦較

若減股弦和亦即句弦和也句股和為主以加股弦較復得句弦和若減股弦和亦得句弦較也至若諸較諸和法相因配迭綴減半恒得所求若取句股較以加句股和半之得股以減句股和半之得句若取股弦較以加股弦和半之得弦以減股弦和半之得股取句弦較者以加句弦和半之得弦以減句弦和半之得句取弦和較者以加弦和和半之得和以減弦和和半之得弦取弦較較者以加弦較和半之得弦以減弦較和半之得較加減乘除圜變不滯神而明之存乎其人遠近高深方圓弧矢準此而推亦在乎熟之而已

開平方七分第十二

開平方除者依除法列位先審當以幾位除盡列實以求位下點記之每隔位一點每一點即定開下一位乃從左位起用自乘開除凡點在左首位下者以一字取數自乘（如係九數則用三三除三三即九除盡之類）若點在左次位下者以二字共取一數自乘估除之（如係一六則用四四除四一十六除盡之類）是爲初商以紀格右亦註首點之下兩相呼除不盡者作餘數再商（如係二十者用五五則廿五矣是不可也須用四四自乘得十六外剩四作餘數以再商除之）倍初商爲廉法註初點初商之次位若干以除上位視其可得幾轉以定次商若干註次點之下爲隅法亦紀于格右先與廉呼除若干

再以隅呼除若干有不盡者再倍廉法商除如前若剩數徒及開數一倍以下以法命之開者一面數也加倍又加一數乃得二面是于小平分上作一句股為大平方若不及加倍增一總是不滿方法止以加倍增一為母餘數為子命曰幾分之幾

列式

列實二千一百一十七萬八千四百〇四凡八位從末位起每隔一位用一點共四點知用四字開盡

（四

肆

〇

肆

此首位無點而點在次位者以二一相違作二十一數只一字開之

初商用四除註點下亦紀

捌　一十六尚剩五　四上一變五完首段

柒　除實一千六百萬尚餘五百一十七萬八千

壹　四百零四

五壹四

試

既用四自乘除剩五矣第二段所點從五至七凡三位且

只作五百八十四而商以從簡便先立廉法第六位商數

前係四則此倍作八註八于次位之下如以八而除五十

六　二者然也乃商五十一有幾箇八該得六紀

四　六于格右四字之次亦註次點下爲隅法如

肆•
○
肆•
捌
一柒六
三叁壹八
五壹四
貳

八十六者然乃與次商相呼先呼六八除四十八剩三數八上一變三尚剩三十七又以六六相呼要見六於三十七內恰好否君可除則用六如總數不足則寧裁一數以就之如前除法相似所謂商也此呼六六三十六尚剩一六上七變一完次段除實二千一百一十六萬餘實一萬八千四百令四俟再商之

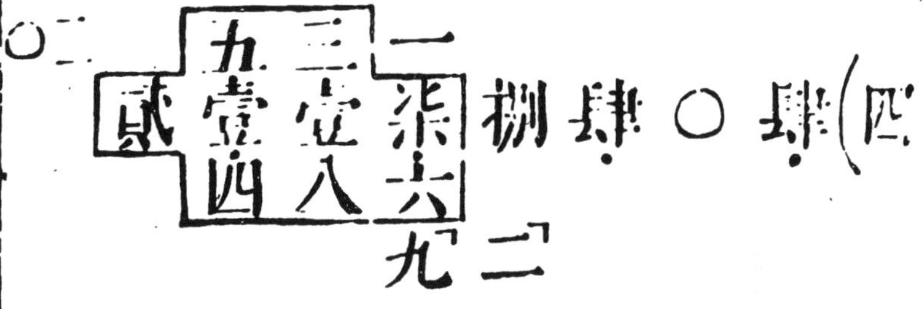

次于所剩之一除起因此第三點符至
四字止則自一到四作一百八十四餘
之其格右四六乃四十六倍作九十二
列次下為廉法列式且讓四下之點不
填以待所商之隅法而列二十八下列
九于一下凡廉法商法寫式皆倣此九
不可除一作○于格右四六之次以存
虛位餘皆抹之另商第四點所用仍剩
一萬八千四百四十四竟以一數開畢

六
四
肆·二
○○
肆·二
捌二九
一柒七六九
三壹八
九壹四
貳

前所用四六〇是四百六十仍再倍爲廉法當作九百二十數讓空四下所點一位不塡以待隅法而列九于八下列二于四下列〇于〇下乃先以九除一八看得君于乃二九一十八也當用二爲再商右紀二亦註于所點四下爲隅法如九百二十二者然乃以相呼首以二乘九除于八次以二乘二除四次〇不必除次又以二乘二除四恰盡凡開方每商四千六百零二

君欲還原用自乘法

又有開方不盡者只式于後假如列實四億五千六百七十八萬九千〇一十二數凡九位從小數開點至大數共八五點該以五位開盡

二

貳· 壹 〇· 玖 捌· 柒 陸· 伍 肆·

二
一

首點左第一位下只以本一位開之首位係四當用二蓋二之自乘四也系二于四下右紀二爲初商相呼二二除四完初段除實四億餘實五千六百七十八萬九千一十二俟再商

									三	一
（	貳	壹	○	玖	捌	柒	五陸一	一伍四		肆二

次除五六八作五十六以從簡便倍初商二作四爲廉法讓點下一位系四于五下所商以四除五得幾轉四除五只一轉右紀一亦註一于點下先呼一四如四五除四剩一四上五變一次呼一一如一六除一剩五也一上六變五完二段除實四億四千一百萬餘實一千五百七十八萬有奇再定商

二
貳
○
壹
玖
九捌三
○一柒二一
三五陸一
一伍四
肆二一

四是六千七內除六尚剩一則抹七改一又呼

次除一五七八之一段且作一千五百七十八而商因前商二一是為二十一今倍作四十二為廉法空有點之八以待隅法而系二千七下系四千五下要商四除一十五尺幾轉計得三轉即用三數為再商紀格右亦系三千有點八字之下先呼三四一十二千十五內除十二則抹五改三進抹一又呼三二是六千七內除六尚剩一則抹七改一又呼三三是九千八內除九依借法抹八改九進位一變○完三段餘實三百九萬九千有奇

次除三〇九九〇之一段因前用二一三是爲二百一十

七

三

一

二

貳

壹

一〇七

二七玖六

一五九捌三二

三今又倍其數作四二六爲廉法空

有點之〇而于九下系六八于進位九

下系二于〇下系四先以四商上三

〇看四除三十凡幾轉該七轉則用

七紀七于格右亦系于有點〇下以

相呼先呼四七二十八于三十內除

二十八尚剩二數四上〇變二進抹

三次呼二七一十四于廿九內除十

四二上九變五進位二一變一次呼六

一二〇一柒二一四
三五陸·一四
一伍四
肆·二

七四十二六上九變七進位五變一
次呼七七四十九依借法七上〇變
一進位七變二完四段餘實一十一
萬二千一百一十二另開
次除二二二一二二總作一段前已用二一三七是爲二
十一百三十七今倍之當作四二七四爲廉法空有點之

二　七　三　一

二而于進位一下系四于又進之一下系
七于進二下系二于進一下系四先以四
商上一十一看除該二轉則用二紀格右
亦系二于末位點下而先呼二四爲入以

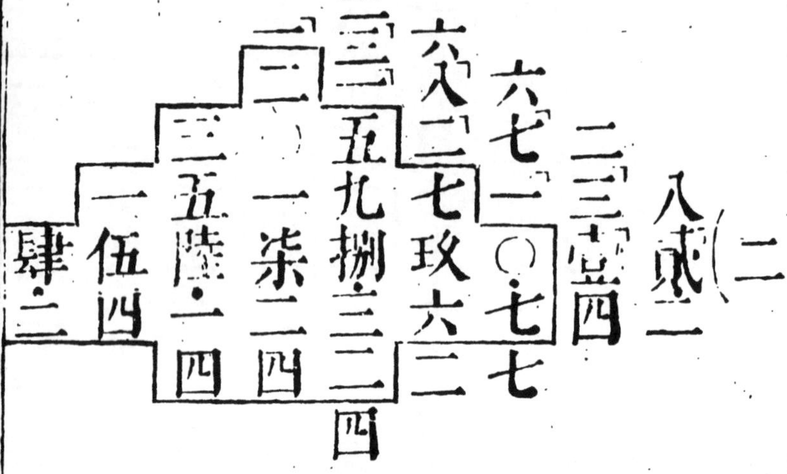

除一十一餘數三乃抹一改三進
抹一次呼二二爲四依借法二上
二變八進位三變二又呼二七一
十四依借法七上一變七進位八
變六再呼二四爲八依借法四上
一變三進位七變六又呼二二爲
四依借法二上二變八進位三變
二完第五段除實四億五千六百
七十六萬二千三百八十四餘二
萬六千六百二十八除數一不盡數

右開方二萬一千三百七十二以自乘得四億五千六百七十六萬二千三百八十四併入餘數二萬六千六百二十八得原數

開平奇零法第十三

凡開平方法有可盡者如十六用四除盡如二十五用五除盡是也亦有必不可盡者假如列實二十者用四除去十六尚餘四此所餘之四將何術以開之其法係除法立子毋數倍用數爲廉法外加一爲隅法併爲毋而以餘數爲子乃以原所用開之數依毋數化之而併子數俱以爲子乃以毋自乘子亦自乘以取開方而以小數除其大數

視其所得之數若干即開盡數若原數內更有未盡者再法開之

開方

四○四　二

四　用四開

四○四之剩四

二　是爲九

○　之四十也

九
四　毋子再各

自乘

○　毋九自乘得八

一○　十一子四十自

倍用九四

餘數四

二三

八六

九

一

一○一

倍用數得八加一爲毋

共九而以餘數四爲子

次以用數乘毋共三十

六併子四共四十

以八十一而

除一千六百

得一十九零

八十一之六

六 乘得一千六百 六七九〇一八 十一爲開方
八二 因自乘便見開 七八陸八 之數尚有未
方 壹 盡另法具後
右法于二十數內開過一十九零八十一之六十一比前
但開除一十六者所得多矣然尚餘八十一之二十未盡
另立一法開焉用盈不足對穑如前用四自乘盈四也又
如用五自乘乃得二十五是又不足五也以不足五對前
四又九之四而 實數五 五內除四餘一依前
以少除多以五爲實 法數 九四 餘九五 法化一爲九內又除
以四又九之四爲法除之 四 四餘五是九之五也

乃以前四零九之四者而倍之爲八零九之八併入今餘

九之五共得九

零九之四（共倍之爲廉法也併入今餘又用盈不足相併）

今餘 九 五　　五八併得十三除一九是一整數尚剩九之四　　併得 九 四

原餘 九 八

次取九零九之四以除前所餘未盡八十一之二十依化

法整九與毋九相乘得八十一併入子四共八十五是爲

九之八十五

又倒位相對

毋乘毋子乘

子

前數 一〇 八二

後數 九 八五

倒位

一〇 八二

五 八 九

兩毋乘得六千八百八十五兩子乘得一百八十

又以毋子乘出之數與原存九之四十對列而以兩毋相乘爲毋次以子毋互乘各爲子而併之數[illegible]盈[illegible]數[illegible]足也[illegible]併

乘出數

五	八	八	六
〇	八	一	

原剩數九

九	
〇	四

乘得

	五	六	九	一	六				
〇	二	六	一	〇	〇	四	五	七	二

兩毋數以九乘六千八百八十五得六萬一千九百六十五爲其毋其子數以六千八百八十五乘四十得二十七萬五千四百以九乘一百八十得一千六百二十而併其子

併得

六一九六五

二七七○二○

貳 | 二三柒六 | 九三柒一 | 一四○九 | 六八貳六 | 五○ | 四 | 六一九六五 / 二九一六○

乃以併數除子數各得四零六萬一千

九百六十五之二萬九千一百六十約

之即十七分之八也爲開方帶零數

若欲知其已于二十數内除過幾許即將四零十七分之

八自乘之依法先以四各化爲十七加八俱爲子數而仍以十七爲母母子各自乘以見開方母自乘得二百八十九子自乘得五千七百七十六而以母數除子數即見

四 一七/八

以十七化四得六十八加八得七十六俱子數

一七
七六

九五
八八
二三二
一六

自乘出

二八九
五七七六

五陸九
八六八柒九八
二三三〇八九柒八二
一二三伍二一

依除法已開淨一十九零二百八十九之二百八十五較前十九零八十一之六十一遠矣尚餘二百八十九之四未盡欲盡之再依前法開除

又法以四開二十因用四開之不盡乃用四四零二之一以求之以所用數四倍之八為母以不盡數為子四又約之而以廻法悉化其用數以為子

倍之 八四 四

倍用數四為八以作母而以不盡數四作子

約之 二二 四

化之 二九

原二為母其子則二四為八加一成九母子各自乘小數除大數

自乘四 一 八

毋二自乘得四子九自乘八十一

四二 （二〇二二 壹 捌四

以毋之四除子之八十一得二十數不足四之一

另置四之一爲實將前四零二之一倍數得九爲法除之依法以九立一爲毋倒位乘以併毋互乘求子而以兩子對減

前數 二四　倍之 九

原剩 四二　倒位 九二

乘得 六三二

併毋 二九　互乘 六三二

併得 七二二三二四

減餘 七二三二二

于三百二十四內除二得三百二十二

次以毋數除子數

二四七三　四　四貳二　三四貳七　叁

約之 三二六七　四

欲知巳於二十數內除過若干則以四零三十六之十七

自乘求之其法以四俱化為三十六并入一十七為子數四化二十

次以六九得二十不母數二二一盡一千二

十六得一自四十四并入母子各

十七共一百六十一

除子○百九十六

自乘數

二之一

化之六 三六

三六

自乘

一二九六

一二九五二

毋數三十六自乘

得一千二百九十

六子數一百六十

一自乘得二萬五

千九百二十一

壹六

貳六九

一玖九二

一伍三一

貳一

如欲將所餘一千二百九十六之一再淨除之仍將前數加一倍如四零三十六之一十七倍作八零三十六之三十四依法化之（八化三十六得二百八十八併入三十四得三百二十二）為三十六之三百二十二若用約法則為八零十八之十七亦依法化之（八化十八得一百四十四併入十七共得一百六十一）為一十八之一百六十一此倍出廉數也以之倒位而對前所餘數毋子俱自乘仍對前所化廉數求之

約數		
八	二	八
	一	七

化出廉數		
	一	八
一	六	一

前餘

一二九六
一

倒位

一六一
一八

母子各乘

二〇八六五六
一八

母乘母得二十萬八千六百五十六

子乘子仍十八

約之

一一五九二
一

次以所約之母子與原廉母子相對而依法以乘母者併母次以兩子各乘總母得數對減餘爲實乃取所併之母倍之爲法以除其實

并母互乘

原數

二八
一六一

約數

一一五九二
一

并得

二〇八六五六
一八　一八六六三一二

減餘

二〇八六五六
一八六六二九四

倍毋除得

	四	一	七	三	一	二
四	一	九	七	〇	二	八

以三十六約之

	一	一	五	九	二
四		五	四	七	三

然後以毋化四併入子數而以毋子各自乘得數以小除

大

	二
四	六

此爲開方不足之數比前則所剩微矣欲開盡依法再

化併

一一五九二
五一八四一

自乘

一三四三七四四六四
二六八七四八九二八

以毋除子

二〇一三四三七四四
一

推

同文算指通編卷七

浙西 李之藻 演

積較和相求開平方諸法第十四

凡平方長濶不等以長濶相乘為實積以長濶相減為較以長濶相併為和

凡以積和求較者以和自乘以積四因相減開其餘得較

假如直田積八百六十四步長濶和六十步求長多濶幾步者用和自乘（得三千六百）又四因直積（得三千四百五十六）以少減多餘一百四十四平方開之得差一十二步

右開法見前不重列所以和自乘又四因直積者蓋和

併來有四段直田積一段差方積故以四積減和乃剩
下差方一段以取方面見步 有圖在後
此類如有金八百六十四兩數人分之只云人數與各
得銀數共六十其差幾何銀數爲濶人數爲長得三十
六人每人二十四兩
凡以積較求和者四因實積又以差自乘併入開平方除
之得和
假如直田積八百六十四步濶不及長一十二步求長濶
和共幾步者以積步四因得三千四百五十六以較自乘一百四十四相
併三千六百開方得長濶和六十步

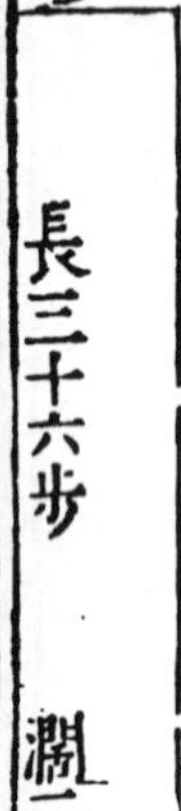

右四因積有四長四濶縱橫列之于外又較自之一段居中故開方得和

其用和自乘者得此圖全數外減四積內兼較自乘故除積得較

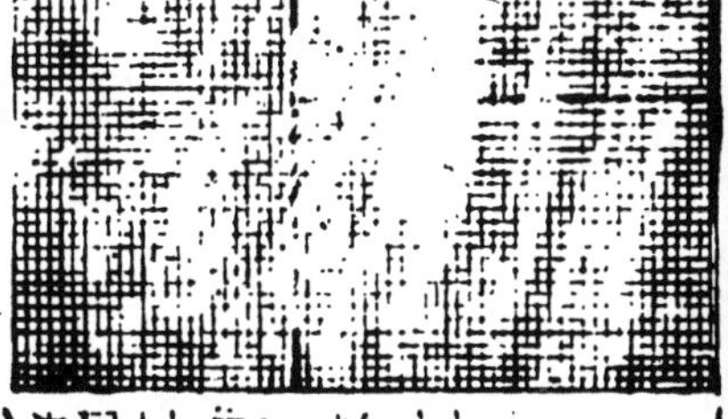

比類金八百六十四兩只云錠數不及兩數十二求錠與兩共若干兩數爲長錠數爲濶得錠與兩共六十

若夫積與較求濶者其長之積多於濶若非加法以帶除其長當於實積內抽減其長之積故其法有二其一以較

為縱方併縱入方謂之帶縱開平方其一以較為減積以
方乘減謂之減積開平方
積與較求長者其濶之積少於長若非益積以補濶則當
損其法之長也求法有二其一以較為負縱乘上商以添
積謂之負縱益積開平方其一以較為減縱而以負縱減
方法謂之帶減縱開平方
積與和求濶者以和為縱方一為負隅和併一長一濶積
得一長而少一濶故用一為負隅或益負隅於積或減負
隅於縱皆可以求其濶也其益隅於積者乘負隅為方法
又乘方法以益積是為帶縱益隅開平方其減隅於縱者

乘負隅以減縱命餘縱以除實是爲帶縱負隅減縱開平方

積與和求長者原積有長濶相乘而無長自乘宜損濶以益長故以和爲縱方而置一算爲負隅稍羸其商以減其縱用減餘者以除積而積常不足則翻以積減縱而餘爲負積或再商命隅以減縱而縱反不足亦翻以縱減商而餘積縱三者俱負乃以負縱約餘負積商命負隅開之是爲帶縱負隅減縱翻法開平方

右縱方六術所以通平方之變而翻法一術又所以通縱方之窮也此外有積與二濶較及長濶較求濶者則有所

謂帶縱減積開平方有以大小二方和積求徑者則有所謂減積帶縱負隅併縱開平方有以方圓二徑虛設相同及積求其實徑者則有所謂隅算開平方至於匿其積實而虛張長濶和較之數互求長濶者則又有所謂帶縱隅益積開平方帶縱負隅減縱開平方減積帶縱隅益積開平方帶縱負隅減縱益實開平方帶縱廉開平方帶縱廉負隅開平方帶縱方廉開平方帶縱廉負隅乘縱減實開平方皆以帶縱諸法錯綜為用以御開方諸積之變神明變化存乎當機初不可一途而取今每則略著數例以便初學

帶縱開平方法 積較求濶

有句股積若干平方開之第云句不及股若干用加法帶除其股積餘爲開方名帶縱開平方法列實點定開位亦列所不及爲縱數于下以首位隨首點下須于縱上空一橫行以容商除初商若干紀格右亦以商數併縱數列首點下（有小數者照常與位排之）次第呼乘以除實數但所商數須與帶縱相照若縱數多則減商數就之不盡之數再倍作廉法然倍方不倍縱亦併入帶縱商之

假如有直田積八百六十四步濶不及長一十二步求濶幾步列實定位以帶縱一二隨首位列之初商二紀格右亦

列首點下以併帶縱一共三乃變壹貳証三　相呼三三除六　三上捌變二三二除四　貳上陸變二二完首段餘

四

肆四貳六
陸四貳一五
捌二完三
列實　帶縱

實二百二十四步欠位二作四為廉法挨退位下亦列帶縱以廉四併縱一共下列五次商四紀格右亦証末位點下為隅法以併隅二下証六乃相呼除先呼五四除二十進抹二又呼四六二十四恰盡得濶二十四步

比類給銀八百六十四兩只云所得銀之兩比得分人數多一十二兩求總是幾人每人各得銀幾兩銀多為

長人少爲濶得銀兩數二十四人數三十六

假如二十三萬○四百爲實帶縱七百二十初商可用四

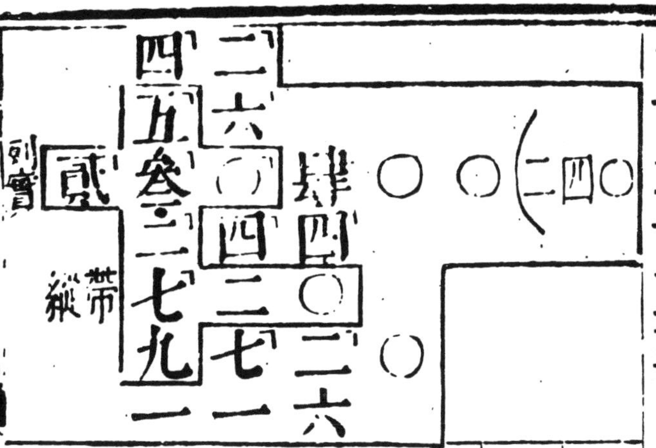

數因有帶縱七乃減商作二紀格右

亦紀首點下爲隅以併帶縱七共九

乃變二七作九是爲二九與右二疊呼

除之　二九一十八　九上叁變五

進削貳本位下削九　次以右二乘

二除四用借法　二上○變六　進

位五變四本位下削二　次倍二作四

爲廉法列次點之進位○下另列帶

縱數于廉下以待商除次商四紀格右亦註次點四下爲

嗣法而以帶縱及廉法併入除之四四七併一十一廉下變

一　進位亦加一　四二併得六六隅下變六六乃以右四呼

首二　一四除四　一上削四又以右四呼次一　一四

除四　一上六變二又以右四乘次六四六二十四　六

上除肆　進位除二恰盡因尚餘一點于右加一〇

右平方二百四十帶縱共九百六十

若實數首位寡而帶縱數多不能併累開方者雖點段在

首位亦退一位列商及列帶縱而減一商

假如列實一萬六千一百廿八帶縱七十二點段該將左首

位商起因帶縱是七即減一商置次點下　初商九紀於
右亦註次點之下併帶縱七共一十六乃改七九作六進
位置一爲方法與商九相呼　一

六
（九
捌　六二
四　貳　三　八七五
五　七　壹　九　七　六　一　二
一　七　陸　一
壹

九除九　一上陸變七進抹一
六九五十四　六上壹變七進位
七變一　二九一十八　二上貳
變四進位七變五次倍九得一十
八爲廉法另退一位置帶縱再商
六紀右亦註末點下爲隅法而併
廉法帶縱呼除如前得潤九十六
帶縱七十二共長一百六十八
其實首數多帶縱數少可以開除者仍照所點段位開起
假如列實三萬八千四百帶縱二百首位三自爲一段初

○二
乙一
○
○
肆二
捌二貳四
叁一貳三
列實帶縱

商一紀右亦紀一于首位下併帶縱二得三乃以貳變三與右一相呼一三如三徑除叁次倍一作二爲廉法以註初商之次位以併帶縱得四註縱下如前再商二以紀右亦以註第二點下俱與右二相呼先呼二四如八徑除捌又呼二三如四徑除肆外尚剩一點該于格右加○

右開方一百二十縱三百二十

若點段開位少而帶縱之位反多（如開位三點只該百而帶縱乃至千之類）以初商置首點下而以帶縱大數進位列之必首段係二位

者方有此例

假如列實一十九萬八千帶縱一千五百三十只縣作三

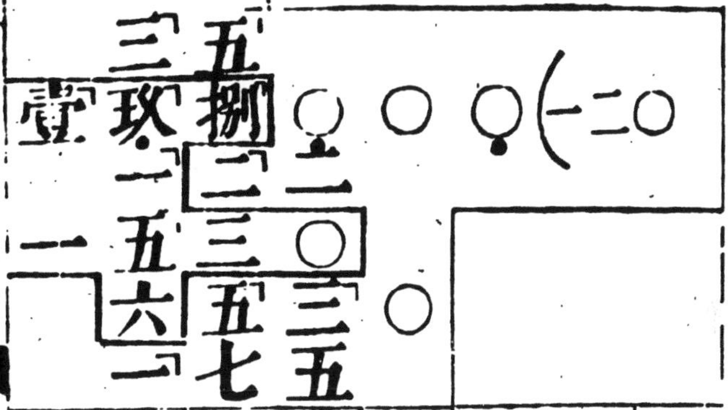

段其開數止有三位初商只是百數

而所帶乃踰至千此其併縱亦須以

百隨百以千進一位　初商一紀右

亦註首點之下併帶縱五得六另改

註其下先以右一與縱一呼之一一

除壹次以右一呼併六　一六如六

六上玖變三　次以右一呼縱三三

上捌變五完首段　乃倍初商之一

作位二爲廉法註初商之次其帶縱亦于次位列之列五百于廉下二二五併得七另註七千下一千進位再商二紀右亦註次點下以併三得五另註五乃以遁呼　先呼一二如二　一上三變一　再呼二七一十四　七上五變一　進除一　又呼二五得一十恰盡外尚餘一點右加○

右開方一百二十縱一千六百五十

帶縱併商數右共一十者進位照式呼除第一圖亦有此

假如列實七萬二千帶縱四百八十點在首位初商一紀右亦註點下併縱四得五註于上以呼一五除五四上柒變二　再呼一八除八　八上貳變四　進位二變一乃

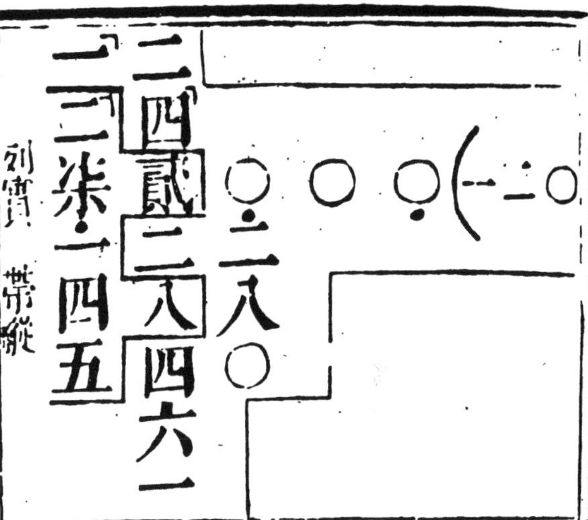

倍初商之一作二爲亍 註次位其
下另列帶縱以二併四得六註于下
次商二紀右亦註次點之下以相呼
除 二六除一十二 六上四變二
進削一商二併縱八得一十進位註
一本位註○以相呼除一二除二恰
盡外餘一點加○于右

右開方一百二十縱六百

若實數縱數商除數俱多襍糅易淆者務須先將帶併之
數逐一歸併停當各註其本位之下乃以呼除大抵只據

玻下一字爲準則不淆亂

假如列實一十六萬六千四百六十四帶縱一千〇八十八先點定該開三位訖其帶縱低二行列之以便塡商置初商于第二位點下以帶縱之千進一位列之（初商是百故帶縱之千進位與商法同）初商一併入爲一千一百八十八以初商一紀右相呼首位呼一一如一以徇壹　次位呼一一如一一上陸變五　三位呼一一八如八　八上陸變八　進位五變四　四位呼一一八如八　八上肆變六進位八變七畢一段（以上甚簡）倍初商之一作二爲廉法註次位下另列帶縱數（亦併一千二百八十八）次商三紀右亦註次點下併入以商三

三一
肆
二陸　八
一三六肆三八八一
八七八陸二六〇三
一四五陸一〇一
壹　初商　一　帶縱
列實

併縱八得一十一註一千八下又
註一千進位廉二之下以商縱一
併廉二得三另註三千廉二之下
併畢其併註數多認定最下字爲
主以與右相呼首位呼一三如三
一上四變一次位呼三三如九三
上七變八進削一第三位呼一三
如三　一上六變三第四位呼三三
八二十四　八上陸變二進位三變一畢一段以上除過
一十五萬八千三百四十餘實八千一百二十四未盡

又倍商之一三作二六爲廉法空末位之點以待隅法而以六註一下（右第二位）以二註一下（右第三位）另列帶縱數以相

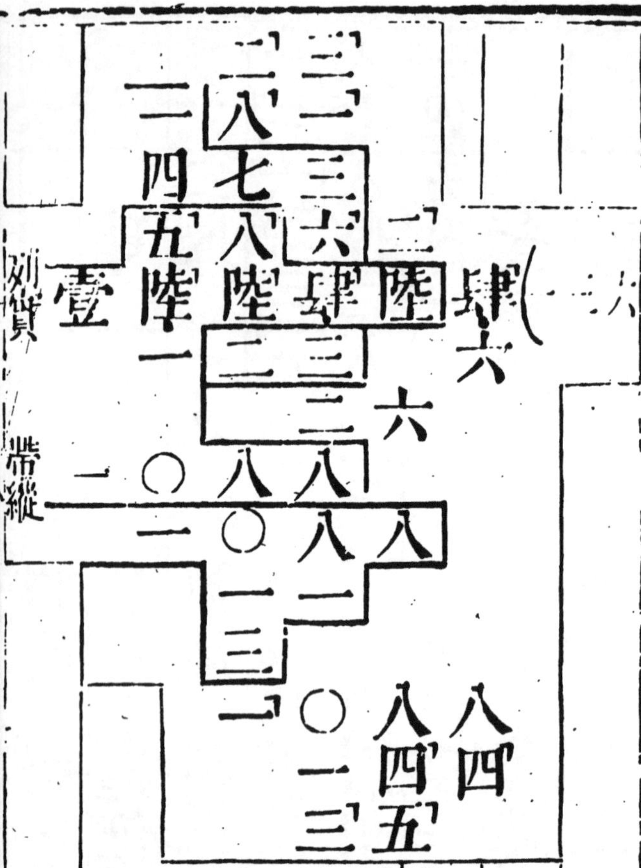

併乃以廉六併縱八共一十四系四于八下一進位又以一併廉二共得三系于其下乃商六紀右亦註末位下又以併縱八共一十四註四于末

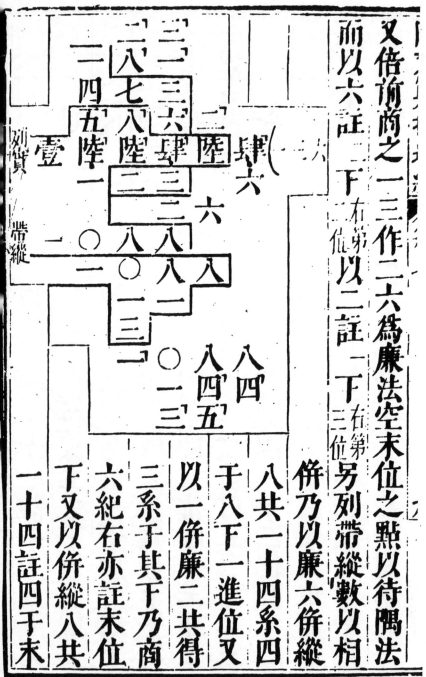

位下一進位四下改作五併訖以最下字與右相呼一六除六　一上八變二　三六一十八　三上一變三進除二　五六三十進除三　四六二十四除恰盡

右開方一百三十六縱一千二百二十四

減積開平方法　積較求濶

何股積若干句不及股亦有減積法減積者於實內減股之積以就其方也列實定位另列不足數爲減積以商乘減積以所乘出之數列原積下對減視餘實若干以所商依法除之有未盡者倍方爲廉約得再商別置爲隅亦乘減積以減餘實乃併廉隅除之

假如直田八百六十四步濶不及長一十二步求濶幾何
列實點位如前另列不及一十二爲減積以初商乘之初
商可用三因有乘數故約用二紀右亦註首位下以乘減

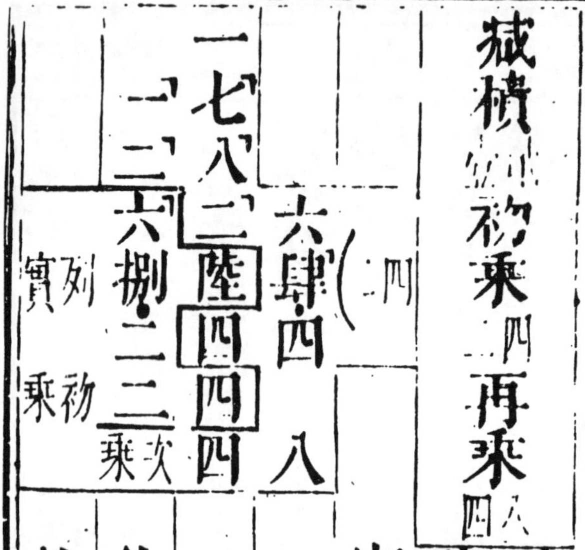

積得二十四隨位列之相對減原
積二上撥變六　四上陞變二餘
實六百二十四乃以方法呼除
二二除四二上六變二餘實二百
二十四次倍二作四爲廉法註退
位再商得四紀右亦紀末位爲隅
法以乘減積得四十八亦相對減

餘實四上二變八進位二二變一　八上肆變六進位八變

七乃以方廉所除　四四除十六　四上七變一進削一

又以方隅呼除四四除一十六恰盡得濶二十四步

假如直積一千七百五十濶不及長一十五問濶幾何列

實定位另列不及爲減積初商三紀右亦註首點之下爲

方法以乘減積得五四隨方法之位列之以減原積四上柒

變三　五上伍變○　乃以方法除之　三三除九　四

減積伍壹　初乘五四　再乘五七

上三變四進削壹餘實四百次倍

三作六爲廉法註退位再商五紀

五
三

右亦註末位爲隅法以乘減積得

五〇五、五
二〇伍六五七
三四三卡三四　再乘
壹　初乘
列實

七十五對註以減餘實五上〇變
五　七上〇變二　進位四變三
尚餘三百二十五皆與次商相呼
五六進除三　五五二十五恰盡
得廣三十五

假如直積一十六萬七千四百四十潤不及長一百三十二求
潤幾何列實以定位另置不及爲減積初商三絕格右亦註
首點下以乘減積得三百九十六隨首點列位對減　六
上〇變四因有借故進位仍七　三上陸變二餘實一十
二萬七千四百四十乃以方法闊之三三除九　三上二

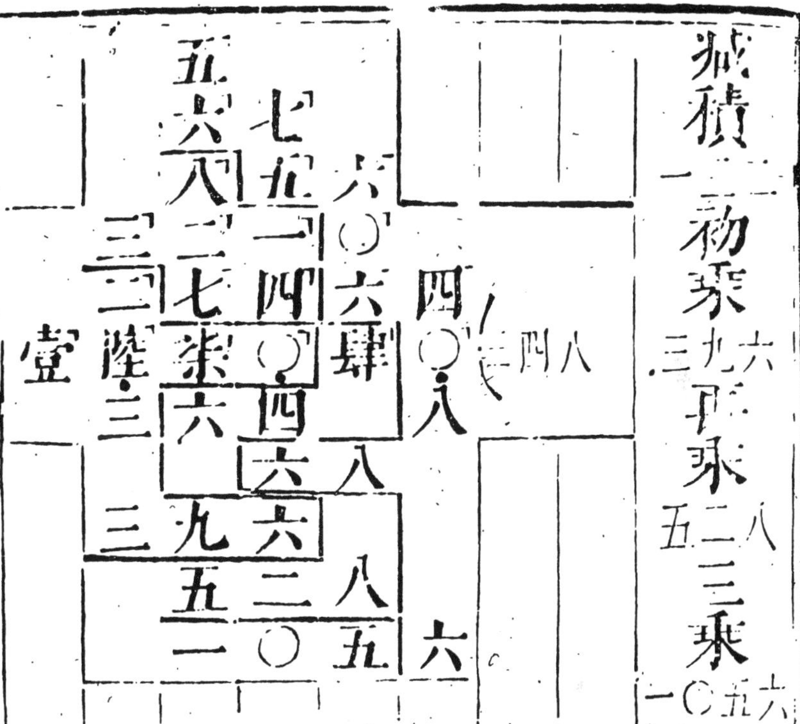

變三進𠟊壹餘實三七四
四〇次倍三作六為廉法
註退位商實得四紀右亦
註次段點下為隅法亦乘
減積得五百二十八退前
積一位列之對減八上肆
變八 二上四變一五上
七變二仍餘三二一六都
以廉隅呼除四六二十四
六上二變八進𠟊三 四

減積一三二 初乘三九六 再乘五二八 三乘一〇五六

八 四 二

四〇八 六

六〇六肆 八 八 五

七五二四〇四六六二〇

五六八二七柒六九五一

三二陞三 三

壹

四十六 四上一變五

進位八變六尚餘六五五六

〇乃倍三四作六八爲廉

法挨尾點一位列之再商

得八紀右亦註尾下爲隅

法又乘減積得一千五十

六挨尾位列之對減六上

〇變四 五上六變〇

一上六變五仍餘五五〇

四乃以廉隅呼除六八四

十八　六上五變七進別五　八八六十四　八上〇變
六進別七又八八六十四恰盡得濶三百四十八

負縱益積開平方法　積較求長

有句股積若干句不及股爲較以積及較求股而句少於股則益積以補句名負縱益積開平方列實定位另置所不及數爲負縱以商乘負縱虛增其積而後以方法開除不盡者倍方爲廉又以再商乘負縱增積而另置一算爲負隅以再商乘負隅爲隅法幷於廉次以商呼廉隅除盡

假如直積八百六十四濶不及長一十二求長幾何列實定位另列不及十二爲負縱而初商則約所增負縱之乘

命之如前位洌刪法宜用二因有負縱之乘乃商三紀右

亦註前位下爲方法而以乘負縱得三十六註三於首位

註六於次位以併原積六上陞變二一 三上捌變二一 進

負縱六再二

縱益中三乘七

六對六 二

二六

三九二陞六六七

三二二捌三三

二二

位置一益積得數一千二百二十四

乃以方法呼除三三除九 三上二

變三餘積三二四又倍三作六爲廉

法另商六紀右以乘負縱得七十二

退位列之添積二上肆變六 七上

二變九共積三九六而另置一算爲

負隅以次商六乘之仍得六爲隅法

乃作廉開呼除六六六三十六　六上九變二進例三又呼

六六三十六除盡得長三十六

負縱益積圖

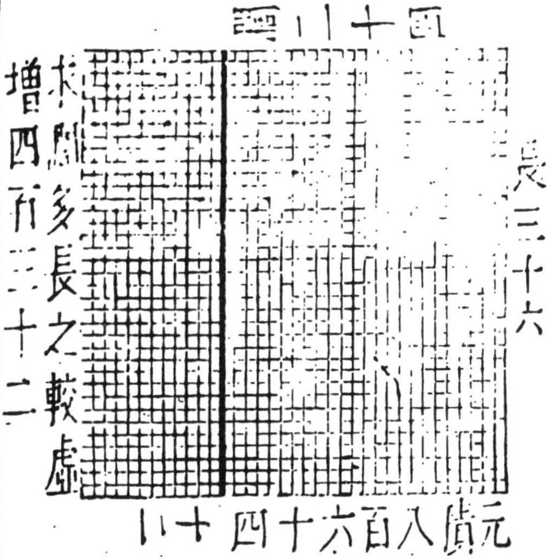

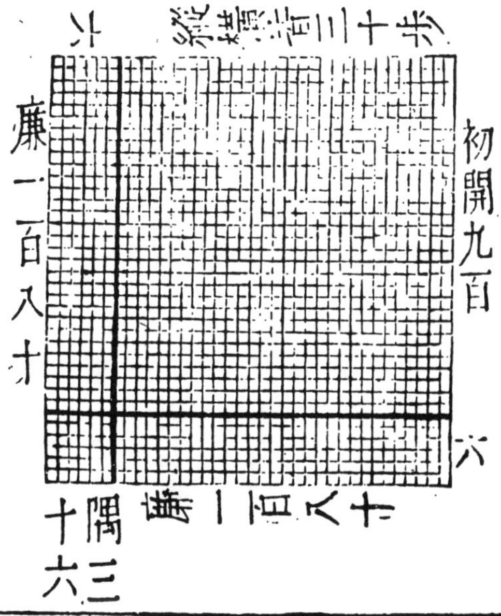

假如直積二十三萬四百長闊較七百二十求長幾何列

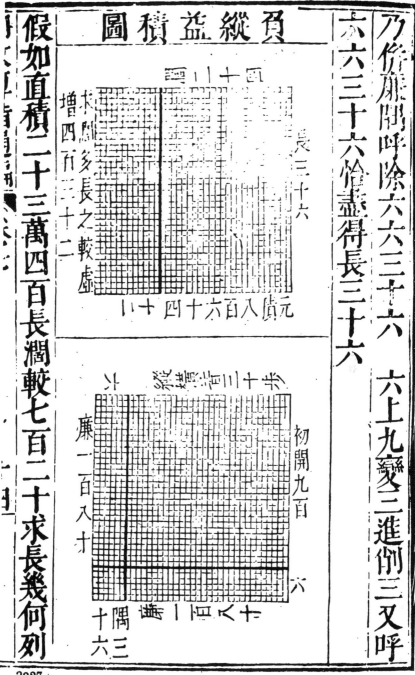

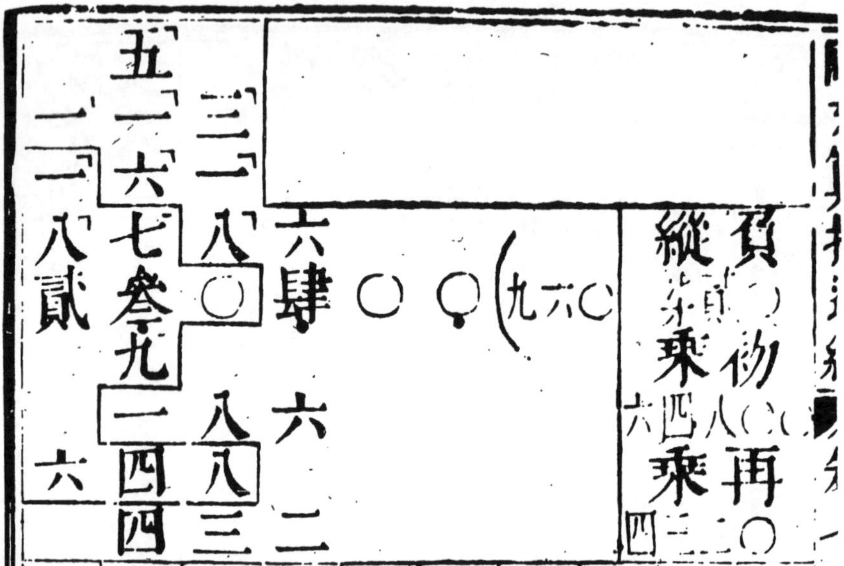

實亦列較爲負縱初商九紀右
亦註首點下爲方法以乘負縱
得六四八以益積　八上〇變
八　四上叄變七　六上貳變
八共八七八肆〇〇以方法除
之九九八十一　九上七變六
進制八餘實六八肆〇〇乃倍
九作一八爲廉法註八於次制之
進位又註一於進位次商六亦
乘負縱得四三二以益餘積二

上肆變六　三上八變一　四上六變一　進位置一共
得一二一六〇〇又以次商六乘負隅一仍得六註本段
點下為隅法乃以廉隅呼除　一六除六　一上一變五
進例一　六八四十八　八上一變三進例五　六六三
十六恰盡得長九百六十

帶減縱開平方　積較求長

凡以較及積求股者股長於句亦有損股之長以就其方
者名減縱開平方列實定位列較為減縱以減初商而以
所減之餘即乘初商以開之其次商又即以初商併入為
廉法而商之置隅如常

假如直積八百六十四濶不及長一十二求長若干列實

另置不及一十二為負縱初商三十因有二點故知三十置右另以

負縱 初商()

肆六八四

陸八四五

六捌二

負縱減之餘一十八挨註首位點下為

方法以呼所商三八二十四　八上陸

變二　進位捌變六　一三除三　一

上六八變三　餘積三百二十肆乃于右

三加()以併方法一十八共四十八為

廉法註退位再商六紀右亦註隅而併

入廉法共五十四而六八併改四　進位四改五以呼次

商五六三十　五上進位捌三　四六二十四恰盡得長

三十六

其次商若不以隅相併亦同前法

六

次商六併前八為四十八退位註之以

（三

呼四六二十四　四上二變八　進位

六肆六八

削三　六八四十八　八上肆變六

三八二陸八四

進位八變三　又置隅法於尾位六六

三六捌一

三十六恰盡

只就本段積

比類以金換絹八百六十四匹

不知金一兩換絹幾匹但云原

金總兩多於絹數十二今求原

金幾何如長絹匹如濶得金三十六兩其所換匹數卽直積也

假如直積三千四百五十六濶不及長二十四求長幾何

負縱廿四初商七〇

二一

陸二六八

一三伍六二

二六肆四一

叁

列實定位另置較二十四爲負縱初商七十因有二點故知七十紀右以負縱減之餘四十六換註首位爲方法四多于三照例退位與商相呼　四七二十八　四上肆變六進倒叁　六七四十二　六上伍變三進位六變二　餘實二百三十陸乃於右七加〇以餘四十六共一百一十六爲

廉法列於下續商得二改右〇爲二二亦話尾位爲隅法併
入廉法呼除一二爲二一　一上側二　又一二爲二丶一
上三變一　二八一十六除盡得長七十二
又有兩方共積若干弟云以小方之一面乘大方之一面
共若干問大小方面各幾何者倍乘積以減共積以所餘
積爲實開方得較再置二方乘數爲實以較爲減縱開平
方除之得大方面以較減之得小方面
假如大小方田二段共積六千五百二十九步以小方大
方各一邊相乘得三千一百二十步求大小方面幾何者
倍二方乘積得六千二百四十步以減共積餘二百八十步爲實以

負縱柒壹初商六〇

（六）五

〇五三八二

四貳三〇

五七壹四一

叁

開平方法除之得較一十七步再置
二方乘數三千一百二十步爲實以
較爲負縱初商六十紀右以負縱減
之餘四十三註下爲方法以呼所商
四六二十四　四上壹變七進削叁
三六一十八　三上貳變四進位七
變五餘實五百四十乃於六右加〇
以併方法共得一百零三爲廉法列下續商五紀右亦註
尾位爲隅法併入廉法共一百零八以相呼　一五除五
五八四十恰盡得大方面六十五步以較一十七減之得

小方四四十八步

帶縱益隅開平方法 積和求濶

凡積和求濶者用其和爲帶縱則已兼長濶而積有長無濶故虛置一積爲負隅而以負隅益積即以帶縱開之得濶數名帶縱益隅開平方列實定位另置帶縱數以初商和右用自乘以益原積是爲負隅而以所商呼縱方除之不盡者倍商爲廉廷退位又再商紀右亦該廉次爲隅法廉隅併數以乘所商益積乃用商呼縱方若不盡須再商者則以後廉併前廉餘如前法除盡得濶數

假如直積八百六十四長濶和六十求濶幾何置積爲實

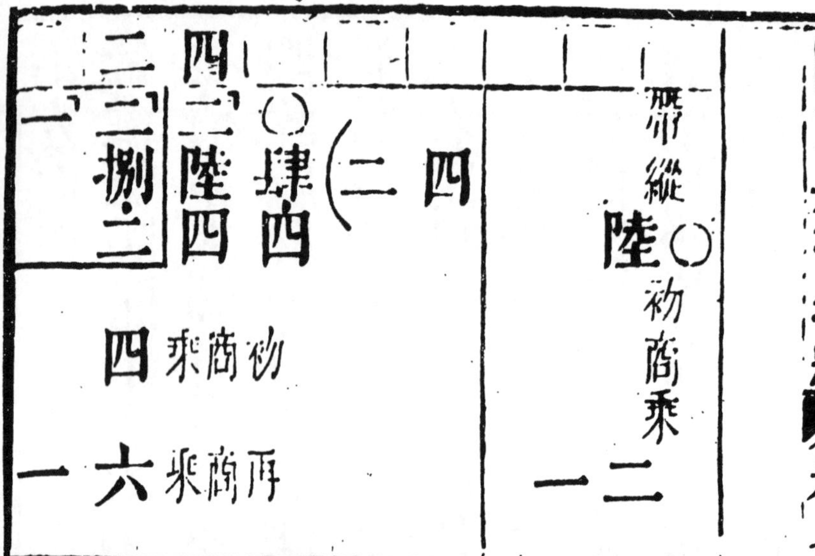

以和為帶縱初商二紀右亦註首位下自乘得四以益積共一千二百六十四乃以初商乘帶縱二六一十二　二上削二進削一餘實六十四倍方為廉得四註次位次商四紀右亦註尾位為隅法以乘廉法得一十六併入餘實四上陸變二進加二亦以乘隅法尾位肆變〇進位二變四共二百四十而以次商呼帶縱恰盡得濶二十四

帶縱益開圖

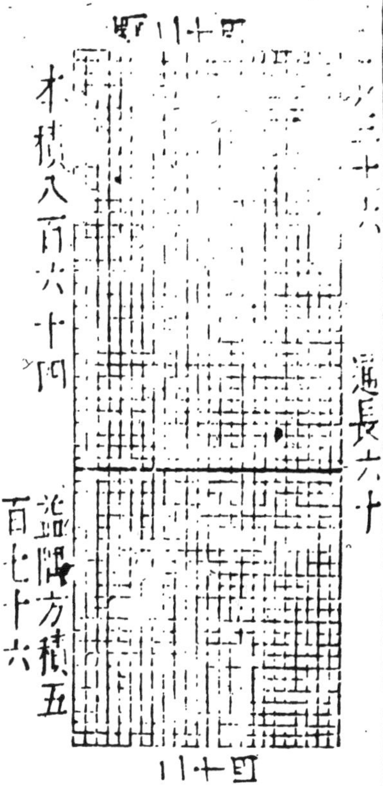

二積共一千四百四十步以帶縱六十除之得濶二十四步

假如直積二萬一千六百四十八長濶和二百九十六求濶幾何列實定位置和爲帶縱初商一列右爲方法亦註首位下自乘仍得一以益積首位貳變三乃以方法與帶縱相呼除首位三變一　次位壹變二進削一退位陞變〇餘實二千〇四十八倍方爲廉得二註退位次商三

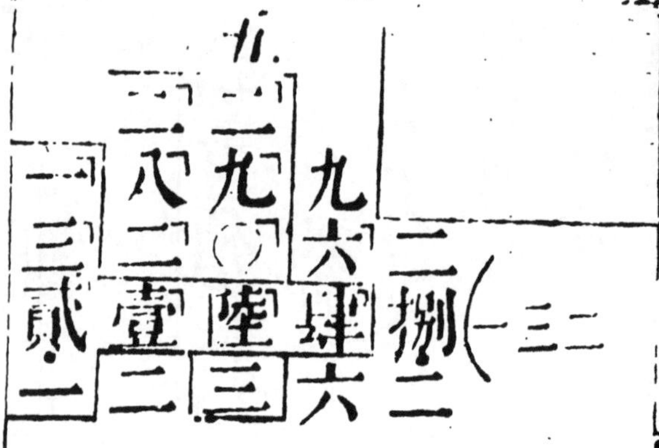

帶縱 陸玖貳

初商乘　一

又商乘　九　六

又商乘　四　二　五

紀右爲方法亦詎廉次
爲隅法共〇以乘方法
得六十九益入本段餘
積三上〇變九　二上
二變八共得八九四八
乃以方法呼帶縱除之
二三除六　二上八變
二　三九二十七　三上九變二進餘二　三六一十八
退位四變六進餘二餘實六十八又倍方法之三爲六作
次法行退位併入前廉二共二百六十 所以併入前廉者蓋一方外必具兩

故爲方法所商二紀右亦註尾位爲隅法併入方法共六十
以六八所商二得五百二十四以併餘積尾位八變二進位
六變九進位加五乃以所商二與帶縱呼除恰盡得濶一
百三十二步

假如直積三千四百五十六步長濶和一百二十步求濶

八
初
〇陸八
六伍八
九二〇肆四
一五叁

帶縱 〇貳壹

初六冊四
商一商〇
乘 乘七

幾何列實以和爲帶縱初商四
紀右爲方法亦註首點下自乘
得一十六益積四上肆變〇進
位叁變五乃以方法呼帶縱一
四除四首位五變一二四除八

退位〇變二進削一尚剩二百五十六次倍方四得八爲
廉註次位續商得八爲方法紀右亦註尾位爲隅併入廉
法得八八而與方法八相乘共七百四以益餘實尾位陸變
〇進位伍變六　進位二變九乃以所商八呼帶縱恰盡
得闊四十八步

帶縱負隅減縱開平方　積和求闊

積闊求和者難以益隅開之者即用減隅法而減負隅於
縱名帶縱負隅減縱開平方列實定位列和爲帶縱置一
爲負隅初商紀右乘負隅以減帶縱列減餘於實下而乘
所商以開之不盡者倍方爲廉以廉減縱次再商紀右亦

減餘縱而以其減餘乘商除盡得闊數

假如直積八百六十四長濶和六十求濶列實定位另列和為縱方初商二紀右亦紀首點下以乘負隅一仍得二為方法以減縱數陞剩四隨首位註之以呼初商二四為

四　原縱　陞○

肆四　○六

二陞四○二一

捌二四

列實　減縱

八二上削捌餘實二十四四倍方法之二作四為廉法註初商之次位亦乘負隅得四以減縱剩二十註退位次商四紀右亦註末位為隅以減餘縱之二十餘一十六附註乃與右四相呼先呼一四除四一上陞變二再呼四六二十四恰盡得濶二十四

十上　三、七十三

亦有初商除實訖即以初商再減剩縱以所餘爲縱方而即以再商再減爲下法者此法倍初商爲廉以減原縱此即以初商減剩縱不立廉數然已將原縱再減以應兩廉之數與倍商同

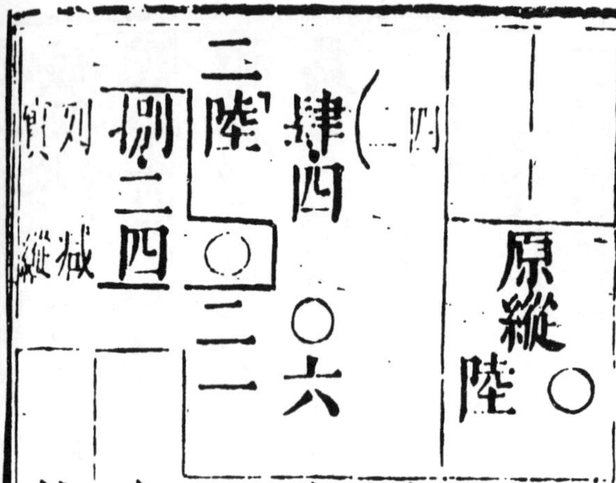

初商除實八百訖即將初商之二十再減餘縱四十剩二十退位列之

次商四以減餘縱二十尚剩一十六呼除如前

右得廣二十四以除實積得縱三十六

若欲還原以廣縱相乘

負隅減縱圖

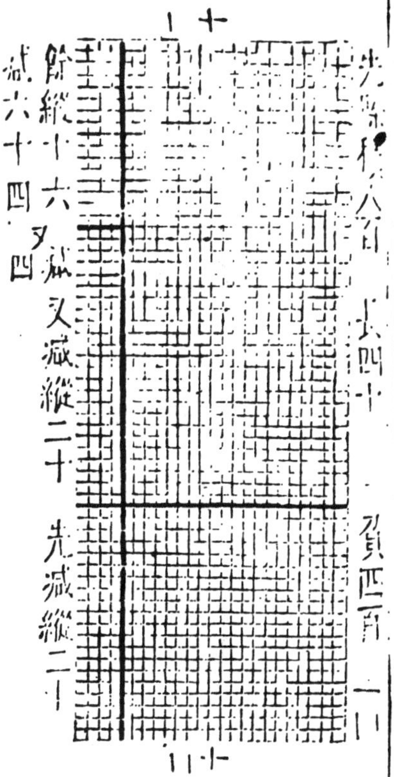

長濶和變作通長六十濶二十四共負四百八十

假如列實三萬三千六百長濶和四百列實亦列和爲減縱初商一乘負隅仍得一以減縱四餘三百隨首位列註

○
二
一
原縱 肆○○

以呼所商一三除叁訖　次倍初商一作二爲廉法以減縱四仍餘二註退位再商二亦以減縱變二○爲一八而以

○
○ ○
陸 二 二 ○ ○ 八
一 叁 三 ○ 二 一
叁 一 三

列實 減縱

次商呼之　一二除二一上叁變一
又呼二八一十六恰盡　格右加○以
結末位得濶一百二十
右法同前但減縱有借法進位故錄爲
式

假如列實六萬九千三百六十八長濶和七百八十二列如
前初商一以乘負隅仍得一減縱七餘六相呼　一六除
○二　原縱柒捌貳　陸　一八除八玖變一　一二除二叁
變一訖　次借一作二爲廉法以減縱

○ 二
陸 ( ) 二 八
二 叁 二 三 八 五
一 玖 二 二 八 五
陸 一 六

仍塡五附次而縱數多于原數無可商
除則紀○于右併初次商得一十另倍
一十作二十爲廉法挨註退位以二減
縱七是爲二八五挨尾段列之續商二以相
呼 二五除一十 進削一 二八一

十六除盡得濶一百二十初商除訖即以先減縱數亦然
假如列實九萬六千長濶和六百四十

○ ○
四 原縱陸肆
(二

初商二以乘負隅一仍得二紀右亦註
首位以減六 餘四以相呼 二四除
八 四上玖變一 又呼二四除八 四

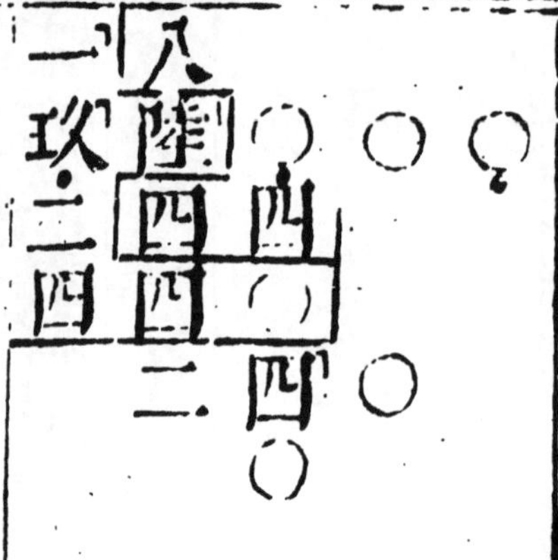

上陞變八　進削一訖

乃倍二作四為廉法以減縱六剩二亦

隨退位註之　次商四紀右亦註退位

為隅以減縱二只剩乃以四變○以商相

呼　二四除八恰盡　因有餘位　右

加○得濶二百四十

右法已見因縱有重位故錄備例

若以積與虛長濶共若干而欲求其濶者及欲求其長者

皆以共若干為帶縱方而求濶則以濶為負隅以長乘積

為實求長則以長為負隅以濶乘積為實列例如左

假如直積八百六十四步三長五濶共二百二十八步求濶幾何以三乘積步得二千五百九十二爲實（三長原有三積故以三乘）五爲負隅（已用三長尚少五濶故用爲負隅暗添五段濶方之積）以共步爲帶縱

四
二
貳
帶縱貳貳捌
初乘隅一〇
三玖八
一伍二
貳一
負隅伍

列實定位初商二紀右以乘負隅（五）得一〇以一減縱首貳變一　餘縱一百二十八挨註首位與商相呼一二除二二三除四退位伍變一　二八一十六退位玖變三進削一餘實三十二再以所商二乘負隅得一〇以一減餘縱剩二十八（卽前倍方爲廉之法）續商四以乘負隅得二〇再減餘縱二十剩八以呼所商四八

三十二恰盡得濶二十四步

三長五濶演段圖

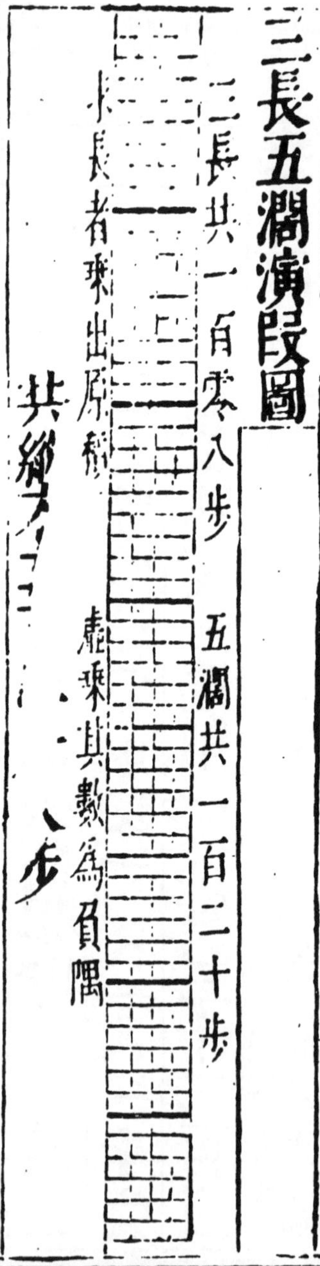

假如直積八百六十四步三長五濶共二百二十八步求長幾何以五乘積步得四千三百二十為實五濶原有五積故五乘之以三為負隅於原縱減去二長故以共步為帶縱初商三以乘負隅三得九減縱廿其退位九上貳變三 進位貳變一餘縱一三八挨注首位以平初商一三除三 一上肆變一

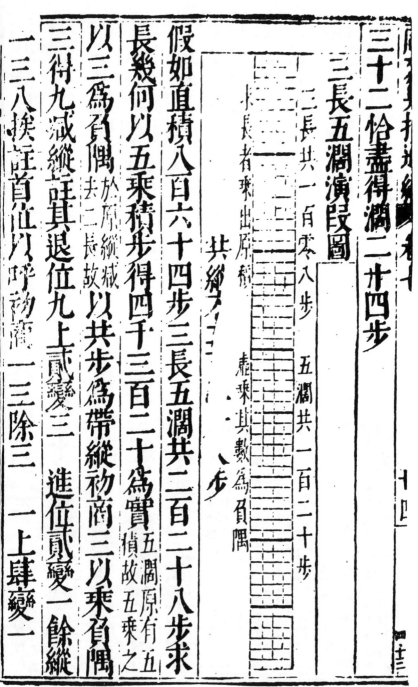

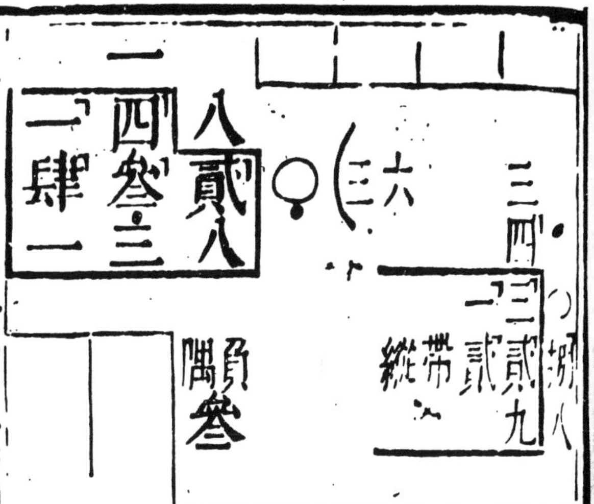

三三除九退位叁變四 進削一
三八二十四 八上貳變八 進位
四變一餘積一百八十復以初商三
乘負隅三得九以減縱九上三變四
進削一剩四十八次商六又乘負隅
三得十八亦以減縱剩三十與商相
呼恰盡得長三十六步

又有以積與虛長濶和較共若干求濶者及求長者約和
得長濶幾何併濶與較得長幾何而視其所求爲長爲濶
如前法以別實積及負隅而皆以其數爲帶縱

假如直積八百六十四步一長二濶三和四較共三百一
十二步求濶幾何約三和自具三長三濶以併一長二濶
共四長五濶又以四較益濶爲四長
共得八長而餘一濶應入乘積步得
數六千九百一十二爲實以餘一爲

八貳四
六七九壹二
二叄
帶
四
二二
貳
八
七壹二二六
一玖九二
二陸二

以共步爲帶縱初商二以乘負
隅一仍得二因點爲二段此爲二十 以置縱次
位減之二上壹變九 進位叄變二
餘縱二百九十二列原積之下以呼
所商二三除四 二上陸變二 二

九一十八次位玖變一　進位二變一　二二除四　二
上壹變七　進位一變○　餘實一○七貳復以初商二
又乘負隅以減縱二上九變七　剩縱二七貳續商四又
乘隅減縱四上貳變八　進位七變六八是爲二六八以乘
所商門除盡得濶二十四步
又有以虛長虛濶約其子毋共若干與積若干求長濶若
干者法以長毋乘濶子爲濶率以濶毋乘長子爲長率又
兩毋相乘以乘共數爲帶縱而約帶縱爲幾長幾濶以一
乘原積爲實以一爲負隅如前法爲減縱開平方除之
假如直積二千三百五十二步只云長取八之五濶取三

之三併得六十三步求濶者兩毋八三互乘得二十四以乘
相併六十三共一千五百一十二爲帶縱而以長毋六乘濶
子二得一十六爲濶率以濶毋三乘長子五得一十五爲
長率則知此帶縱數內具有長十五濶十六也以長十五
乘直積得三萬五千二百八十爲實以濶一十六爲負隅

貳二
帶縱○三七壹四三
減法　二八伍六
壹

初商四紀右有二點卽作四十以乘負隅
得六百四十以減縱四上壹變七
六上伍變八　進削壹　餘縱八
百七十二以註實下與商呼除四
八三十二　八上伍變三進削三

〇
捌二
四貳七
三伍八
叁
負隅陸
壹

四七二十八七上貳變四進削三
二四除八　尾位變〇餘實四百
再以初商所乘隅算六百四十減餘縱
四上七變三　六上八變二餘縱
二百三十二續商二紀右以乘負
隅得三十二亦以減縱尾位除貳進位三變〇剩縱二百
與續商二相呼恰盡得澗四十二以除直積得長五十六
帶縱負隅減縱翻法開平方法積和求長
凡積與句股和求股者原積但有長乘澗數而負長自乘
之數法須損澗益長求之先立一爲負隅以和爲縱方而

以負隅減縱方初商令稍浮常法以乘負隅減縱次呼餘
縱開積而原積不及翻以原積減商除之積而以餘負積
為實復以初商乘隅以減餘縱如餘縱不及即以餘縱翻
減以為負縱而隅積縱三者俱負乃以負縱約餘負積以
得次商命負隅以除負積謂帶縱負隅減縱翻法開平方
假如直積八百六十四長濶和六十求長幾何列實以和
為縱方一為負隅初商三（何二段即係三十正得長濶之平損濶益長）紀右以
乘負隅一仍得三以減縱剩三十與商相呼三三得九（即九）
而原積不及乃翻列九百於原積之上而以原積減之
縱〇隅
尾位〇變六進位〇變三　首位削九得

六〇肆六
三〇陸〇
九捌三

餘負積三十六爲實再以初商三十命負隅
一以減餘縱三十減盡乃約餘實得次商六
紀右以乘負隅一仍得六訖尾位呼除負
實六六三十六恰盡得長三十六

開法圖

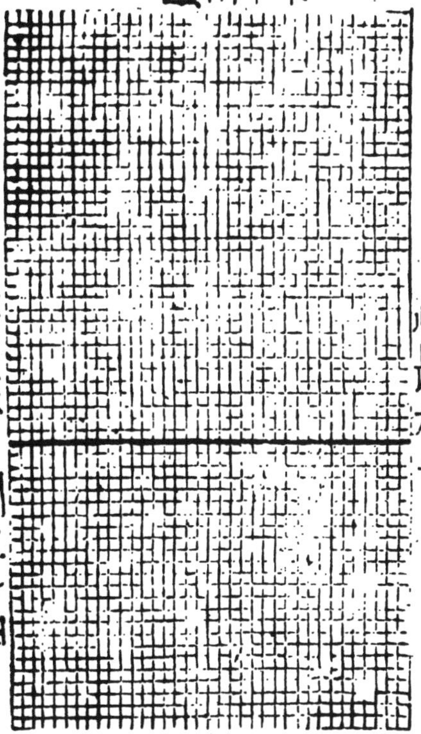

上圖減縱

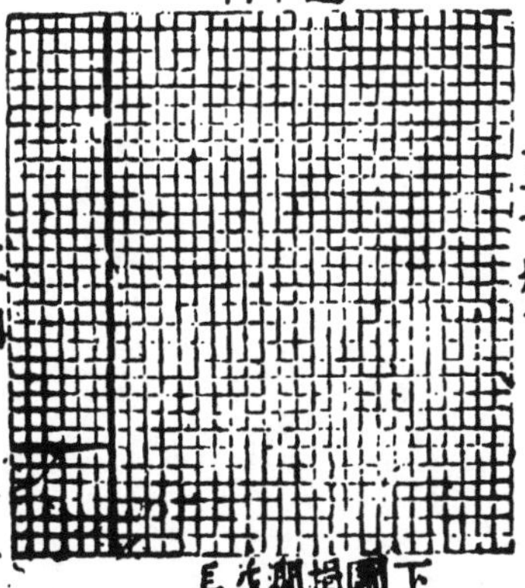

下圖損濶益長

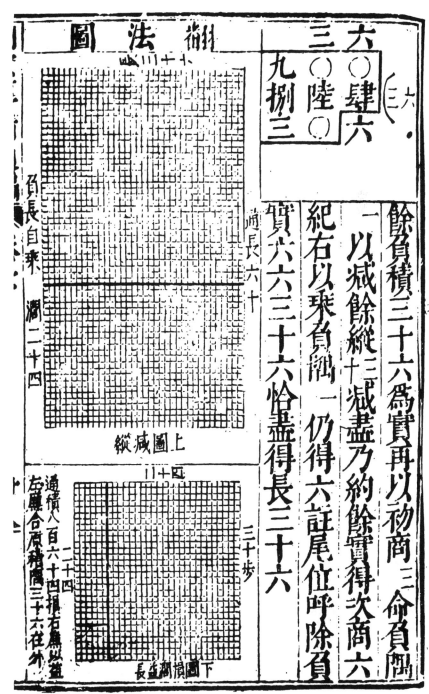

假如直積三千四百五十六長闊和一百二十求長幾何

列實定位列和爲縱方立一爲負隅初商七有二段即七十乘負隅一仍得七紀右以減縱方餘縱五即五十以呼

縱
○ 五 ○ 二 ○
立

十二

四 陸 二
四 伍 二
五 肆 五
三 叁 三

初商合除三千五百而原積不足乃翻以原積除之列三五於原積之上又以原積除之尾位○變四進位○變四　進位例五又進位例三　剩負積四十四爲實仍以初商七十乘負隅減餘縱五十而餘縱不足乃以餘縱五十又減初商七十餘二十爲廉法挨註次位而縱又爲負次商二紀右亦註二於尾位爲隅法共二十二

皆與所商之二呼除恰盡得長七十二

亦有虛立長濶和較求長者假如直積八百六十四步一長二濶三和四較共三百一十二步求長若干依前法演得八長一濶以一濶爲實八長爲負隅共步爲縱方列實初商三紀右即三以乘隅八得二百四十以減縱一變七

六（三）　貳八
六〇肆六　縱壹七六
叁一
三九六陸二一　隅捌〇八六
二二捌七二　四四一
二二
一二

進例三餘縱七十二以呼所商三除積合除二千一百六十而積反不足乃翻以積除之列二一六〇於上　肆上〇變六　進位

六變九　進位一變二　進位二變一　尚餘負積一二一

六
三
六〇肆六
三九六陸二一
二一捌七二
一二三

貳八
縱壹七六
叁一
隅捌〇八六
四四一
二二

九六復以初商三乘負隅
八合減縱二百四十而餘
縱二七十一不足翻以餘縱減
之剩負縱一百六十八是
餘縱積算俱負

次約負積商六紀右以乘負隅八又併負縱共二百一十
六挾詎尾位以呼所商二六一十二　二上削二　進倒
一　一六除六　一上九變三　六六三十六恰盡得長
三十六

假如直積三千四百五十六步一長二濶三和四較共六
百二十四步求長幾何仍前八長一濶以一爲實八爲負
隅共步爲縱方初商七紀右以乘負隅八得五百六十以
減縱方剩六十四訖首位合除四千四百八〇列原積上
以視原積不足翻以原積減之尾位〇變四　四上八變

七二
四〇陸二
二八伍四一
〇四肆六五
一阡叁

肆六
縱貳六九
陸四
隅捌〇六二
六一一
五五

二　六上四變〇　進位
四變一　餘負一千二十
四爲實再以初商七十乘負
隅八得五百六十者減餘
縱而縱又不足則翻以縱

餘縱四百九十六而隅法縱法積法俱負續商二紀

隅入得一十六併入負縱共五百一十二挨尾註

問二相呼恰盡得長七十二步

帶縱諸變開平方第十五

開方帶縱甚變無窮更繹其要有十一種餘可神而明之

若積與二濶較及長濶較求濶用帶縱減積開平方

假如三廣田積二千四百六十五步第云中廣不及南廣

八
（一
八伍七
五陸〇
〇肆四
一貳一

帶縱 壹一 壹二
減積 柒七 陸〇 四 一

八步亦不及北廣三十六步又不及正長六十七步問二廣併長各幾列積爲實併不及二廣共四十四以四而一得一十一爲縱方以不及正長六十七爲減積數

商一紀右十卽一以所帶縱共二十一列証首點下爲方法
以乘減積得一千四百七先以減積所乘呼商一七除七
足位位變入　進位陸變五　一四除四　進位肆變〇
一一除一首位貳變一　次以所証方法呼商一二除二
二十〇變入進例一　一二除一　一上五變四餘實八

八
八佰七八
六
帶壹一
縱壹二

四五陸〇二
九〇
減泝七

八〇肆四二
一
積陸〇四

二貳一

四八乃倍方一作二爲廉法
十卽二二倂減積六十七又倂帶縱
一一十共九十八爲方法証退
位續商八紀右以倂方法得
二百六八呼除一八除八　一

止倂八・六八四十八恰盡得中廣一十八步各加不及得南廣二十五八步北廣五十四步正長八十五步

右凡梯田斜田箕田梭皷田四不等田以積求長廣者俱以此法求之

凡大小二方和積求徑者用減積帶縱負隅倂縱開平方

假如大小方田二段共積七千五百九十二步大方面較小方面多二十八步求大小方面各幾何用較自乘得七百八十四以減積餘六千八百零八爲實倂較二十八得五十六爲帶縱另置二爲負隅初商四十即四乘負隅二得八十倂縱方共一百三十六爲方法註積下以呼所商一四除四

六四 帶縱陸伍

捌六八

六○六一二

三六捌三二一 負貳○二二

隅入二

一二陸一

一上陸變二一　三四一十二　三

上捌變六進位二二變一　四六二

十四　六上○變六進位六變三

餘實一三六八次倍商得八併初

方一百三十六共二百一十六為廉法

商退位續商六紀右亦乘負隅得一十二為隅法併入廉

法共二百二十八與次商呼除盡得小方面四十六步加

較得大方面七十四步

又假如大小方田三段共積四千七百八十八步大方面

多中方面十八步中方面多小方面十二步求各方面幾

何以大方面較小面數二十自乘得九百以中方面較小面數
二十自乘得十四四百相併共一千四百四十四以減共積餘二千
七百四十四為實併二一較倍之得八十四為縱方以三為
負隅初商二一紀右十抑以乘負隅二得六十併縱方共一
百四十四為方法列首位以呼所商二一四除八　四上肆

二四
縱肆四四
捌四〇
一二
（
肆四六
二六肆四〇一
八柒四二一
負叁〇二
二叁二
六一

變六　二四除八　四上柒變
八進位叁變二一　一二除二
一上削二餘實八百六十四倍
方法十六作一百二十為廉法以
併縱方四八得二百四四訖退位為

方法次商四紀右以乘負隅二得一十二為隅法併方法
共二百一十六與次商呼除二四除八 二上削八 一
四除四 一上六八除二 四六二十四恰盡得小方面二
十四步以較加之得中方面三十六步大方面五十四步
凡方田圓田徑相似以其共積求相似之徑幾何者用隅
算開平方凡圓者之四可當方者之三併方圓之率為七
用七為隅算用四乘原積開方
假如方圓田共積二千二百六十八步只云方面圓徑相
等求方面圓徑者四乘原積得九千七十二步為實另列
七為隅算初商三紀右即三十乘隅七 共二百一十為方法

六•
（三
濶柒〇二
與商相呼二三除六　二上玖變三
貳二　一四
一三除三　一上〇變七進位三變
二
柒六
二餘實二七七二乃倍三十作六十
七〇•二四
爲廉法註退位次商六以乘隅七得
二三三玖二三
四十二爲隅法又以乘廉六十得三百六十併共四百〇二仍併入廉法
共四六二二與商相呼恰盡得方面圓徑俱三十六步
又法四乘原積得九千〇七十二步併方四圓三得七爲法除之得一千二百九十六爲實乃以開平方法求得方面圓徑三十六步更簡易

凡假其原積只云一長一濶三和四較更以長乘之共數若干其長濶之較若干以求其長幾何者用益積以補濶則有帶縱隅益積開平方

假如田不知積但以長乘一長二濶三和四較共得四萬四千九百二十八步共長濶之較二十四步求長者列實另置較爲益縱約三和得三長三濶併一長二濶得四長五濶又併四較入濶爲長得八長一濶共九段以九爲隅

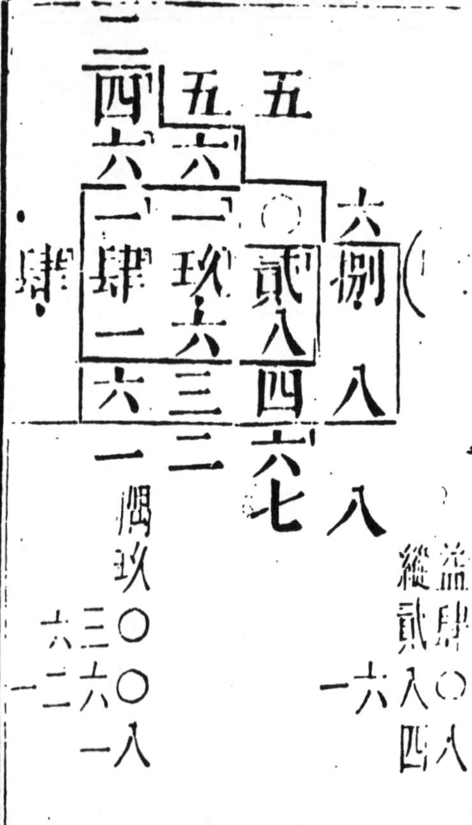

算初商七十乘隅算九得六百三十爲隅法又以初商七十乘益縱二十四得一千六百八十註原積之下以益原積八上貳變

〇進加一六上玖併一變六進加一　一上肆併一變六
共四萬六千六百〇八却以隅法六百三十註退位與商相呼
六七四十二六上六變四進位四　三七二十一　三上
六變五進位四變二餘實二五〇八乃倍隅法六百三十得一
千二百六十為方法註退位以商餘實得二紀右又乘隅
算九得一十八為隅法另以所商二乘益縱二十四得四十
八併入餘實　八上八變六　四上〇變五共得二五五五
六却以方隅二法併共一千二百七十八皆與所商二呼
除恰盡得長七十二步
又同前田不知實用長數乘一長二濶三和四較共若干

及其較若干以求長者或損長以就之用帶縱負隅減縱開平方

假如一長二濶三和四較以長乘之得四萬七千二百一十二其較二十八步而不知其積求其長列長乘之積為

四七

貳二八

帶縱貳捌

七壹二三六

()貳()二

負隅玖○二一六

三三三三

六八二二

一

五柒六一

肆

實較為縱方仍前法推得九為負隅初商七十紀右乘負隅得六百三十為方法內減負隅八二十剩六六百二退位註實下以呼所商六七四十二六上柒變五進削肆

一十四　二二上壹變七進位貳變〇餘實五〇七二次倍
方法得一千二百六十內減縱法二十八得一千二百三十二為廉
法列餘實之下約實續商得四紀右乘負隅得三十六為
隅法併廉法共一二六八改註尾位與續商相呼恰盡得
長七十四步
又有同前不知積知較而以濶乘其一長二濶三和四較
得若干求長者用減積帶縱隅益積開平方
假如設為一長二濶三和四較以濶數乘之得二萬九千
九百五十二其較二十四問長幾何置較自乘五百七十六以
減原積餘二萬九千三百七十六為實以較自乘減其原積故曰減積較

爲益縱六八爲隅算初商七
十紀右乘隅十六得四百二
十爲隅法註實下又以商
七十乘益縱二十四得一千六
百八十以益原積尾次七
變五進位叁變〇　又進

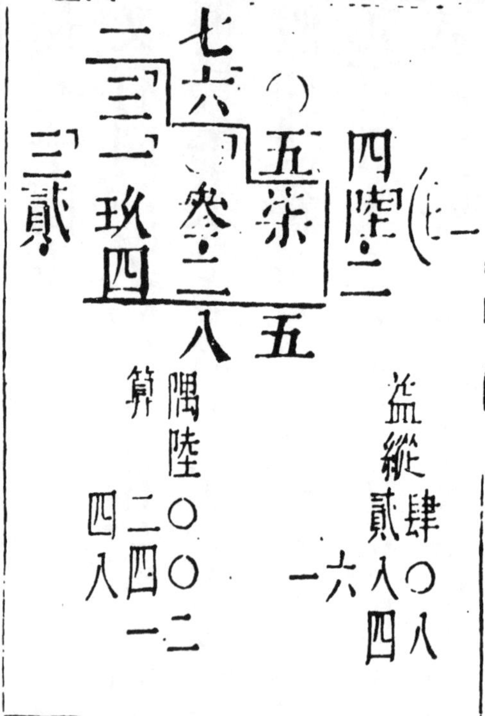

玖變一　又進貳變三得三一〇五六乃以隅法乘商呼
之四七二十八　四上一變三進削三　二七一十四
二上〇變六　進位三變一餘實一六五六乃倍隅法得
八百四十爲廉法續商二以乘隅十六得一十二爲隅法另

以所商　乘益縱得四十八以益餘實尾位陸變四進位
五變〇進位六變七共一千七百四却以方隅二法共八
百五十二詎尾位以呼續商恰盡得長七十二步
亦有匿積只以濶乘一長二濶三和四較共若干及較若
干求長而用帶縱負隅減縱益實開平方者
假如田不知積一長二濶三和四較以濶乘得二萬九千
三百四十八步濶不及長二十八步者列實亦列較爲縱
方九爲負隅共得九長初商七紀右即七十以乘負隅得六百三
十爲方法内減縱方二八得六百二詎實下又以乘縱方得
一萬六千八百五十六以益實六上捌變四　五上肆變

（四七）
二四例六
三七六〇肆五三六〇
二〇三叁八〇二〇
二五四六玖六六一一
四貳一

縱例六八
八方貳五〇
八〇
一六一
負玖〇二
隅三三
六二
一

〇　八上叁變二一
六上玖變六　一上
貳變四乃以所商七
呼除所註之下法六百
二二上〇變六進位
二變〇　六上六變

四進位四餘實四〇六四次倍方法一千二百六十減縱方得一千二百三十二為廉法次商四紀右以乘負隅九得三十六為隅法以乘縱方得一千零八為益實併入餘積八上四變二進位六變七　一上四變五以廉一千二百三十二隅三十

六相併十五二百六十八呼商恰盡得長七十四步

右法以濶求長積欠一較故乘較爲益實以補其缺

亦有同前不知積而以濶乘長濶和較共數及較求濶者

用帶縱廉開平方

假如直田不云積步只云一長二濶三和四較以濶乘得

二萬九千九百五十二步濶不及長二十四步求濶者置

乘積爲實減較之半一十二爲縱廉而以初商乘之初商四

十即四紀右爲方法以乘縱廉得四十八即與商相併共五

十二註實下照式退位以呼初商四五四二十進削貳

二四除八 二上玖變一 餘實九一五二次倍所乘縱廉

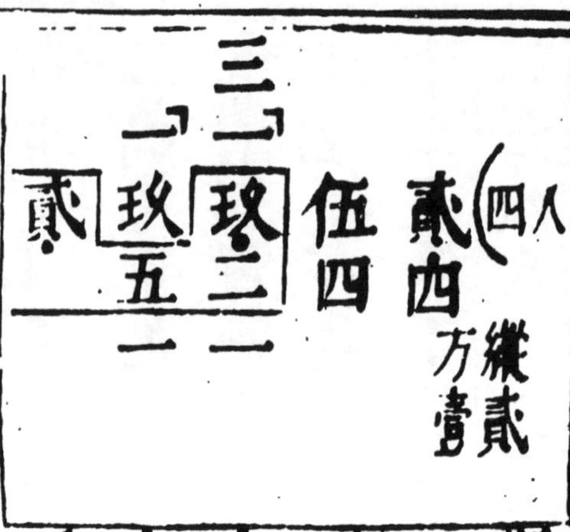

得九十六及方法八共一百四進位得一千四十為方法再置縱方一十二為廉以相併共一千五十二商實得八紀右亦註尾位為隅以乘縱方得九十六併方廉隅共一千一百四十四註實下以呼次商恰盡得濶四十八步

又有同前田積和較又以濶乘長濶和較共數求濶用帶縱廉負隅開平方者

假如田不知積只云一長二濶三和四較以濶乘之共二萬九千三百四十八其較二十八以求濶者置濶乘數為

實推得共八較九潤用九爲負隅以較八乘得二百二十
四爲縱廉以初商乘負隅爲方法初商四十即四紀右乘隅

六
四
捌 八
八肆四九
九一叁八九
五六玖五
貳

縱肆四四
廉貳八四
貳五九

負玖○四
隅六二五
二七

得三百六十併縱廉共五百
八十四詎實下呼商五四除
二十進削貳　四八三十二
八上叁變一進位玖變六
四四一十六　四上肆變八
進位一變九　進位六變五
餘積五九八八次倍方法得七百二十爲廉法併縱廉九
百四十四爲實續商六紀右以乘負隅九得五十四爲隅

法併廉法縱廉共九百九十八註實下呼商恰盡得濶四
十六步
者同前不知積步第置長濶和較以長乘得若干及較求
濶用帶縱方廉開平方
假如一長二濶三和四較以長乘之得四萬四千九百二
十八步較二十四步求其濶若干列實以較爲縱方推得
八長一濶共九段倍之得一十八爲縱廉以乘初商而併
計之又兼縱方乃以呼商除之初商四紀右百四十爲方法
乘縱廉一十八得七百二十併入方法四十共七百六十又併
縱方二十四共七百八十四以呼商四七二十八　七上肆

八·
（四
捌六
六貳四九
五七玖八六
三六肆七一
一肆

縱肆六四四
方貳九八四
七五
一

縱捌〇〇〇
廉壹二六二
七七五
一

變六進位肆變一　四八三
十二　八上玖變七進位六
變三　四四一十六　四上
貳變六進位七變五餘實一
三五六八乃倍四得八爲方
法倍縱廉得一千五百二十
併入縱方四二十共一千五百四十四爲廉法以商餘實得
入紀右以乘縱廉八一十得一百四十四爲隅法乃併方大
廉一千五百四十四隅一百四十四三法共一千六百九十六註實下
呼商恰盡得濶四十八步

又同前不知積及置長濶和較以長乘得若干及較求濶

用帶縱廉負隅乘縱減實開平方者

假如一長二濶三和四較長乘得四萬七千二百一十二

步濶不及長二十八步求濶幾何列實推得八長用八乘

較得二百二十四為縱廉推得九段用九為負隅又以較

為減縱方初商四 即四十 紀右以乘負隅得三百六十為方

法併入縱廉共五百八十四為下法乘減縱得一萬六千

六 四 八
縱肆四
廉貳八
貳五
負玖
○四
闊
○貳二一八
○六壹五四九
三 六五

三百五十二為減實註

實下變為三一○八六○

為以初商四呼下法減

五六八貳三八九
七〇柒六五
一三肆一
減縱二五三一
捌貳五三六
二一五一一

常註退位五四得二十
進位三變一　四八三
十二　八上八變六進
位〇變七進𠊱一　四四一十六　四上六變〇進位六
變五餘實七千五百乃倍方法得七百二十併縱廉二百二十四共
九百四十四爲廉法約商得六紀右以乘負隅得五十四
爲隅法卽以隅法乘減縱得一千五百一十二以減實餘
五九八八以廉隅二法相併得九百九十八與次商相乘開之
恰盡得濶四十六

開立方法第十六

凡數自乘平列一面爲平方更以原數再乘則四面皆方中消充實爲立方矣凡立方點段俱隔二超三而首段尋其原數以自乘再乘如適合見數者即爲方法開訖如少于見數則挨身減數尋原而以其再乘所得列首段下除之以爲方法（若再乘之數反浮見數即非其原）餘實三倍其方爲廉另置而以方法進一十（如係一則作一十係二則作二十之類）與相乘得數以較餘實約得幾何分之幾何假如已得二一者即以二爲次商亦以乘廉法得數若干以併前所乘數共若干而以次商數總乘之即得三面之廉復以次商數自乘再乘爲隅法併入開盡有不盡者以法命之

〇三〇二〇六〇〇〇柒貳肆伍陸叁捌

依法分爲四段先開首位之捌尋原係二乃以二自乘再乘得八恰盡　抹捌右紀二　次開叁陸伍除點上之伍未用且作三六開之乃三倍其二爲六另置於方法之上試加一爲二一以六乘之得一百二十六以除原積叁陸其數反浮乃只作〇紀格右爲二〇

次求第三位更三倍其二〇爲六〇置於方法二〇之上隨意加一位且如只加〇爲二〇〇以與六〇相乘得一萬二千以視原積叁陸伍肆貳約得三之一乃商三紀格右爲二〇三以乘六〇得一百八十併前一萬二千共

得一萬二千一百八十又以三乘之得三萬六千五百四

十又以三自乘再乘得二十七為隅法併入恰盡　凡隅法

皆以尾位挨本位所點之下尚餘尾段三箇○再加一○

于格右

假如列實一千七百二十八

三二

(一

捌

貳

柒

首位一自乘再乘只得一以一為方法紀右抹

壹次倍一為三作廉法另置乃以方法加○為

一○以乘廉法三得三○約得原積七二十內二之一

奚乃改○作二為次商紀格右以乘廉法三得

六併二○共得三十六而以次商之二乘之得七

壹一・十二又以二自乘再乘得八爲隅法併入是爲
　七百二十八開盡
假如列實三萬二千七百六十八數

九（三二
捌
陸
柒
五貳
叁

首位尋原係三以三爲方法自乘再乘得二七二變
五抹去次倍三作九爲廉法加〇于方法之右爲
三〇以乘九得二百七十以視餘實五千七百六十爲二之
一乃商二紀二于三右以二乘九得一十八併前
乘共得二百八十八以二總乘得五百七十六符
三廉之數又以二自乘再乘得八爲隅法併入盡
君次商以方法進位乘廉法而乘得之數適符餘實或於

餘實稍近不足二之一及三之一以上者只以一爲次商
之數
假如列實九千二百六十一數
一　先開首位玖尋原用二自乘再乘得八即除八千
六　二　玖而抹玖變一以二爲方法紀右次倍二得六爲
壹　廉法另置次以二爲二〇與相乘得一百二十適近
陸　本積只以一爲次商數以乘所置六仍得六併前
貳　乘共得一百二十六又以一自乘再乘爲隅依法
一　玖　併入定爲一千二百六十一恰盡

廣諸乘方法第十七

凡積數若干以平面開之適得自乘之數者爲開平方其立方乃開平再乘積也（四面皆方中積滿布）三乘方長立方也（如以二自乘起者得十六立方以三自乘起者得二三立方之積但以平面一邊之數爲準）四乘方平面立方也（如長立方得兩方數則進作四立方如長立方得三方數則進作九立方如長立方係九方數則進作八十一立方之類成以至無窮俱係平面）五乘方大立方也（如係二自乘起者有四立方則進倂十六方爲大方如係五自乘起者有二十五立方則進倂一百二十五方爲大方之類）自此推之六乘方視三乘形七乘方視四乘形八乘方視五乘形餘乘倣此可至無窮舊法繁碎且僅止于五乘此立捷法由平面至諸乘總一機軸先以諸乘原委布爲一圖乘毋爲原乘出之子爲開

一乘	一	二	三	四	五	六	七	八	九
平方	一	四	九	一六	二五	三六	四九	六四	八一
再乘立方	一	八	二七	六四	一二五	二一六	三四三	五一二	七二九
三乘方	一	一六	八一	二五六	六二五	一二九六	二四〇一	四〇九六	六五六一
四乘	一	三二	二四三	一〇二四	三一二五	七七七六	一六八〇七	三二七六八	五九〇四九

凡開方列位以點分段者平方每二位點作一段再乘方每三位一段三乘方每四位一段倣此推之至九乘方則十位一段矣皆自尾小數起而先以最大數之首段撿上圖以尋其原即以原數開之假如平方開者撿知首段數四十九即知七是原數用七自

方		五乘方		六乘方
	一	一	一	一
	二	六四	二	一二八
	三	七二九	三	二一八七
一	四	四〇九六	四	一六三八四
三	五	一五六二五	五	七八一二五
七	六	四六六五六	六	二七九九三六
一六	七	一一七六四九	七	八二三五四三
三二	八	二六二一四四	八	二〇九七一五二
五九	九	五三一四四一	九	四七八二九六九

乘可開若首段數係六十四者即知八是原數用八自乘可開若係六十三者不及六十四尚以七數開之餘積另求再乘三乘以上皆同此法假如再乘首段係二十七撿知其原係三即以三開之若是六十三以下亦以三開又假如七乘方首段係二一五六原

七乘方

一	一
二	二五六
三	六五六一
四	六五五三六
五	三九〇六二五
六	一六七九六一六
七	五七六四八〇一
八	一六七七七二一六
九	四三〇四六七二一

數是二以二開之若原數是六五五六不及三數之六五六一仍以二開之也上圖係乘出之數已得乘出之數開方之時弟以此數

註首段下以除爲開

右法已得首位方法餘實倍方爲廉平方者一倍再乘方者再倍三乘以上皆以本乘之數倣此倍之別立通率凡平方只一率爲二〇再乘立方有二率爲三〇〇三〇三乘方有三率爲四十爲六百爲四千自此以上諸乘倣此漸加而皆

如後圖所推乃以方法之數乘之以乘出之數較餘實約得幾何毋之幾何而即以其毋為廉法

	一			
平方	二			
立方	三	三		
三乘	四	六		
四乘	五	一○	一○	
五乘	六	一五	二○	
六乘	七	二一	三五	三五
七乘	八	二八	五六	七○
八乘	九	三六	八四	一二六
九乘	一○	四五	一二○	二一○
十一乘	一一	五五	一六五	三三○
十二乘	一二	六六	二二○	四九五
十三乘	一三	七八	二八六	七一五
十四乘	一四	九一	三六四	一○○一
十五乘	一五	一○五	四五五	一三六五
十五乘	一六	一二一	五六○	一八二○
十六乘	一七	一三六	六八○	二三八○

此圖以首行所列之二為平方三為立方四為三乘至

十七則十六乘方也餘乘倣此首行順列其第二行數悉承首行上格二數積之如三三為六四六為一〇之類數窮則挨加一數如第二行第五格為一〇其第三行第五格亦為一〇是也

				一二六
				二五五
			四六二	四六二
			九二四	七九二
		一七一六	一七一六	一二八七
		三四三二	三〇〇三	二〇〇二
	六四三五	六四三五	五〇〇五	三〇〇三
	一二八七〇	一一四四〇	八〇〇八	四三六八
〇	二四三一〇	一九四四八	一二三七六	六一八八

一 三 四 二

右格內數以檢各乘合用通率而各視其乘法多寡於本位疊加虛○凡平方一乘者用一率爲二以加○爲二○以與方法相乘其立方再乘者用兩率爲三三而左小數加一○爲三○右大數加兩○爲三○○而以三○○乘方法若三乘方者則用三率爲四六四于大位之四加一○爲四○進位之六加二○爲六○○首位之四加三○爲四千亦以大數乘方法右闕只具四六兩位而乘法却宜三位則廻用右方之四以足三率若並位之數相重如四乘方之連用一○一○者

廻轉減其重數竟以首位之五用之末位爲五〇〇五照前依位增〇其數則爲五十爲一千爲一萬爲五萬而以五萬爲乘方法也至六乘方八乘方以上皆然

一乘
通率
列法
右列廉法
左列方法

再乘
通率
列法
三〇〇
三〇

三乘
通率
列法
四〇〇〇
六〇〇
四〇

四乘
通率
列法
五〇〇〇〇
一〇〇〇〇
一〇〇〇
五〇

五乘
通率
列法
六〇〇〇〇〇
一五〇〇〇〇
二〇〇〇〇
一五〇〇
六〇

此末位加一〇進位一五加二〇又進位二〇加三〇又進位一五加四〇凡每位有二字者倣此

六乘
通率
列法

七○○○○○○○
二一○○○○○○
二五○○○○○
三五○○○○
二一○○○
七○

七乘
通率
列法

八○○○○○○○○
二八○○○○○○○
五六○○○○○○
七○○○○○○
五六○○○○
二八○○○
八○

一乘開平方

假如列實六百七十六萬五千二百○一以平方開之

初商得二爲方法以求廉法立二○爲通率列中位亦列方法于左位以相乘得四○以較餘實二七約得六之一乃立六爲廉法列於右位以自乘得三六爲隅法附列乃以廉數六乘四

六
二
實
○

貳　右　一六　二六
伍　廉
陸　中　一〇
柒　隅　二
陸　左　一二
二　方　二

十得二百四十以併自乘之三十六共二百七十六盡第二段餘實五二〇一另置通率併廉入方為一六置左位以乘二〇得數五百二十以較餘實得一又以一為廉法置右位自乘仍得一為隅法併入恰盡

若已得廉法而以乘通率反浮餘實或廉法相合而隅法又浮餘實者皆減其廉法以乘之假如列實二百八十初商一除實一百餘實一百八十九次商以方法乘通率只係一〇以較餘積可用九除實一百八十而乘出隅法八十一則浮原積又試用八除實一百六十而乘出隅法六

一（七九四
玖（一
捌二
一貳一一

十四亦浮原積惟再減用七為廉法乘得
一十四以除餘積尚餘四十九而以廉法
自乘得四十九為餘法併入恰盡凡諸乘
所用廉法有浮原積者皆照遞減求之

再乘開立方

假如列積二十三萬八千三百二十八以立方開之尋原
以六為初以六自乘再乘得二一六除積　六上捌變二
一上叁變二　進抹貳以六為方法以求廉法凡立方皆
用二數為通率為三十為三百自下而上疊位而以方法
六對〇以方法自乘得三六對三〇〇各列于左

六捌成叁捌叁貳

二六　二一　二二

右廉　　中母　　左方

二——〇〇——三——六三

四八——〇——三——六

初乘乃以三六乘三〇〇得一萬八百以視餘積約得二之一乃立二爲廉法以對〇〇復以廉法二自乘得四以對〇〇各列于右又以二乘四得八爲隅法附列于下乃以廉二乘一萬八百得二萬一千六百

再乘以六對三〇乘之得一百八十又以四乘得七百二十以上二次乘出數併之得二萬二千三百二十加入隅法之八恰盡

凡方法之乘皆在通率位左以方法數對尾位其乘數
自下而上凡廉法之乘皆在通率位右以廉法數對首
位其乘數自上而下四乘五乘以上皆倣此
右再乘方法井以還原則以二十六自乘再乘
井初商方法只係一數者有通率無乘須併諸率位除之一

一（
壹　一一一
叁　〇一　〇一
叁　三〇　三
陸　一一　一一

而凈即以一為廉法假如列實一千三百三
十一以再乘立方開之初商以一為方法除
凈首位一次併中位兩通率一除可凈以一
為廉法對通率三百次以自乘仍得一對次
通率三十丈以再乘亦得一為隅法系其下

而以隅法之一併入三千三百恰盡
右式可倒其餘凡以一爲方法者不論幾乘方皆以諸
位通率併求

三乘方

假如列實一千四百七十七萬六千三百三十六以三乘
方開之尋原以六爲毋自乘再乘得一二九六除積　六
上柒變一　九上柒變捌　二上肆變一　一上削壹次
以六爲初廉方法以求廉法凡三乘皆疊用通率三位爲
四十爲六六百爲四千先列通率於中位乃列方法于左尾
位門乘六六再乘二一六自下而上對列初乘以二百一十

六
陸
叁
叁
陸
一柒六
八柒九
一肆二
壹一

右廉 二 四 八 一六
中
〇 〇 〇
〇 〇 〇
四 六 四
左方 六 六 六
一 三
二

六乘四千得數八十六萬四千減原積
約二之一以二為廉法列右首位自乘
四再乘八三乘一六聯列乃以二乘八十
六萬四千得數一百七十二萬八千
再乘以三六乘六〇〇得數二萬一千六百又
以右四乘之得數八萬六千四百
三乘以六乘四〇得數二百四十以右八
乘之得數一千九百二十乃合三乘數
積之併入隅法一六共得一百八十一萬
六千三百三十六恰盡

右三乘方法若以還原則以六十二之數自乘再乘三乘　一法以開平方法所得數更以平方開之

四乘方

假如列實九億一千六百一十三萬二千八百三十二數以四乘方開之尋原六爲初商除積七億七千七百六十萬餘實一億三千八百五十三萬二千八百三十二以求廉法凡四乘方通率疊用四位爲五十爲一千爲一萬爲五萬中列自下而上而以方法六對尾位五〇列之又自乘再乘三乘四乘亦自下而上對列于左

二四八　六　三二

初乘首位左乘得六千四百八十

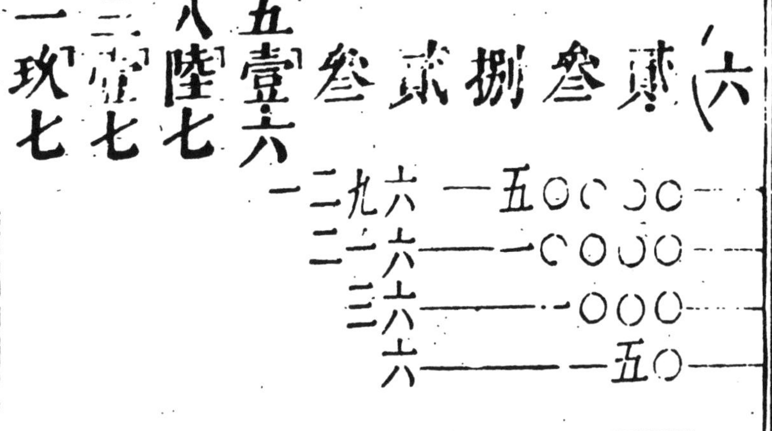

以較餘皆約得二之一以二為廉法對首六十五萬列之亦自乘再乘三乘自上而下對列又四乘得三二為隅法系于其下而以首位二數乘左乘所得之數計得一億二千九百六十萬

次乘次位左乘得二百一十六萬而以右四乘之得八百六十四萬

三乘第三位左乘得三萬六千而以右八乘之得二十八萬八千

四乘尾位左乘得三百而以右一六乘

之得四十八百以上四乘之積併入
右廉四乘所得隅法三十二恰盡
右四乘方者以還原則以六十二數自乘再乘以至四乘
五乘方
假如列積五百六十八億○○二十三萬五千五百八十
問數以五乘方開之尋原六爲初商除積四百六十六億
五千六百萬餘積一百一億四千四百二十三萬五千五
百八十四數以求廉法凡五乘方皆疊用遞率五位爲六
十爲一千五百爲二萬爲一十
五萬爲六十萬中列自下而上

（六）

肆

捌
伍
伍
叁
貳
四〇六
四〇五
一捌六
〇陸六
一伍四

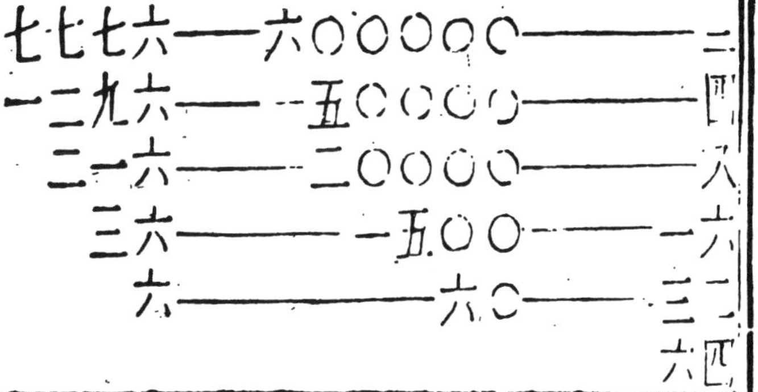

而以方法六對尾位六列之又
自乘再乘三乘四乘自下而上
皆列于左位
初乘首位左乘得四十六億六
千五百六十萬以較餘實約得
二之一以二為廉法對首位六
十萬列之亦自乘再乘三乘四
乘自上而下對列于右又五乘
得四六為隅法系下而以首位二
數乘左乘所得之數共得九十

（六）肆捌伍伍叁貳

四〇六

四〇五

捌六

七七七六———六〇〇〇〇〇———二
一二九六———一五〇〇〇〇———四
二一六———二〇〇〇〇———八
三六———一五〇〇———一六
六———六〇———三二
六四

三億三千一百二十萬

次乘次位左乘得數一億九千四百四十萬而以右四乘之得七億七千七百六十萬

三乘三位左乘得四百三十二萬而以右八乘之得三千四百五十六萬

四乘四位左乘得五萬四千而以右一六乘之得八十六萬四千

五乘五位左乘得三百六十以

〇陸六
一伍四
一

右三乘之得一萬一千五百二
十併上五乘積又併右廉所乘
隅法六十四恰盡

右五乘方若以還原則以六十二之數自乘再乘以至
五乘

六乘方

假如列實三萬五千二百一十六億一千四百六十萬六
千二百〇八以六乘方開之尋原六爲初商除實二萬七
千九百九十三億六千萬餘實七千二百二十二億五千
四百六十萬六千二百〇八數以求廉法凡六乘方通率

六 捌○貳陸○陸肆

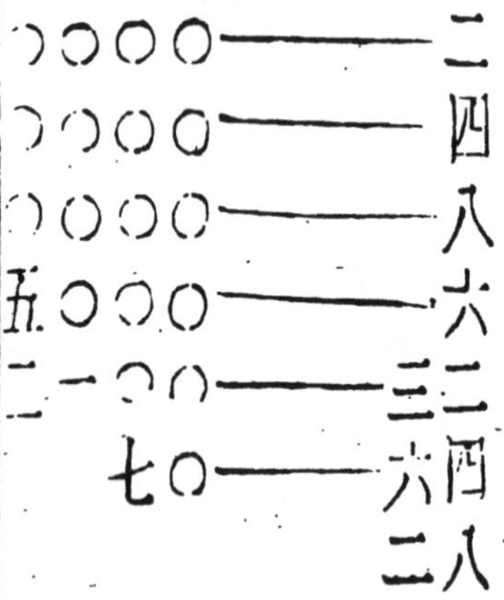

疊用六位為七十為二千
一百為三萬五千為三十
五萬為二百一十萬為七
百萬中列而以方法六對
尾位七○列之又自乘再乘
三乘四乘五乘自下而上
皆列其左
初乘首位左位得數三千
二百六十五億九千二百
萬以較餘積約得二之一

五壹六　○○五三三二
二陸三　○一三
二壹九　七二
二貳九　六六六六六六
七伍七　五七七二三
叄二　六七二三二
六七一
四

以二爲廉法對首位七百萬列之亦自乘再乘三乘四乘五乘對列于右又以六乘得一二八爲隅法系下而以首位二數乘左乘所得之數共得六千五百三十一億八千四百萬

次乘次位左乘得一百六十三億二千九百六十萬以右四乘之得六八百五十

六 捌 ○ 貳 陸 ○ 陸 肆 壹 五 六

六——七○○○○○○——二
六——二一○○○○○——四
六——三五○○○○——八
六——三五○○○——一六
六——二一○○——三二
六——七○——六四
一二八

三億一千八百四十萬

三乘三位左乘得四億五千三百六十萬以右八乘之得三十六億二千八百八十萬

四乘四位左乘得七百五十六萬以右六乘之得一億二千○九十六萬

五乘五位左乘得七萬五千六百以右三乘之得二

二陸三
二壹九
二貳九
七伍七
參三

五七九一三
六七二二
六七一
四

百四十一萬九千二百
六乘六六位左乘得四百二
十以右四六乘之得二十六
萬八千八百併上六乘之
積又併隅法一百二十八
恰盡

右六乘方若以還原則以六十二之數自乘再乘以至
六乘

七乘方
假如列實四兆五千九百四十九萬七千二百九十八億

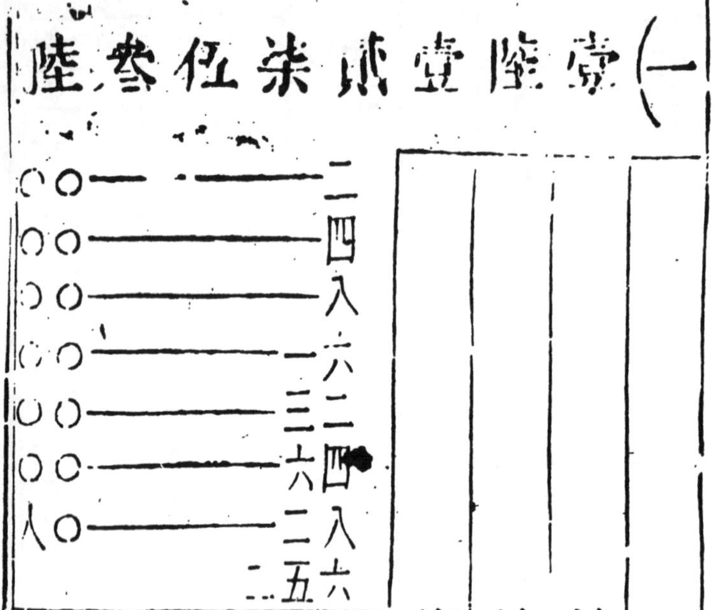

六千三百五十七萬二千一百六十一數以七乘方開之首位四其原一以一爲方法餘實三兆五千九百四十九萬七千二百九十八億共求一廉法因方法一數無乘當併下位以較餘實而惟首次兩數同位爲大數其餘小數不足爲多寡且從省只併首次兩位開之若不相併者以首率八千萬較

三

捌玖貳柒玖肆玖伍肆

一

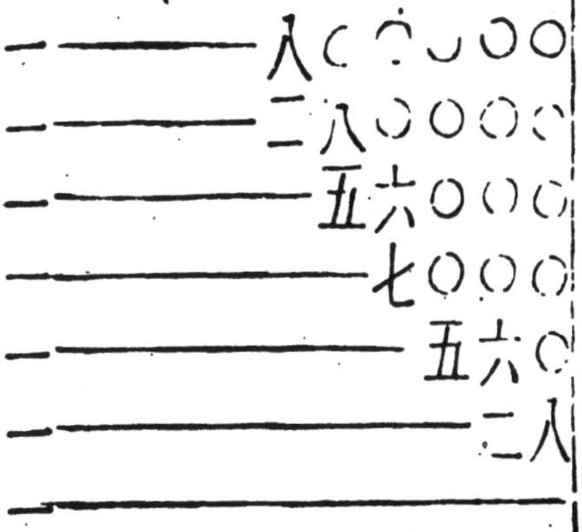

餘實試用四爲廉法乘之似可除然次率入乘即浮原數矣試減用三亦浮原數見後註此二數併得一億〇八百萬以較餘實約可用三數然緣次乘之六以乘中列之第二位其數反浮初以三乘中首位因可除至次乘六以乘次位得一億六千八百萬併初乘共四億有奇反浮餘實當減用二爲廉法自乘再乘至七乘依式列右凡乘數多于原數者減法倣此

壹陸壹貳柒伍叁陸捌玖貳柒

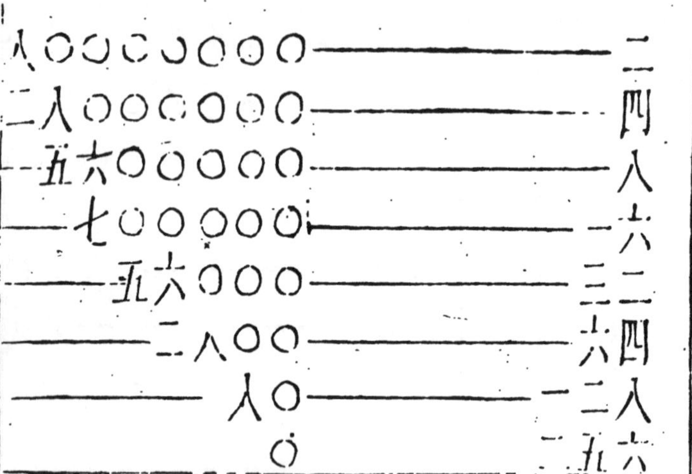

初乘以廉二乘八千萬得一億六千萬

再乘以廉再乘數四乘二千八百萬得一億一千二百萬

三乘以廉三乘數八乘五百六十萬得四千四百八十萬

四乘以廉四乘數一六乘七十萬得一千一百二十萬

五乘以廉五乘數三二乘五萬六千得一百七十九萬二千

玖捌柒伍肆

六乘以廉六乘數四六乘二千	八百得一十七萬九千二百	七乘以廉七乘數二八乘八十	得一萬〇三百六十八

右併前七乘之積共得三億二千九百九十八萬一千四百四十併入隅法二百五十六以除餘積尚剩二千九百五十一萬五千六百二億六千三百五十七萬二千一百六十一數再商自首至尾共以一段開之

乃併廉法入方法共一十二為三商之數以對尾位〇列于左以自乘再乘三乘四乘五乘六乘悉自下而上對列

二　（一　壹陸壹貳柒伍叁

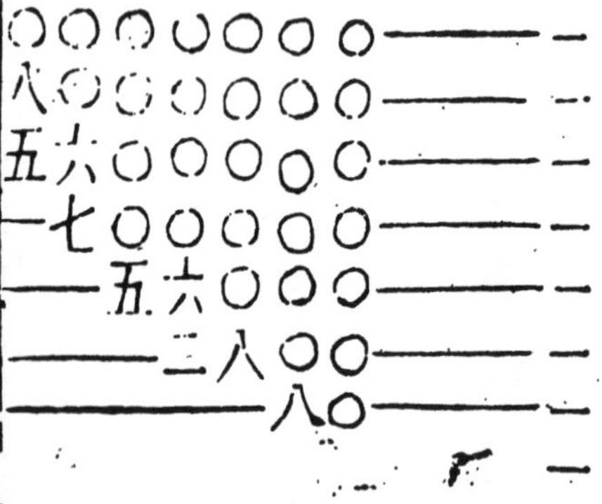

初乘首位左乘得二千八百六十六萬五千四百四十六億四千萬以較餘積只可一乃以一爲廉法乘無可乘故自乘至七乘皆只一照式列右其對中末位之下仍系一爲隅法

再乘次位左乘得八十三萬六千○七十五億五千二百萬

陸
二捌〇六
〇玖四五九
六貳四二六
五柒一
一玖八
五肆九
玖九
二伍二
叁三

八二
八四二六八四二
〇八三三三四一
八九八七七一
一五八〇一
三八四二
八九二
五二
三

三乘三位左乘得一萬三
千九百三十四億五千九
百二十萬
四乘四位左乘得一百四
十五億一千五百二十萬
五乘五位左乘得九千六
百七十六萬八千
六乘六位左乘得四十萬
三千二百
七乘尾位左乘得九百六

十併七乘之積增入隅法

之一恰盡

右七乘開方者欲還原則以一百二十二數自乘再乘

以至七乘

以上開方則例共七乘衍至十乘百乘亦復如是妙在尋原變在通率熟玩自得難以備述

若夫尋原之法固與還原不同還原者依本乘之數以還實積尋原者用前列乘圖以尋下手方法凡尋原惟平方最易以每段只二位也次則立方亦易以每段只三位也三乘則四位為一段尋原難矣自是而上位置愈多尋

原愈難矣然而即平方可求立方之原兼平方立方可以求多乘方一原若三乘方者以平方法開之得數又以平方法開之得數即原矣若五乘方者先以平方開之得數乃以立方開之或先以立方開之得數乃以平方開之即原矣若六乘方者作四乘方開二次即得其原若七乘方者作開平方三次即得其原若八乘方者作立方二次即得其原若九乘方者先以平方開一次又以四乘方開之或先以四乘方開一次又以平方開之即得其原若十乘方者作四乘開方三次亦得其原錯綜變化總由自然進退開闔具有定法孰謂開方諸乘迂遠難篡者乎神而明之

從積正負帶減加翻巧由心造妙以熟生智者于斯蓋不啻思過半也

奇零諸乘開方法第十八

凡開方諸法不惟全數可開即奇零之數亦各有法大都皆以尋原爲第一義有母數子數俱有原數可用者如平方九之四則以三之二爲原以三自乘得九以二自乘得四也如再乘立方二七之八亦以三之二爲原以三自乘得九再乘得二七以二自乘得四再乘得八也又如三乘方八一之一六三之二爲原謂三再乘得二七三乘得八一謂二再乘得八三乘得一六也如五乘方者七二九之六四以三之二爲原謂

三數以五乘則得十二［九］二數以五乘則得六［四］也有二數並列
子而亦有原數可用者如四之二與九之八並列
依對乘法母乘子乘得一十六是為三十六之
一十六其平方之原為九之四以四九三十六與夫四四一十
六用四為鏈數者也有以全數帶奇數而亦有原可尋者
如有全數二又二十之一〇依化法乃二十七之六十四其立方之
原為三之四以三再乘為二十七四再乘為六十四歸其整數即一
零三之一也凡有原可尋則可開無原可尋則不可開必
命分之母與得分之子各有原則可開若一有原一無原
則不可開尋原之術數之多者約之以至于寡如四十五之二十〇

必約之爲九之四其開平方之原即三之二也如八一之二四必約之爲二七之八其立方之原亦三之二也他如九之六者九有原六無原不可開矣又如二〇之一二者命分數與得分數俱無原不可開矣然則終不可開乎又非也數窮則變變則通雖無原有數之最相近者可借之以爲原吾以收斂析之又析而相近之原可得也析之之法多取進位平方或析一爲十爲百立方或析一爲百爲千數彌多者分彌密其所以亦彌密也彌近之數或稍多于所求或稍約然而皆可以爲原者也

假如以五數爲開平方是爲無原亦任借一〇爲一〇〇之原以

自乘得一百以五乘得五〇〇雖一〇不爲五〇〇之原乃其原之最近者十之二假數其一爲四八四以二二爲原二十二自乘得四百八十四此近而朒者其一爲五二九以二三爲原二十三自乘得五百二十九此近而盈者何也試以所借一〇爲命分之母以二二爲得分之子以一〇之二二自乘此係整零一〇之二二得一〇〇之四八四內除四百爲四整數而八四爲一〇〇之八四夫四零一〇〇之八四以視二零一〇之二二猶五百與二二之比例也試以所借一〇爲毋以二三爲子以一〇之二三自乘此係整零二三得一〇〇之五二九內除五百爲五整數而二九爲一〇〇之二九夫五零一〇〇之二九以視二零一〇之二三猶五百與二三之比例也故一〇可以爲五借也

假如以九數為開立方亦為無原而任借一〇為一〇〇〇之原以自乘再乘故以九乘得九〇〇〇雖九千不以一十為原而其近原者亦有兩數一為八〇〇〇以二〇為原自乘再乘此近而朒者一為九二六一以二一為原自乘再乘此近而盈者則何也試以一〇為母一〇之二〇係整二數以自乘再乘即得一〇之八試以一〇為母一〇之二一係整二數零一〇之一以自乘再乘即得九零一〇〇〇之二六一也則一十自乘得一百再乘得一千子數整二化二十併入一行二十一自乘得四百四十一再乘得九千二百六十一[illegible]九千歸二[illegible]併數[illegible]一二二十八一故一〇可以為九借也

[illegible]係[illegible]四〇以四乘方開之亦為無原任借一數為一〇以自[illegible]四乘得一十萬以一〇乘之得四百萬用前法推衍其

原之近者有兩數其一爲一〇其一爲一二何也以一〇爲二〇之母以一〇之二〇係整二數以二自乘乘三乘四乘爲一〇之二以積四十〇近而有者以一〇爲八毋此一〇之二一係整二數零一〇之一以二零一之一自乘再乘化整數係子法如前毋四四乘得一十前子化數再乘得九千二百六十一三乘四乘得整四十數零一十萬之八萬四千二百〇一二十一以三乘得一十九或四四百八十一以四乘得四百〇八萬四千二前一一內以四百萬還元得整四十數其零爲八四二〇一以視四十其近而盈者故一〇可以爲四〇借也以上三論姑借一〇見例若進至百千萬數其數彌多其析愈精則原愈近矣

圜容較義序

自造物主以大圜天包小天而萬形萬象錯落其中親上親下肖呈圜體大則日躔月離軌度所以循環細則雨點雪花潤澤專於涓滴人文則有旋中規而坐抱鼓況顱骨耳璫耳竅之渾成物宜則有穀孕實而核含仁暨鳥翔魚泳蚍蜉之咸若胎生卵育混沌合其最初葩發苞藏圜欒于焉保合俯覘漚浮水面仰觀暈[illegible]天

心摶風瀚乎晴端湛露擎乎荷蓋砂傾活承任分合以成顆皴泣明珠撒柈杅而競走無情者飛蓬轉石幹運總屬天機有情若鼄網蠶窠經營因憑意匠若乃靈心濬發尤多規運成能壁水明堂居中而宣政教六花八陣周衛而運正奇樂部在懸簫鼓共圜鐘迭奏輅車欲駕輪轅習龜軸其旋戲塲有蹴鞠 爾雅事對蕭團蓮滿忽然一起成如珠如霧大千咳奇謾說恒沙滿

三千大千之國土至於火炎銃上試遠矚而一
點圓光水積紆迴指寥天。縫規合蓋天籟
地籟〻人籟聲〻觸竅皆圜如象官象事象物粒
粒浮空有爛所以龜疇蓍策用九之妙無窮羲
畫文重圜圜之圖不改草玄翁之三數安樂窩
之一九先天後天此物此志丟爾凡厥有形惟
圜爲大有形所受惟圜最多夫渾圜之體難明
而平面之形易晳試取同周一形以相參考等

邊之形必鉅於不等邊形多邊之形必鉅於少邊之形最多邊者圜也最等邊者亦圜也析之則分秒不億是知多邊聯之則圭角全無是知等邊不多邊等邊則必不成圜惟多邊等邊故圜容最鉅若論立圜渾成一面則夫至圜何有周邊周邊尚莫能窺容積奚復可量所以造物主之化成天地也令全覆全載則不得不從其圜而萬物之賦形天地也其成大成小亦莫不

鑄形于圜印細物可推大物即物物可推不[illegible]之物天圜地圜自然必然何復疑乎第儒者不究其所以然而異學顧恣誕於必不然則有設兩小兒之爭以爲車蓋近而盤盂遠滄涼遠而探湯近者不知二曜附麗於乾元將旦午之近遠疇異氣行周繞于地域其厚薄以斜直殊觀初暘瞍氣故暉散影巨而炎旭應徵亭午籠座則障薄光澄而曝射當烈又有造四大洲之誑

以爲日月遶須彌爲晝夜地形較縱廣於由旬
者試問須彌何物淩日與月而虧天且縱廣奚
稽乃狹與彎之變相積由旬至億千萬則地徑
有度金輪豈厚載所容統忉利謂三十三則象
緯正爲諸天之碁綮可惟且夫極辨者方圜之
體若白黑一二之難欺最精者方圜之度當徵
渺惠茫之必析冲虛撰模稜而侮聖釋氏騁荒
忽以誣民彼曾不識圜形惡足與窺乾象夫寰

□邈矣豈詎空馭氣可以縱觀乃道理躍如若
指掌按圖無難坐得昔從利公研窮天體因論
圜容拈出一義次爲五界十八題借平面以推
立圜設角形以徵渾體探原循委辯解九連之
環舉一該三光映萬川之月測圜者測此者也
割圜者割此者也無當于歷歷稽度數之容無
當于律律窮絫黍之容存是論也庸謂迂乎譯
旬日而成編名曰圜容較義殺青適竟被

命守澶時戊申十一月也柱史畢公梓之京邸近友入汪孟樸氏因校算措重付剞劂以公同此徒廣略異聞實亦闡著實理其於表裏詠以推演幾何合而觀之抑亦解匡詩之頤者也

萬曆卅寅三月既望涼庵居士李之藻題

圜□□義

西海　利瑪竇　授
浙西　李之藻　演

萬形有全體目視惟一面即面可以推全體也面從界顯界從線結總曰邊線邊線之最少者爲三邊形多者四邊五邊乃至千萬億邊不可數盡也三邊形等度者其容積固大於三邊形不等度者四邊以上亦然而四邊形容積恒大於三邊形多邊形容積恒大於少邊形恒以周線相等者驗之邊之多者莫如渾圜之體渾圜者多邊等邊試以周天度剖之則三百六十邊等也又剖度爲分則二千

一百六十邊等也乃至秘忽毫釐不可勝算凡形愈多邊則愈大故造物者天也造天者圜也圜故無不容無不容所以爲天試論其槩

凡兩形外周等則多邊形容積恒大於少邊形容積

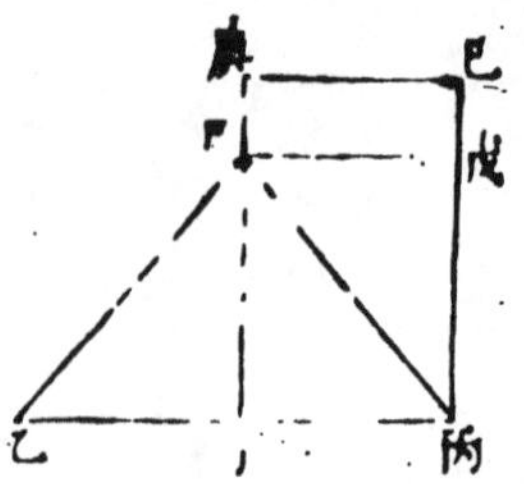

假如有甲乙丙三角形其邊最少就底線乙丙兩平分於丁作甲丁線其甲乙甲丙兩腰等丁乙丁丙又等甲丁丙角甲丁乙角皆等則甲丁線爲乙丙之垂線幾何原本一卷

甲戊丙丁直角形而甲戊與丁丙平行戊丙與甲丁等見何形皆一角者一卷四又三十六既甲丁丙甲丁乙兩

形等而甲丙戊己與甲丁乙亦等十一卷三十四則甲丁丙戊方形與甲乙丙三角形自相等矣以周論之其甲戊戊丙丙丁甲丁四邊皆與乙丁相等甲丙邊爲弦其線稍長試引丙戊至巳引丁甲至庚皆與甲丙甲丁線等而作庚丁巳丙形與甲乙丙三角形同周則贏一甲庚巳戊形故知四邊形與三邊形等周者四邊形容積必大于三邊形

凡同周四直角形其等邊者所容大於不等邊者

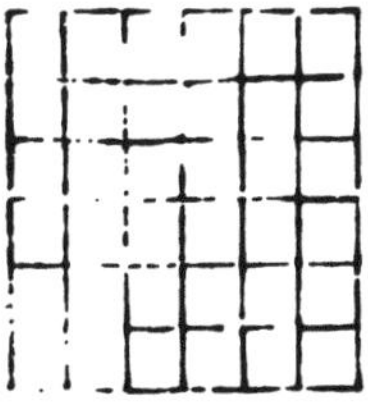

假有直角形等邊者每邊六共二十四其中積三十六另有直角形不等邊者兩邊數十兩邊數二其周亦二十四與前形等周而其

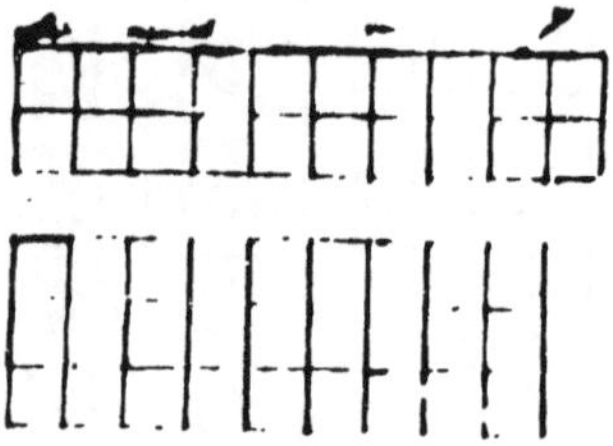

邊不等故中積只二十又設直角形其兩邊各九其兩邊各三亦與前形同周而中積二十七又設一形兩邊各八兩邊各四亦與前同周而中積三十二或設以兩邊爲七以兩邊爲五亦與前同周而中積三十五是知邊度漸相等則容積固漸多也

試作直角長方形令中積三十六同前形之積然周得三十與前周二十四者邊與令以此周作四邊等形則中積必大於前形

凡同周四角形其等邊等角者所容大於不等邊等角者

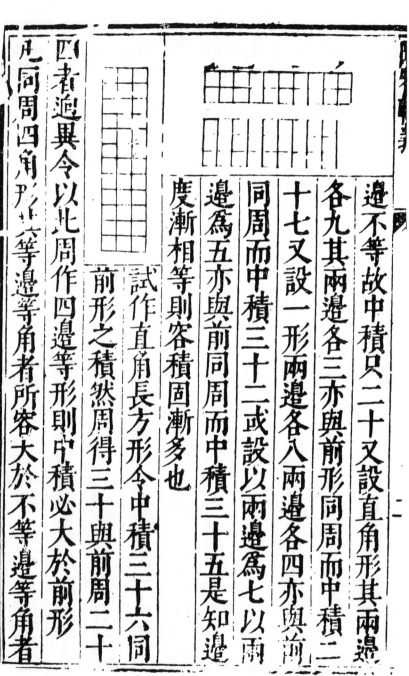

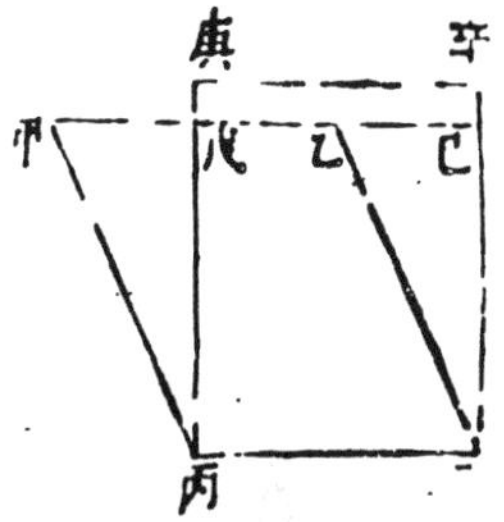

設甲乙丙丁不等角形從丙丁各作垂線又設引甲乙至巳作戊丙巳丁四角相等形一卷三十五與不等角形同底原相等一卷十九又三十四甲乙亦同戊巳而乙丁及甲丙線則贏於巳丁戊丙線是甲乙丙丁之周大於戊丙巳丁之周試引丁巳至辛與乙丁等引丙戊至庚與甲丙等而作庚丙辛丁形則多一庚戊辛巳形因顯四等角形大於不等角形

以上四則見方形大於長形而多邊形更大於少邊形則圜形更大於多邊形此其大略若詳論之則另立五

界說及諸形十八論於左

第一界等周形　謂兩形之周大小等

第二界有法形　謂不拘三邊四邊及多邊但邊邊相等角角相等即爲有法其欹邪不就規矩者爲無法形

第三界求各形心　但從心作圜或形內切圜或形外切圜皆相等者即係圜與形同心

第四界求形面　謂周線內所容人目所見乃形之一面

第五界求形體　如立方立圜三乘四乘諸形乃形之全體

第一題

凡諸三角形從底線中分作垂線與頂齊高以中分線及高線作矩內直角方形必與三角形所容等

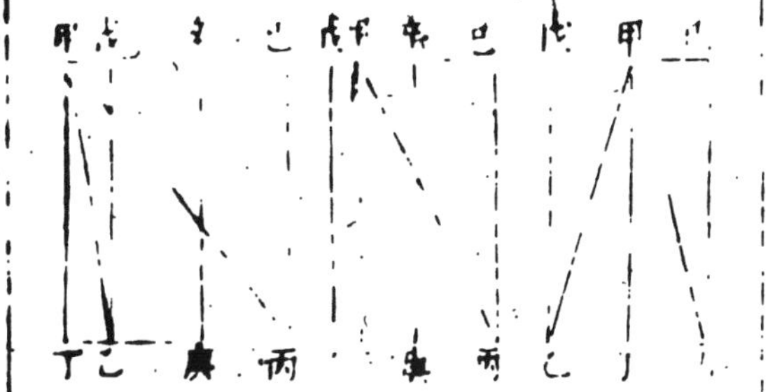

解曰有甲乙丙三角形平分乙丙于丁于庚作垂線至甲至辛作甲丁巳丙及辛庚巳丙直角題言直角與三角形等

先論曰甲乙丙三角形平分乙丙于丁作甲丁線次從甲作戊巳線與乙丙平行又作巳丙戊乙二線成直角形此直角倍大于甲丁丙巳形亦倍大于甲乙丙角形卷

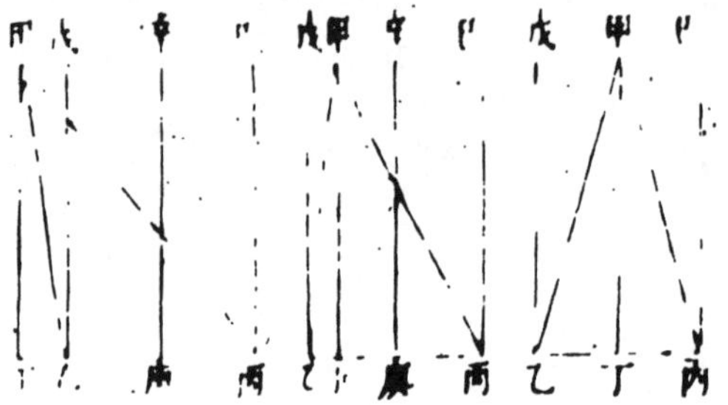

故甲乙丙三角形與甲丁丙巳形等

十六 卷三

次論曰作甲丁垂線而第二圖丁非甲乙之平分第三圖甲在方形之外皆從甲作戊巳線引長之與乙丙平行成戊巳丙乙方形及甲巳丙丁方形而各以丙乙平分于庚作庚辛垂線視甲丁為平行亦相等其戊巳丙乙倍大于辛庚丙巳亦即倍大于三角形何者以辛庚丙巳長方形分三角形底線半故十六一卷三

第二題

凡有法六角等形自中心到其一邊之半徑線作直角形線其半徑線及以形之半周線爲矩內直角長方形亦與有法形所容等

解曰有甲乙丙丁戊己法形其心庚自庚至中乙作直角

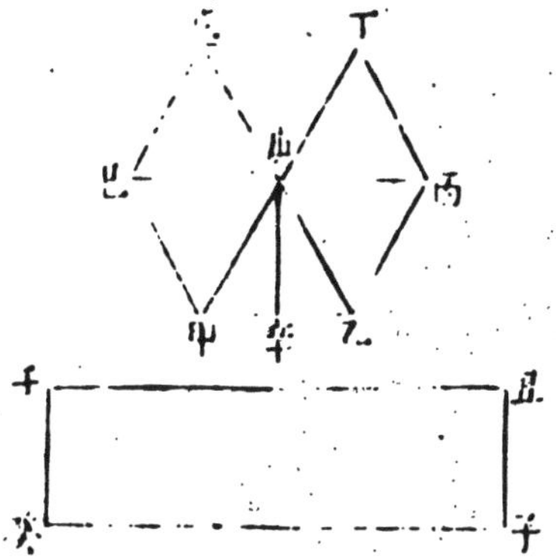

線爲庚辛以作壬癸線與庚辛等作癸子與甲乙丙丁線等即半周線也題言壬癸子丑直角形與甲乙丙丁戊己形之所容等

論曰自庚到各角皆作直線皆分作三角形皆相等一卷八其甲乙庚三角

形與甲辛辛庚二線所作矩內直角形等（以甲辛分甲乙之半故本篇一題）若以甲乙丙丁半形之周線爲癸子線以與壬癸線共作矩內直角形卽與有法全形等蓋此半邊三箇三角形照甲乙庚形作分中垂線其矩線內直角形俱倍本三角形故

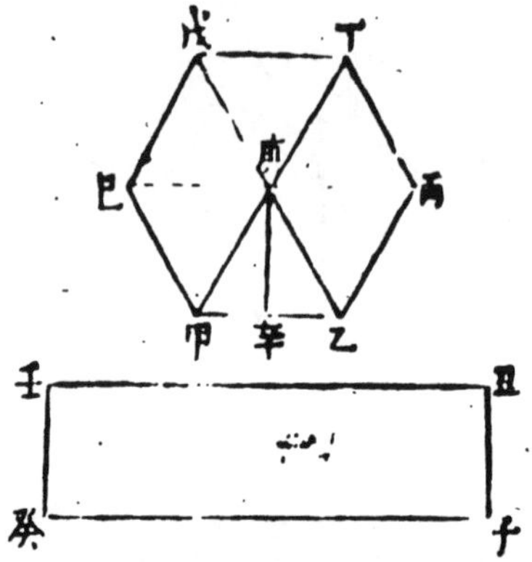

第三題

凡有法直線形與直角三邊形並設直角形傍二線一長一短其短線與有法形半徑線等其長線與有法形周線

等則有法形與三邊形正等

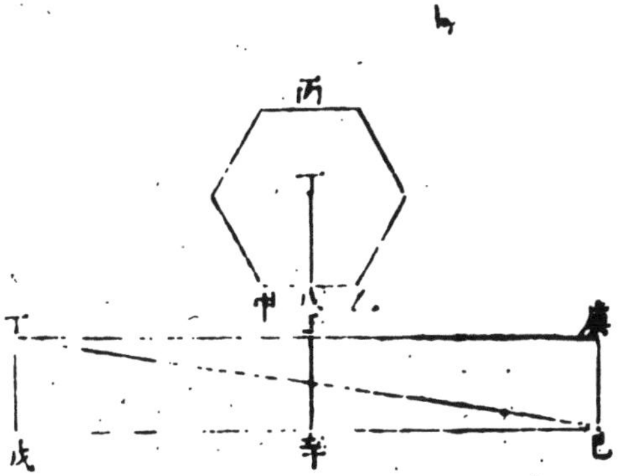

解曰甲乙丙有法形其心丁從丁望甲乙作垂線又有丁戊己直角形其邊丁戊與法形丁戊等其戊己線又與甲乙丙之周線等題言丁戊己三角之體與甲乙丙全形等

論曰試作丁戊己庚直角形兩平分于壬辛作直線與丁戊平行則丁戊辛壬直角形與甲乙丙形相等（本篇二題）何者戊辛線得甲乙內之半周而又從丁戊矩內即與有法形全體等故也其

丁戊己三角形與丁戊壬辛直角形等則丁戊己三角形與甲乙丙全形亦等

第四題

凡圜取半徑線及半周線作矩內直角形其體等

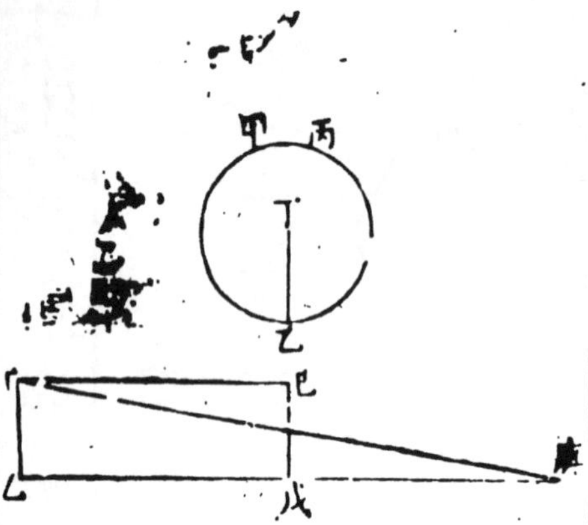

解曰有甲乙丙圜其半徑爲丁乙又有丁乙戊己直角形兩丁乙等之半圜線與戊乙等題言甲乙丙所容與丁乙戊己直角形所容等

論曰試以乙戊引長到庚令庚戊與乙戊等則乙庚與圜周全等次從丁

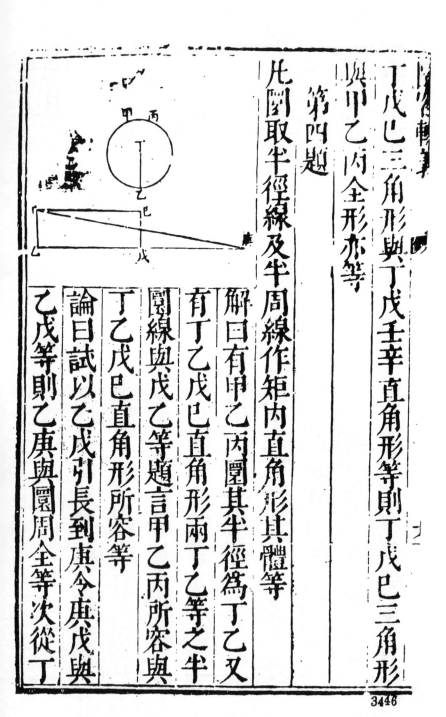

與庚作直線與丁乙庚三角形之地與全圜地形等在圜書一題而丁乙戊己又與丁乙庚三角形等本篇四又一卷四十註則丁乙戊己白與全圜體等

第五題

凡直角三邊形任將一銳角于對邊作一直線分之其對邊線之全與近直角之分之比例大於全銳角與所分內銳角之比例

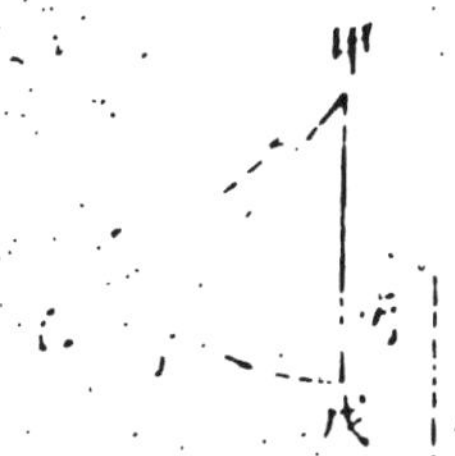

解曰有甲乙丙直角三邊形丙為直角從乙銳角與所對丙乙邊任作甲丁線題丁點丙乙線與丙丁線之比例大於乙甲丙角與丁甲

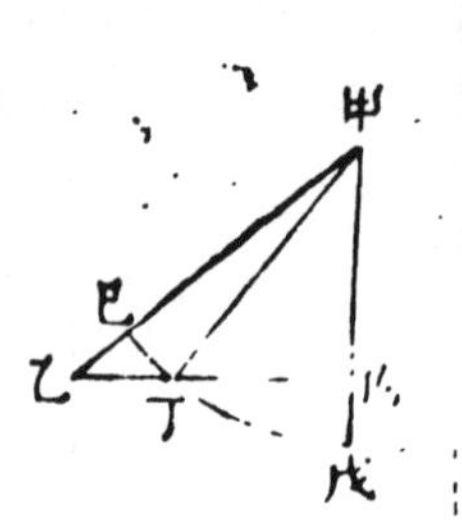

丙角之比例

論曰甲丁線大於甲丙而小於甲乙（一卷十九）若以甲爲心以丁爲界作半規必分甲巳線于乙之內而透甲戊線于丙之外其甲乙丁三角形與甲巳丁三角形之比例大于甲丁丙三角形與甲丁戊之比例何者一爲甲乙丁大形與甲巳丁小形比一爲甲丁丙小形與甲丁戊大形比也則更之乙甲丁形與丁甲丙形之比例大於巳甲丁形與丁甲戊形之比例（五卷二十七）合之則乙甲丙形與丁甲丙形卽是乙丁線與丁丙線之比例（形之比例與底線之比例相等在六卷一）固大於甲巳戊形與甲丁戊形之比例

其甲巳戊圜分與甲丁戊圜分之比例原若巳甲戊角與丁甲戊角之比例（六卷三十三系）則乙丙線與丁丙線之比例大於乙甲丙角與丁甲丙角之比例也

第六題

凡直線有法形數端俱周相等者多邊形必大於少邊形

解曰設直線有法形二爲甲乙丙爲丁戊巳其圜周等而甲乙丙形之邊多于丁戊巳（不拘四邊六邊雖十邊與十二邊皆同此論）題言甲乙丙之體大于丁戊巳之

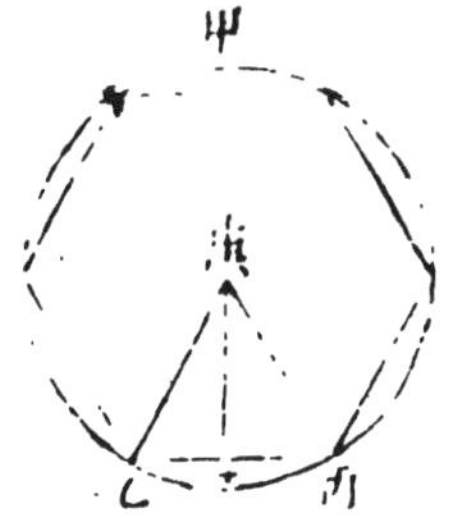

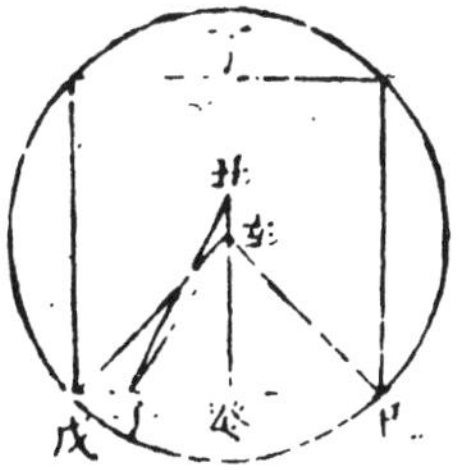

體

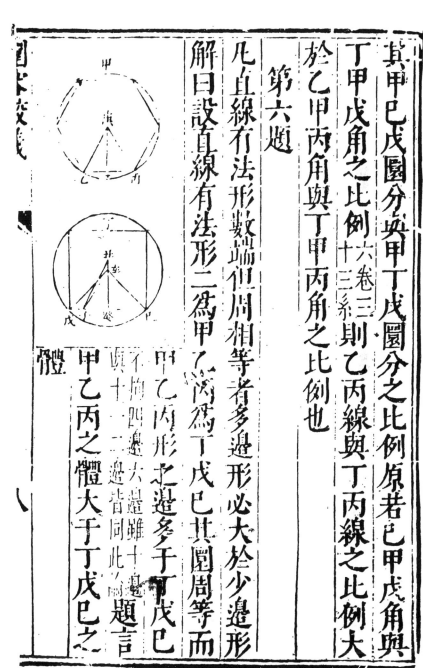

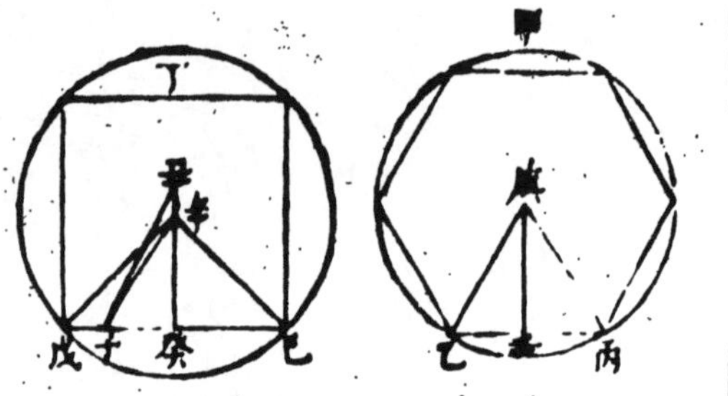

論曰試於兩形外各作一圜而從心望一邊作庚壬作辛癸兩垂線平分乙丙于壬分戊巳于癸三卷三其甲乙丙形多邊者與丁戊巳形少邊者外周既等而以乙丙求周六而徧以戊巳求周四而徧則乙丙邊固小于戊巳邊而乙壬半線亦小于戊癸半邊矣茲截癸子與壬乙等而作辛子線又作辛戊辛巳及庚丙庚乙諸線次第論之其巳丁戊圜內各切線等即匀分各邊俱等而全形邊所倍于戊巳一邊數與全圜切分所倍于戊巳切分地亦等則甲乙丙內

形全邊所倍于乙丙一邊與其全圜切分所倍于乙丙切

分亦俱等乎其戊巳圜切分與戊丁巳全圜之切分若戊

辛巳角之與全形四直角六卷三十三題之系則以平理推之移戊

巳邊于甲乙丙全邊亦若戊辛巳角之於四直角也而甲

乙丙內形周與乙丙一邊猶甲乙丙諸切圜與乙丙界之

一切圜亦猶四直角之與庚乙丙角也六卷三十三之二系則又以

平理推戊巳與乙丙即戊癸與乙壬而乙壬即是癸子又

以平理推而戊辛巳角與乙庚丙角亦若戊辛癸之與乙

庚壬也五卷十五夫戊癸與癸子之比例原大於戊辛癸角與

子辛癸角之比例五本篇則戊辛癸與乙庚壬之比例大于

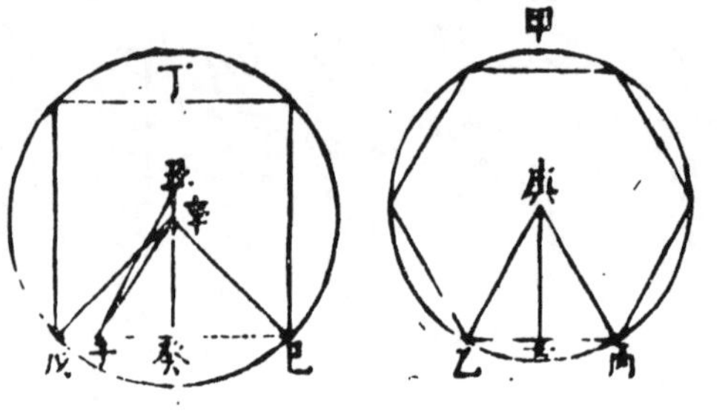

癸辛戊與癸辛子之比例（五卷十二）而癸辛子角大于壬庚乙角（五卷十）其辛癸子與庚壬乙皆係直角而辛子癸角明小于庚乙壬角（一卷十二）今移壬乙庚角于癸子上而作癸子丑角則其線必透癸辛到丑其庚壬乙三角形之壬與乙兩角等于丑癸子三角形之癸子兩角而乙壬邊亦等于子癸邊則丑癸線亦等于庚壬線而庚壬實羸于辛癸（一卷二十六）今取庚壬線及甲乙丙半周線作矩內直角形必大於辛癸線及丁戊己半周線所作矩內直角形也（本篇二）然則多

邊直線形之所容豈不大于等周少邊直線形之所容乎

第七題

有三角形其邊不等於一邊之上另作兩邊等三角形與先形等周

解曰有甲乙丙三角形其甲乙大于丙乙兩邊不等欲于

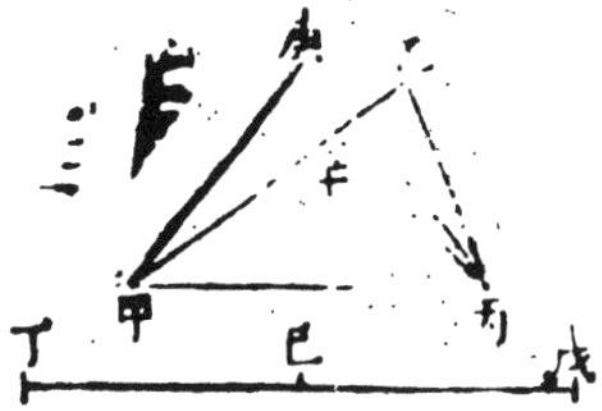

甲丙上另作三角形與甲乙丙周等兩邊又等其法作丁戊線與甲乙乙丙合線等兩平分于巳甲乙乙丙兩邊併既大于甲丙邊一卷二十則丁巳巳戊兩邊併亦大于甲丙而丁巳巳戊甲丙可作三角形矣一卷二十

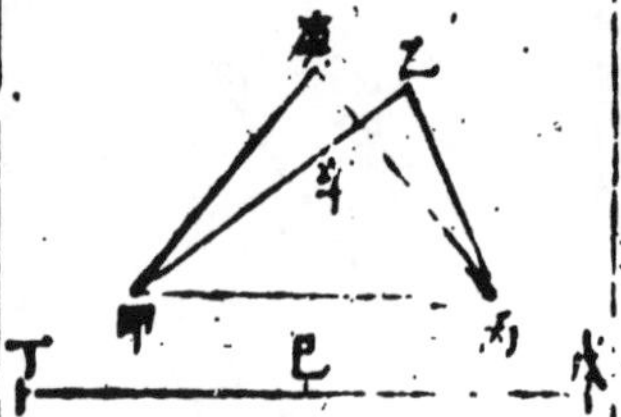

以作甲庚丙得所求蓋處甲庚丙自相等而甲丙同邊則二形之周等而甲庚丙與甲乙丙為兩邊等之三角形（此庚點必在甲乙線外若在甲乙邊上遇辛則辛丙線小于辛乙乙丙合線即不得同周）

第八題

有三角形二等周等底其一兩邊等其一兩邊不等其等邊所容必多於不等邊所容

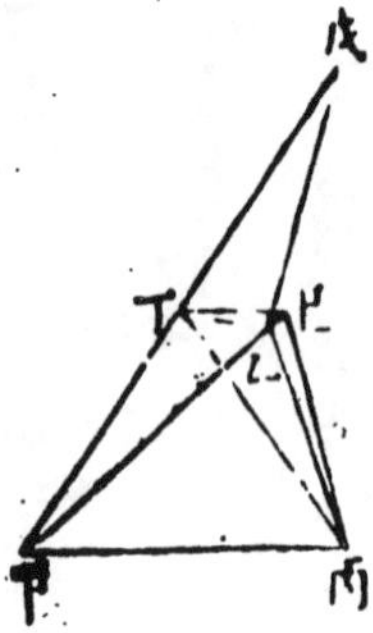

解曰有甲乙丙形其甲乙邊大於乙丙令於甲丙上更作甲丁丙三角形與甲乙丙等周（本篇）而丁甲丁丙兩腰等亦

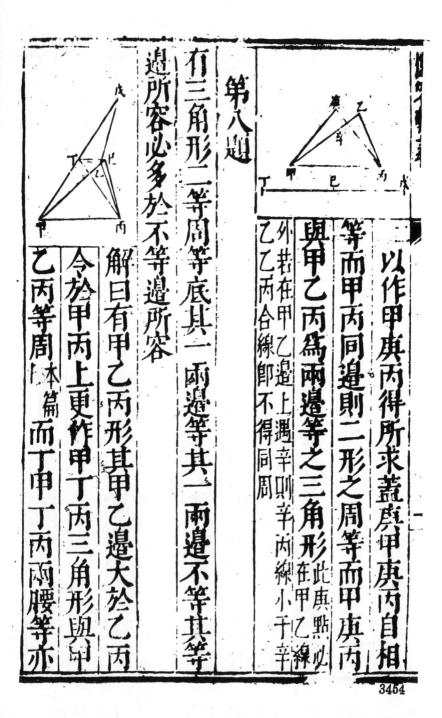

與甲乙乙丙合線等題言甲丁丙角形大於甲乙丙

論曰試引甲丁至戊令丁戊與丁甲等亦與丁丙等又作丁乙乙戊線夫甲乙乙戊合線既大於甲戊即大於甲丁丁丙合線亦大於甲乙乙丙合線此兩率者令減一甲乙則乙戊大於乙丙而丁戊乙三角形之丁戊丁乙兩邊與丁丙乙三角形之丁丙丁乙兩邊等其乙戊底大於乙丙底則戊丁乙角大於丙丁乙角而戊丁乙角踰戊丁丙角之半（一卷二十三）令別作戊丁巳角與丁甲丙角等則丁巳線在丁乙之上而與甲丙平行（一卷廿八）又令引長丁巳與甲乙相遇而作巳丙線聯之其甲丁丙甲巳丙既在兩平行之

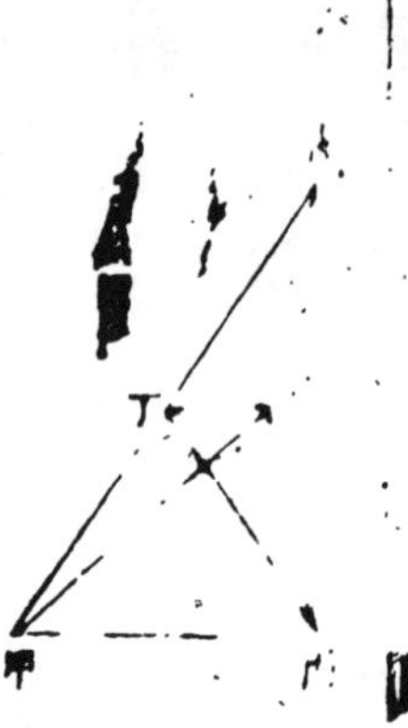

內又同底是三角形相等也（六卷一）因顯甲巳丙大於甲乙丙而甲丁丙兩邊等三角形必大於等周之甲乙丙矣（問戊丁乙角何以蹤戊丁丙角之半曰丁甲丙與丁丙甲兩角等而戊丁丙爲其外角凡外角必兼兩內角故也）

第九題

相似直角三邊形併對直角之兩弦線爲一直線以作直角方形又以兩相當之直線四併二直線各作直角方形其容等

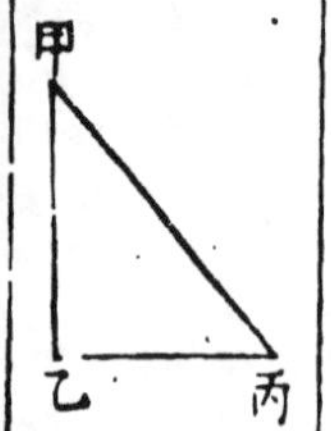

解曰有甲乙丙及丁戊巳三角形二相似其乙戊兩角爲直角而甲與丁丙與巳角各相

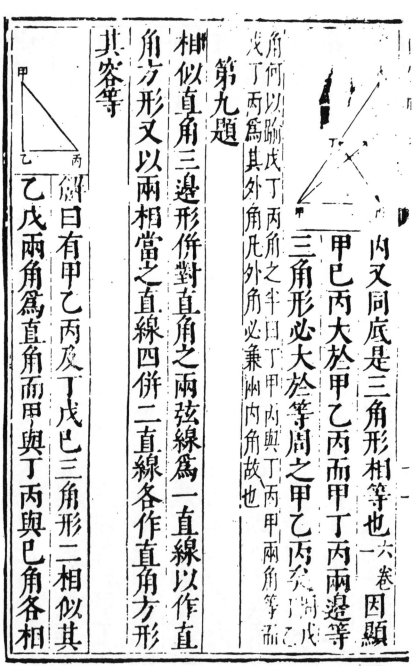

等甲丙與丁巳相當甲乙與丁戊相當題言併甲丙丁巳爲一直線於上作直角方形與併甲乙丁戊作直線及併乙丙戊巳作直線各於其上作直角方形兩併等

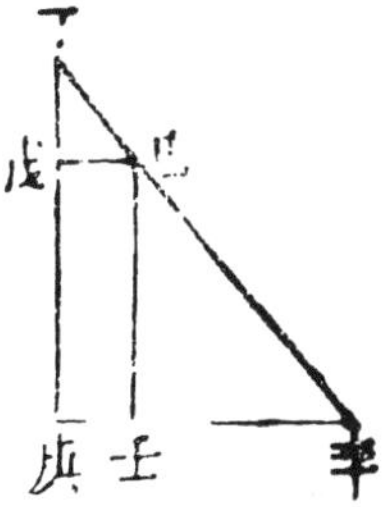

論曰引長丁戊至庚令戊庚與甲乙同度次從庚作線與戊巳平行又引丁巳長之令相遇於辛從巳作巳壬線與戊庚平行一卷二十九則巳壬辛之角形與丁戊巳相似而丁戊巳與甲乙丙相似矣一卷三十二何者巳壬辛角與庚角等庚角與丁戊巳角等巳角又與乙角等而辛角與丁巳戊角及丙角俱等壬巳辛角與甲角亦等一卷三十四又巳壬邊

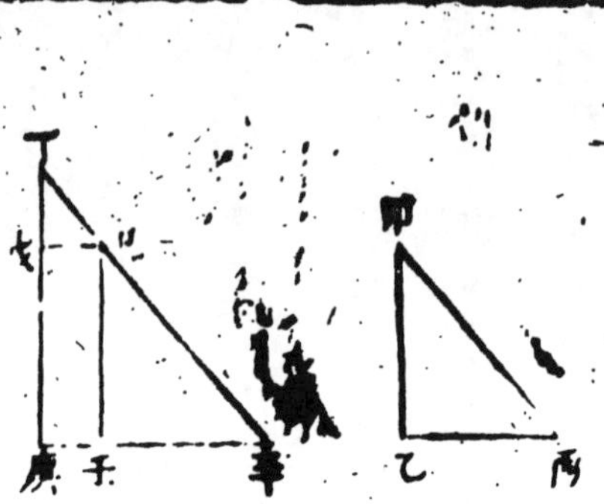

與戊庚相等則亦與甲乙相等而壬辛與乙丙巳辛與甲丙俱相等（卷二 十六）故丁辛線兼丁巳甲丙之度丁庚線兼丁戊甲乙之度而庚辛亦兼戊巳乙丙之度庚壬即戊巳也（卷三 十四）然則丁辛上直角方形與丁庚及庚辛上兩直角方形併自相等矣

第十題

有三角形二其底不等而腰等求於兩底上另作相似三角形二而等高其兩腰各自相等

解曰甲乙丙丁不等兩底上有甲戊乙及丙巳丁三角形

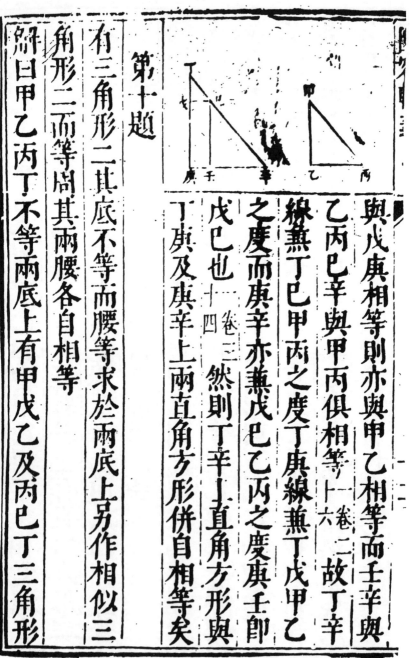

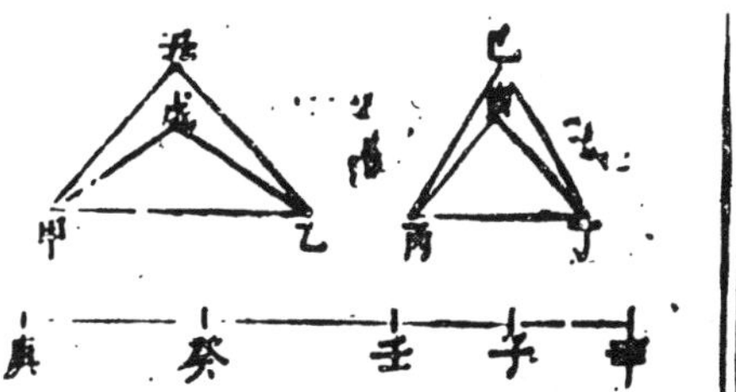

二其戊甲戊乙腰與己丙己丁腰俱相等若甲乙大於丙丁者則戊角大于己角一卷二十五而兩三角形不相似求於兩底上各作三角形相似而兩腰各相等其周亦等

法曰作庚辛線與甲戊戊乙丙己己丁四線等而分之于壬令庚壬與壬辛之比例若甲乙與丙丁六卷十甲乙既大于丙丁則庚壬亦大於壬辛而平分庚壬于癸平分壬辛於子庚壬與壬辛既若甲乙與丙丁則合之而庚辛之視壬辛若甲乙丙丁併之視丙丁矣五卷夫庚辛併既大于甲乙丙丁併兩邊必大于一邊在一卷二十則

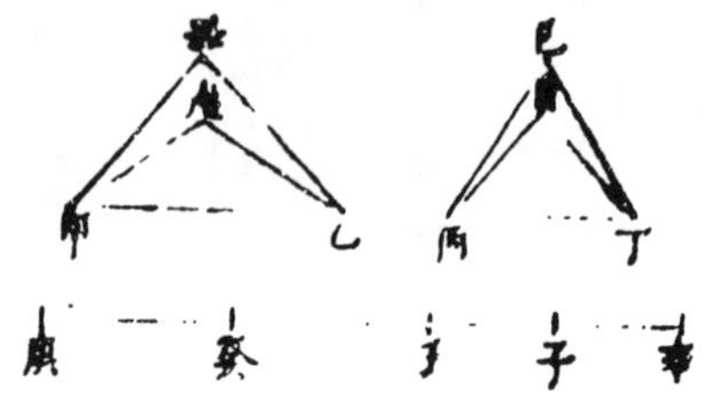

壬辛大於丙丁而庚壬大於甲乙也五卷十四乙庚癸癸壬三線毋二線必大于一線而丙丁壬子子辛亦然令於甲乙上用庚癸癸壬線作甲丑乙三角形為兩腰等而其周在甲戊乙形之外以戊甲戊乙得庚辛之半而庚壬之度過之故於丙丁上用壬子子辛線作丙寅丁三角形亦兩腰等而其周在丙巳丁之內巳丙巳丁亦得庚壬之半而壬辛之度不及故俱一卷二十二

論曰併甲戊戊乙丙巳巳丁四線之度既與併甲丑丑乙丙巳巳丁四線之度相等則甲丑乙丙寅丁兩形自與甲戊乙丙巳丁兩形同周而其兩腰亦自相同至於兩形相

以何也甲乙與丙丁若庚壬與壬辛而減半之庚壬與壬子（五卷十五）又若丑甲與寅丙丑乙與寅丁也則更之而甲乙與甲丑若丙丁與丙寅而甲丑與丑乙若丙寅與寅丁是兩形爲同邊之比例自相似（六卷五）

第十一題

有大小兩底令作相似平腰三角形相併其所容必大于不相似之兩三角形相併其底同其周同又四腰俱同而不相似形併必小於相似形併

解曰甲丙丙戊兩底上設有甲乙丙及丙丁戊兩三角形而甲乙乙丙丙丁丁戊四線俱等今于兩底上依前題別

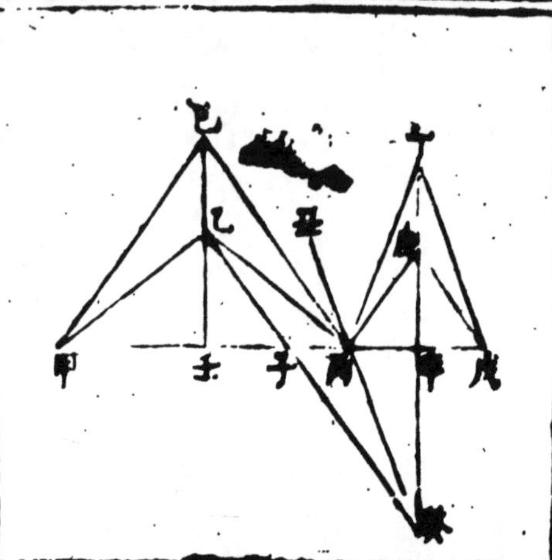

作甲巳丙及丙庚戊兩形相似而與
前兩三角形相併者等周題言甲巳
丙丙庚戊併大于甲乙丙丙丁戊併
論曰將甲丙丙戊作一直線而甲丙
底大於丙戊底乃從巳過乙作巳壬
線兩分甲丙于壬又從丁過庚作丁
辛線兩分丙戊于辛其甲巳乙三角形之甲巳巳乙兩邊
與乙巳丙三角形之巳丙巳乙兩邊等而甲乙乙丙兩底
又等則甲巳乙角與丙巳乙角亦等 又甲巳壬三角
形之甲巳巳壬兩邊與丙巳巳壬三角形之丙巳巳壬兩邊

等則甲巳壬角與丙巳壬角等而甲壬壬丙之兩底亦等一卷四壬之左右皆直角因顯丙辛辛戊亦等而辛之左右角亦直角矣次引丁辛至癸令辛癸與丁辛同度而從癸過丙作癸丑直線則丁丙辛三角形之丁辛辛丙兩邊與辛癸丙三角形之辛癸辛丙兩邊等而辛之上下角亦等為直角丁丙丙癸兩底等而丁丙辛角與癸丙辛角俱等一卷四丁丙辛角既大于庚丙辛角而庚丙辛角相似與巳丙壬角即相等一卷五而丁丙辛即癸丙辛總大于巳丙壬其癸丙辛角等於對角之丑丙壬一卷十五是丑丙壬亦大于巳丙壬而引癸丑線當在于丙巳之外也若夫癸丙丙乙

二線涵癸丙乙角向下截作癸乙線以分壬丙于子而併乙丙丙癸二線必大于癸乙線一卷二十則巳丙丙庚併亦大于乙癸線何也此四形者兩兩相併爲等周則甲乙乙丙丙丁丁戊四線併與甲巳巳丙丙庚庚戊四線併原相等而減半之乙丙丙丁即乙丙丙癸與巳丙丙庚亦相等故也併巳丙丙庚二線爲一直線就其上作直角方形必大于乙癸線上之直角方形夫巳丙丙庚併之直角方形與巳壬庚辛併之直角方形及壬丙丙辛上之直

角方形併相等九題而癸乙上之直角方形與乙壬併辛丁

即辛癸上直角方形及壬子子辛上直角方形併又自相等

九題從子上分兩對角其角等而壬與辛俱爲直角相似之形令移置辛癸與乙壬之下移置壬辛爲癸垂線則乙壬辛癸爲股壬辛爲句乙癸爲弦矣此巳壬庚辛線併之直角方形及壬丙

丙辛上之直角方形併明大于乙壬丁辛併之直角方形

及壬子子辛上之直角方形併也此兩率者每減一壬辛

上直角方形則巳壬庚辛共線上之直角方形大于乙壬

丁辛共線上直角方形矣而巳壬庚辛兩線併大於乙壬

丁辛兩線併矣此兩率者令一減乙壬一減庚辛則巳乙

豈不大于丁庚乎壬丙原大于丙辛以甲丙原大于丙戊故則巳乙

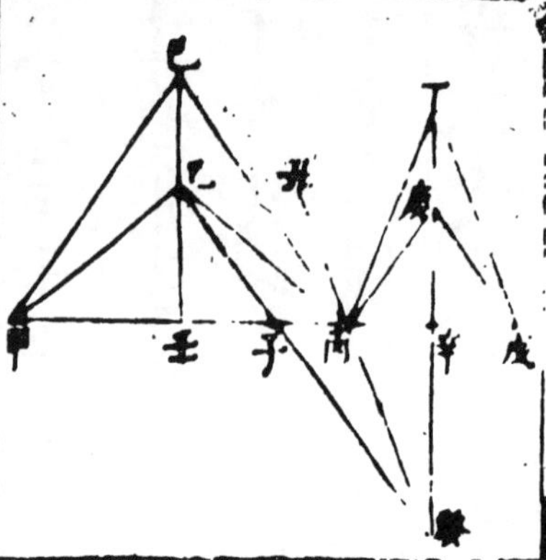

與壬丙矩內直角形大於丁庚與辛丙矩內直角形而乙巳丙三角形爲巳乙壬丙矩內直角形之半何者令從壬丙作垂線與乙巳平行而以乙巳爲底就作直角形此謂巳乙壬丙矩內直角形其中積倍于巳乙丙三角形反之則巳乙丙角形爲巳乙壬丙矩形之半其丁庚丙三角形亦然乃丁庚及辛丙矩內直角形之半也則巳乙丙三角形大於丁庚丙三角形兩甲巳丙乙甲形爲丙乙巳三角之倍者亦大於丙庚戊丙形爲丁庚丙三角之倍者矣此兩率者又每加甲乙丙

與丙庚戊之三角形則甲巳丙及丙庚戊之兩三角形併豈不大于甲乙丙及丙丁戊之兩三角形併哉

第十二題

同周形其邊數相等而等角等邊者大於不等角等邊者

先解曰有甲乙丙丁戊巳多邊形與他形同周同角者較必邊邊相等乃為最大之

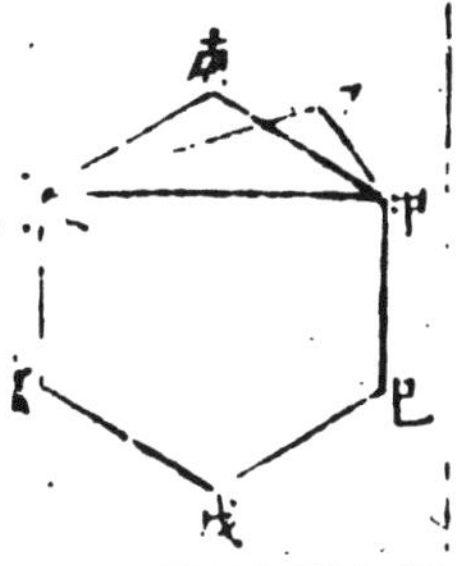

形

論曰若謂不然先設甲乙乙丙不等邊如第一圖又作甲丙線于上作等邊三角形為甲庚丙形與甲乙丙等周本篇七則甲庚丙丁戊巳形亦與甲乙丙丁戊巳形等周而甲庚

丙三角形必大於甲乙丙三角形（本篇八）今毎加丙丁戊巳角形則甲庚丙丁戊巳形亦大於甲乙丙丁戊巳形故知不等邊者不爲最大其他如丙丁邊之類或不等者亦如此推

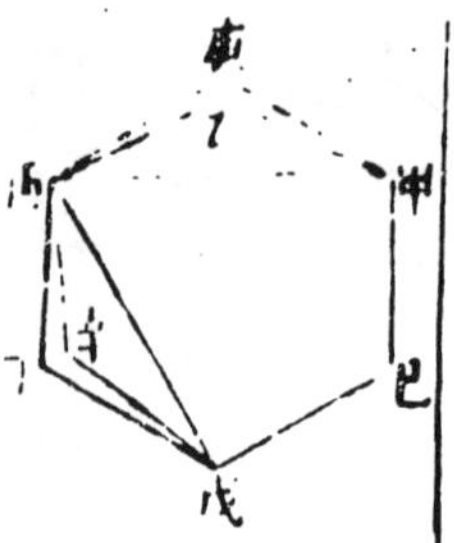

次解曰又設甲乙丙丁戊巳等邊形與他形同周同邊者較必角角相等乃爲最大之形

論曰依上論各邊俱等則甲乙丙丙丁戊爲等邊三角形（面角四等）而甲乙乙丙與丙丁丁戊相等若謂不然而乙角可大於丁角則甲丙線必大于丙戊線（一卷二十四）試於甲丙丙

戊兩底上別作三角形爲甲庚丙爲丙辛戊如第十題相似形今與甲乙丙丙丁戊併者等周則甲庚丙併丙辛戊者大於甲乙丙併丙丁戊（本篇十一）而每加丙戊巳角形則甲庚丙辛戊巳必大於甲乙丙丁戊巳也何得以等周等邊而不等角者爲最大乎

第十三題

凡同周形惟圜形者大於衆直線形有法者

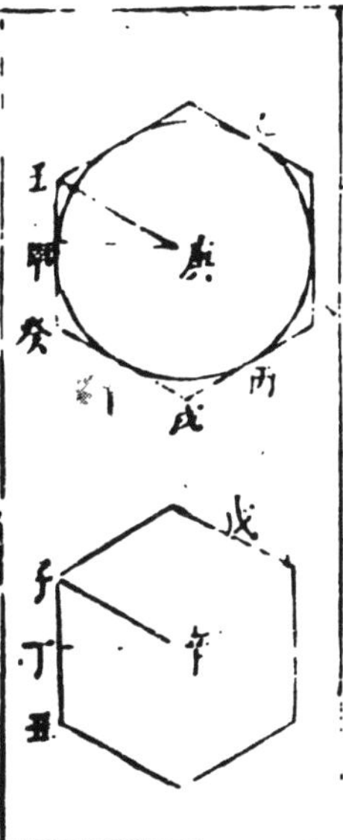

解曰有甲乙丙圜形又有丁戊巳多邊有法形其周等題言甲乙丙大於丁戊巳

論曰庚爲甲乙丙之心辛爲丁戊巳之心甲乙丙外另作壬乙丙癸多邊形與丁戊巳相似四卷十六註而從壬癸切圜于甲者作半徑線于庚則庚甲爲壬癸垂線而分壬癸之半三卷十八又從辛作子丑垂線則辛丁亦分子丑之半三卷二設于兩多邊形外作切形圜而以壬癸子丑爲切圜線向心作垂線則垂線必分切線之中央故說在四卷十二

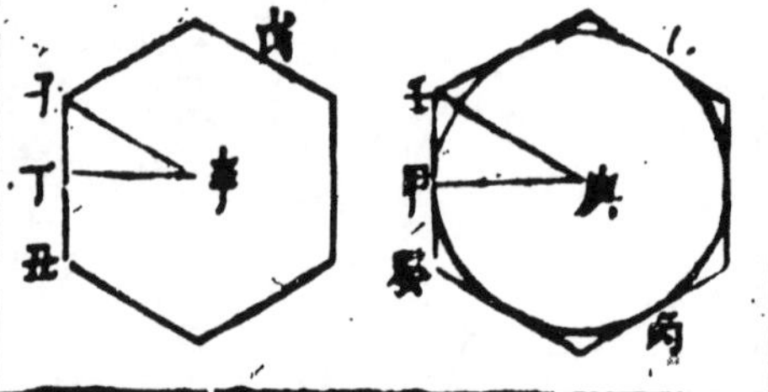

兩形相似其壬全角與子全角等則半之而甲壬庚角與丁子辛角亦等壬甲庚直角與子丁辛直角亦等一卷三十二然乙壬癸丙之周大於圜周而圜周與丁戊巳形相同則是乙壬癸丙周原大於丁戊巳周矣夫

兩形相似而壬癸邊大於子丑邊則半之而壬甲亦大於子丁又壬甲與甲庚若子丁與丁辛之比例六卷四而壬甲大於子丁則甲庚亦大於丁辛五卷十四是故取甲庚線與半圜周線以作矩內直角形其與圜地等也大於取丁辛線與丁戊己半周線以作矩內直角形其與形地等也本篇四

系曰推此見圜形大於各等周直線形第五題証有法形同周者多邊爲大又[illegible]論等周及邊數之等者有法爲大又本題証等[illegible]上有法形推圜爲大則圜爲凡形等周者之最大

第十四題

銳觚全形所容與銳頂至邊垂線及三分底之一矩內直角立形等

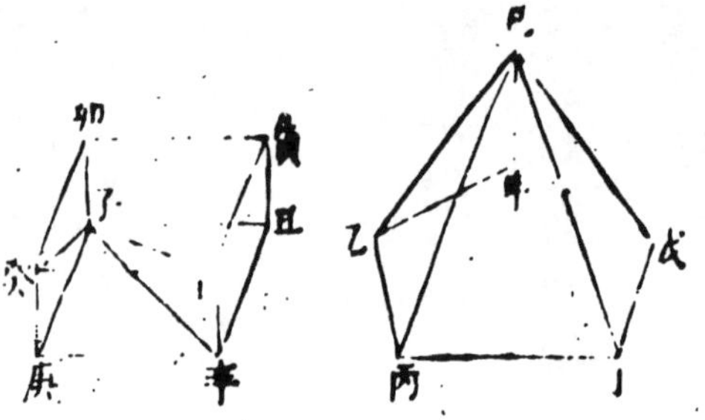

解曰有觚形不拘幾面如甲乙丙丁戊底其頂巳又有寅庚直角立方形者其底庚辛壬癸得甲乙丙丁戊底三之一其高庚子與觚等高題言此寅庚形與觚形所容等

論曰從立形底諸角與相對一角如子角者皆作線以成庚辛壬癸子觚形此形與寅庚形同底同高又同巳甲銳觚之高旣巳甲形兼庚辛壬癸子觚之三（十二卷六注言兩觚形同高者其所容之比例如其底底等亦等底倍亦倍）寅庚合形亦兼庚辛壬癸子觚之三（以同底同高故在十二卷七系）則寅庚

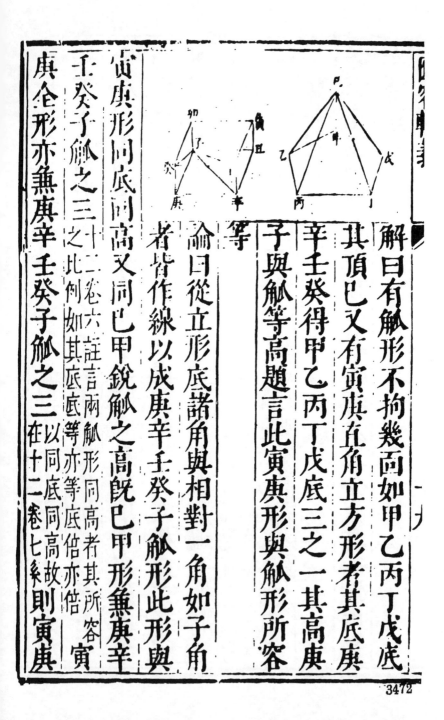

第十五題

平面不拘幾邊其全體可容渾圜切形者設直角立形其底得本形三之一其高得圜半徑即相等（可容渾圜切形者必圜形與諸面相切若長廣不切者而若不作此論）

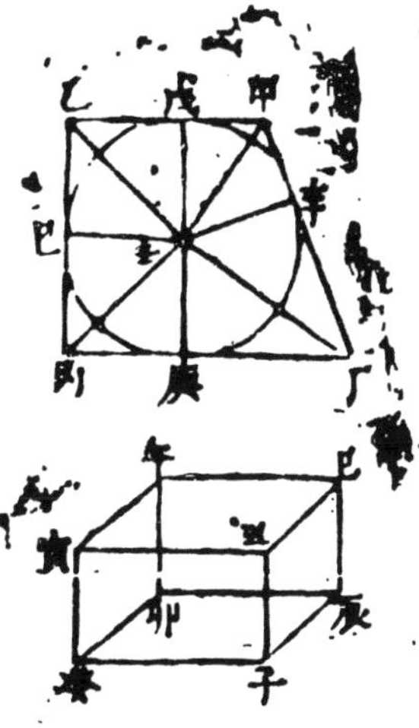

解曰有甲乙丙丁形內含戊巳庚辛圜其心壬而外線甲乙切圜于戊（十一卷三題）試從戊壬割圜之半作戊巳庚辛圜（圜形書一卷一題）從壬心望各切圜之點作壬戊爲甲乙垂線（三卷十八）壬巳爲乙丙垂線

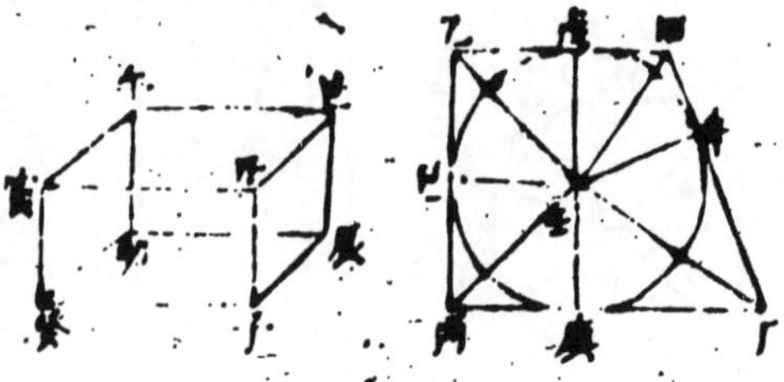

壬庚爲丙丁垂線壬辛爲甲丁垂線別一直角立方形午子其底子丑寅癸得甲乙丙丁體三之一而其高辰子與圜半徑等題言此直角立方形與甲乙丙丁全體等

論曰從壬心與甲乙丙丁各角作直線卽分其體爲數觚形其面卽爲觚底而皆以壬心爲觚銳頂此各觚皆以其三分底之一及至銳尖之數爲直角立方形皆與觚所容等本篇十四又併爲一形卽與甲乙丙丁體等亦與午子等以午子底正得甲乙全形三之一而其高合圜半徑也

第十六題

圜半徑及圜面三之一作直角立方形以較圜之所容等

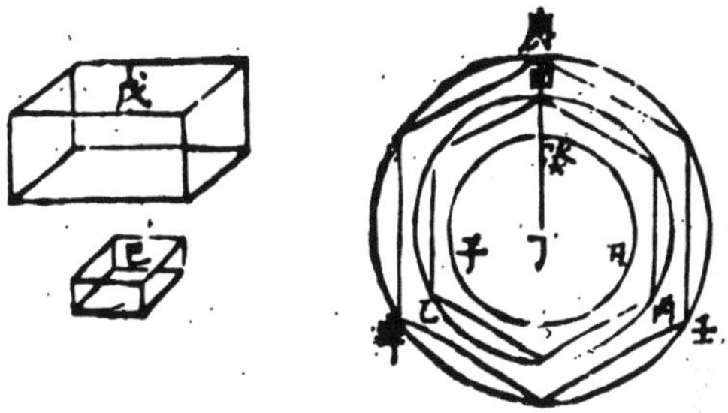

解曰有甲乙丙渾圜其心爲丁又有直角立形之戊在甲丁徑及甲乙丁渾圜三之一矩內題言戊形所容與甲乙丙渾圜等

論曰若言不等謂戊大於渾圜形其較有巳者合以丁爲心外作庚辛壬渾圜大於甲乙丙而勿令大於戊第令或等或小以驗之而於庚辛壬內試作有法形勿切甲乙丙圜十二卷十七自丁心至形邊各作垂線

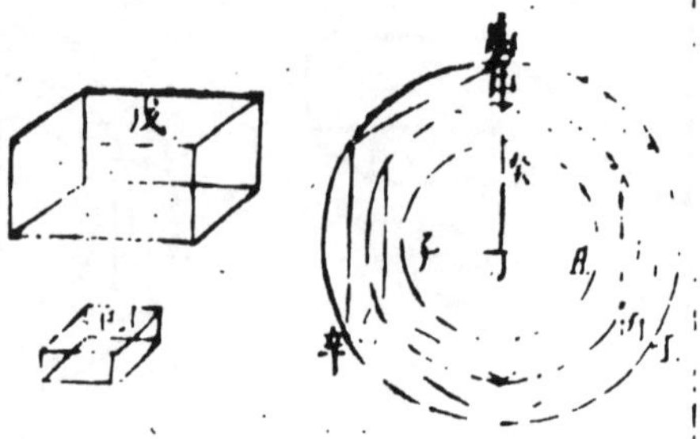

則[illegible]線必長於甲丁又自丁心至形各角作直線以分此形爲幾觚其庚辛壬法形諸直線爲觚底而垂線至丁心爲觚銳頂試取各觚底三之一及丁垂線之高以作直角立形與觚等（本篇十四）則併爲大直角立形亦與庚辛壬內之法形等（本篇十五）如云以甲丁爲高而以各觚底三之一爲直角立形併爲大形則必小於前形因顯庚辛壬三之一大於甲乙丙三之一而戊形甲丁徑及甲乙丙圜三之一內小於庚辛壬體而謂庚辛壬不大於戊形則向庚辛壬之內形尚大於戊形也

又論曰戊形小於甲乙丙渾圜體者其較爲巳試從丁心再作癸子丑圜小於甲乙丙而勿令小于戊或大或等者以驗之於甲乙丙圜內作有法形不令切癸子丑十二卷十七而從丁至甲乙丙各面爲垂線此垂線大於丁癸之半徑又從丁向法形諸角作直線以分此形爲數觚以形之各面爲觚底丁心爲觚銳頂而取觚底三之一及底至丁之垂線以作直角立形與觚等若使以甲丁爲高而以各觚三之一爲底以作直角立形則其形必高於前形旣甲乙丙圜之面大於其內形之面則圜面三之一大於內形面三之一而直角立方形在甲丁高及甲乙丁面三之一固

所戊體矣愈大於甲乙丁之內形矣而云癸子丑圜或等戊大於戊豈癸子丑圜大於甲乙丙圜而分大於全歟則戊體不小於甲乙丙矣從後論不可爲小從前論不可爲大故曰等也

第十七題

圜形與平面他形之容圜者其周同其容積圜爲大

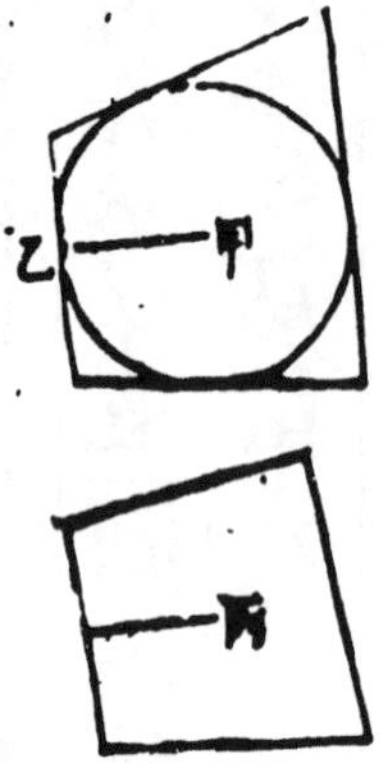

解曰有甲圜其心甲其半徑甲乙又丙形與甲等周其周內可作諸切邊圜形而從心至邊爲丙丁題言甲圜大於丙形

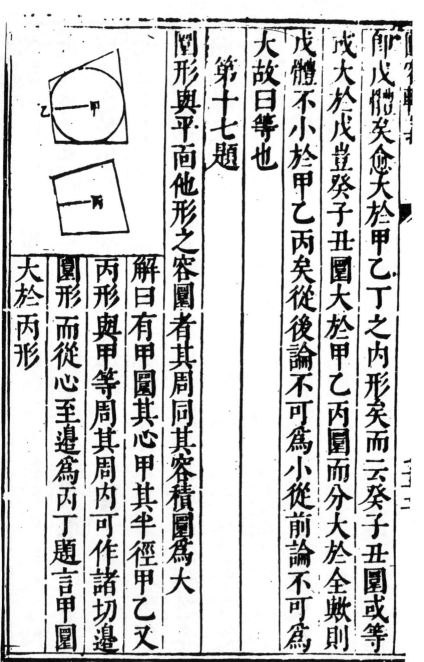

論曰甲圜外試作與丙相似形（卷十二）而從甲心至各邊切處作半徑垂線皆等（本篇十五有解）其一為甲乙甲圜外形大於甲圜其周面亦大於丙面而甲乙垂線亦大於丁丙垂線以甲半徑為高乃以三分圜體之一作直角立方形即與甲圜形等（本篇十六）以丙丁線為高而以三分丙形之一作直角立方形亦與丙形等而甲之立方固大於丙之立方（本篇十九）則甲圜與丙形雖同周而甲圜所容為大矣

第十八題

凡渾圜形與圜外圜角形等周者渾圜形必大於圜角形

解曰有甲乙丙丁圜外作戊巳庚辛等法形率以四數相

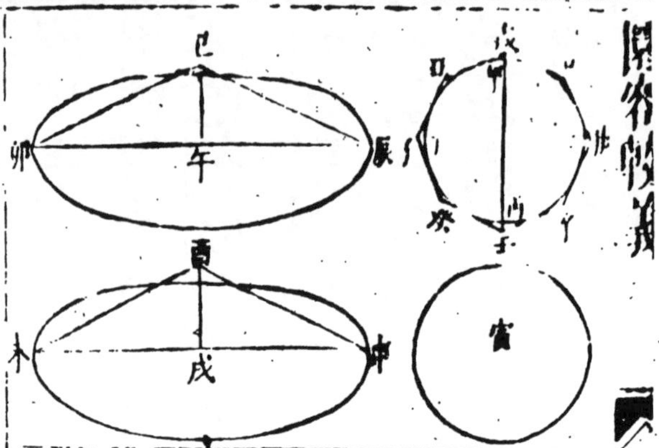

偶若八面十二面十六面二十面及二十四二十八之類等邊等角近于圜形者又作戊壬過心線爲樞以轉甲乙丙圜及戊巳庚辛法形使平面旋爲立圜之體則其形爲圜外圜角之形而角與邊周遭皆等（圜書一卷廿二廿七）又有渾圜形寅與圜角形等周題言寅圜大於圜角形

論曰圜角外形旣大於內之甲乙丙圜形則寅圜亦大於甲乙丙圜寅圜之半徑亦大於甲乙丙圜之半徑也夫渾圜中剖是爲過心最大之圜此過心大圜之面恒得渾體

四分之一（圜書一卷三十一題）令倍寅徑以作卯辰徑其圜面四倍大於寅之圜面（此專以圜面相較也卯辰徑既倍寅徑則卯辰圜面四倍於寅圜以圜與圜爲徑與徑倍再加之比例故也在六卷附一增題）則卯辰圜與寅渾圜等（此卯辰圜爲欲見角形故畫作偏圜實正圜也）次作未申圜與卯辰等作未面申圜角形而取寅半徑爲酉戌之高又於卯辰上亦作卯巳辰圜角形而取甲乙丙圜半徑爲巳午之高兩圜體等而未酉申圜角形高於卯巳辰圜角形則亦大於卯巳辰圜角形（圜角形同底之比例若其高之比例在十二卷十四題）夫倒寅渾圜之中半以爲底（即過心大圜也）而以其半徑之高爲圜角形恒得寅渾圜四分之一（此旋轉所成尖頂半圜□作只論其一別說在圜書一卷三十二）則是一寅圜恒兼四圜角之

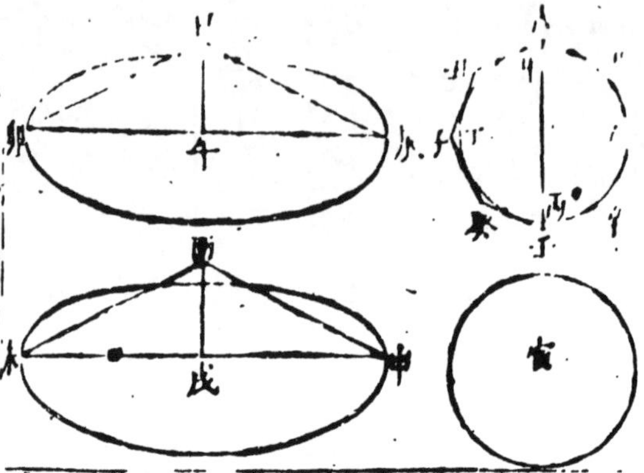

形而未申圜原四倍大於寅圜則未酉申圜角形固與寅之渾圜形等矣（圜角形同高之比例若其底之比例故也在十二卷十一題）其卯巳辰圜角形底原等戊巳庚形之面（戊巳庚之面與寅圜之面等故）而巳午之高亦等於甲圜半徑即戊巳庚辛角形自與卯巳辰圜角形等（圜書一卷二十九題論凡圜外有圜角形如甲乙丙外有戊巳庚形者以圜心為心大圜為底而以圜半徑為高次作圜角形即與圜外諸圜角等）卯巳辰圜角形既小於未酉申圜角形而戊巳庚辛壬癸子丑形寧大於同周之寅乎

圜容較義終

題測量法義

西泰子之譯測量諸法也十年矣法而系之義也自歲丁未始也曷待乎于時幾何原本之六卷始卒業矣至是而後能傳其義也是法也與周髀九章之句股測望異乎不異也不異何貴焉亦貴其義也劉徽沈存中之流皆嘗言測望矣能說一表不能說重表也言大小句股能相求者以小股大句小句大股兩容積等不言何以必等能相求也猶之乎丁未以前之西泰子也曷故乎無以爲之藉也無以爲之藉豈惟諸君子不能言之卽隸首商高亦不得而言之也周髀不言藉乎非藉也藉之中又有藉焉不盡

說幾何原本不止也原本之能爲用如是乎未盡也是歷之于河而蓄之于海也曷取是焉先之數易見也小數易解也廣其術而以之治水治田之爲利鉅爲務急也故先之測而有述者焉作者焉用之乎百千萬端夫猶是飲于河而勺于海也未盡也是原本之爲義也

吳淞徐光啓譔

測量法義

泰西利瑪竇口譯
吳淞徐光啓筆受

造器

測量者。以測望知山岳樓臺之高。井谷之深。土田道里

之遠近也。其法先造一測望之器，名曰矩度。造矩度法。用堅木版或銅版作甲乙丙丁直角方形，以甲角為矩

極，作甲丙對角線。次依乙丙、丙丁兩邊各作相近兩平行線。次以乙丙、丙丁兩邊各任若干平分之。從甲向各分各作虛直線，而兩邊之各外兩平行線間，則作實線。如上圖即外兩線間為宗矩極之十二平分度也。其各內兩平行線間則于三、六、九度亦作實線，以便別識。若以十二度更細分之，或每度分三分、五分、六分

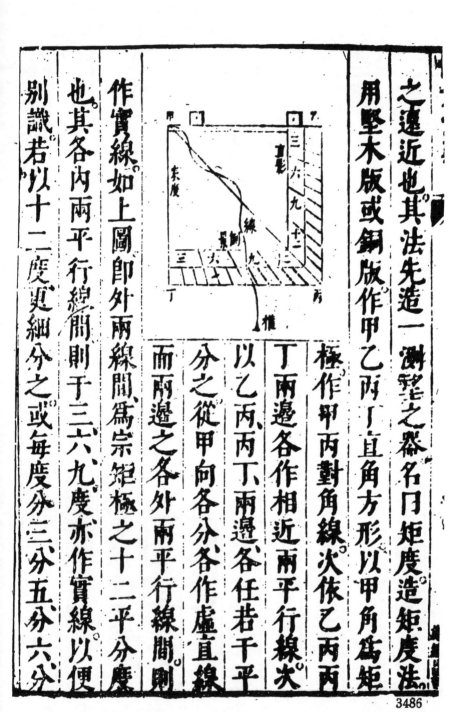

十二視矩大小作分分愈細即法愈詳審矣次于甲乙邊上作兩耳相等耳各有通光竅通光者或取日光相射或取目光透照也或植兩小表代耳亦可其耳竅表末須與甲乙平行末從甲點置一線線末垂一權其線稍長于甲丙對角線用時任其垂下審定度分既設表度上二下方悉依此論若有成器欲驗已如式否亦同上法其用法如下方諸題

論景

法中俱用直景倒景布算故先正解二景之義次解其轉合于矩度以資後論

直景者直立之表及山岳樓臺樹木諸景之在平地者

也若于向日墻上橫立一表表景在墻則爲倒景。

如上圖作甲乙丙丁直角方形。于乙丙丁丙各從丙任引長之令丁丙爲地平面或爲地平平行面。其乙丙亦向日作面與地平面爲直角即甲丁爲丁丙平面上直立之表而甲乙爲乙丙平面上橫立之表也次以甲爲心丙爲界作戊巳丙圜次引甲乙甲丁線各至圜界夫地球比日天既止一點（說見天地儀解）即甲點爲地心丁丙面在地心之下而戊巳丙圜爲隨地平上日輪之天頂圜夫即

戊乙亦可當地平線而已丁線爲正過頂圜矣則丁丙面離地平線者甲丁表之度而乙丙面離過頂圜線者甲乙表之度也故日輪在庚其光必過地心甲截丁丙面于辛而過乙丙之引長面于壬則甲丁表在丁丙面上之丁辛景爲直景而甲乙表在乙丙面上之乙壬景爲倒景若日輪在癸則丁丑爲直景而乙子爲倒景者日輪在寅則丁丙爲直景而乙丙爲倒景是甲乙丙丁直角方形之內隨日所至其直景恒在丁丙邊倒景恒在乙丙邊也

凡測量于二景得一即可推算但須備曉二景之理何

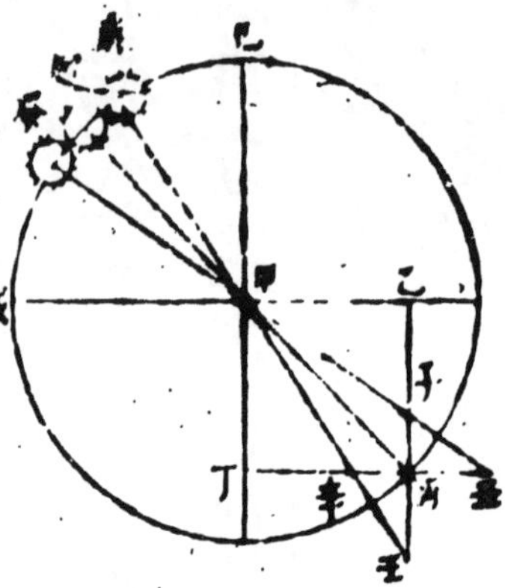

者有直景過丁丙邊之外。有倒景過乙丙邊之外。如上圖者則直景過丁丙邊。如丁丑。當用倒景代之。倒景過乙丙邊。如乙壬。當用直景代之也。若月光至丙。即直倒景等。可任意用之。因兩景各與本表等故。

欲知日前日景所至在丙。即在丁丙乙丙之內。即又有一法。如日輪離地平四十五度。即景當在丙。日在四十五度以上。即景在丁丙之內。日在四十五度以下。即景在乙丙之內。

三

論曰、戊甲巳、巳甲乙、乙甲丁、丁甲戊、既四皆直角。卽等。而對直角之各圜界、亦等。（三卷廿六）是每分爲四分圜之一也。而戊巳亦四分圜之一也。又甲丙對角線、分乙甲丁角爲兩平分。（一卷三十四）則丁甲丙、丙甲乙、兩角等。戊甲寅、寅甲巳、兩交角亦等。（一卷十五）而戊寅、寅巳、兩圜界亦等。夫戊巳圜界、既九十度。卽戊寅必四十五度。則日在寅、景必在丙。日在寅之下、倒景必在乙丙之內。日在寅之上、直景必在丁丙之內。（此云某卷某題、指引幾何原本爲論。下同。）

今從上論解二景之轉合于矩度者。如日輪高四十五度、而其光過甲乙、卽矩度上權線在丙。日在四十五度

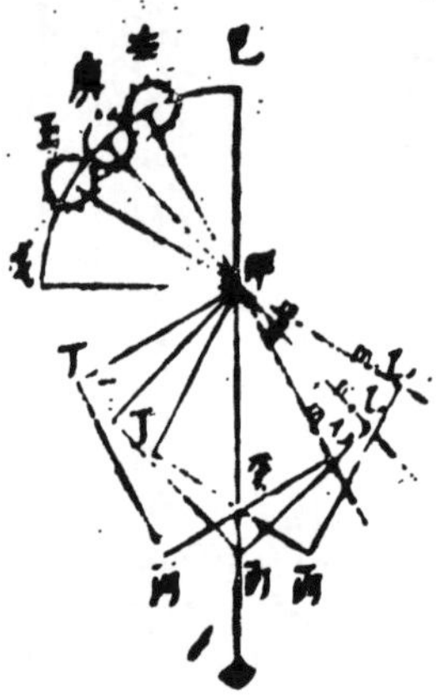

以上。即權線在乙丙邊之內。日在四十五度以下。即權線在丁丙邊之內。故矩度上之乙丙邊爲直景。而丁丙爲倒景。

論曰。前圖之甲戊巳分圜形。既四分之一。試兩平分之于庚。即日在庚爲四十五度。在辛爲四十五度以上。在壬爲四十五度以下。設于辛、庚、壬、各出日光。下射爲辛甲乙、庚甲乙、壬甲乙、三景線。同過甲心。而以矩度承之其甲[illegible]也。而甲[illegible]邊、與日景相直。次以巳甲線引長之。[illegible]丙爲矩度之權線。夫戊庚庚[illegible]

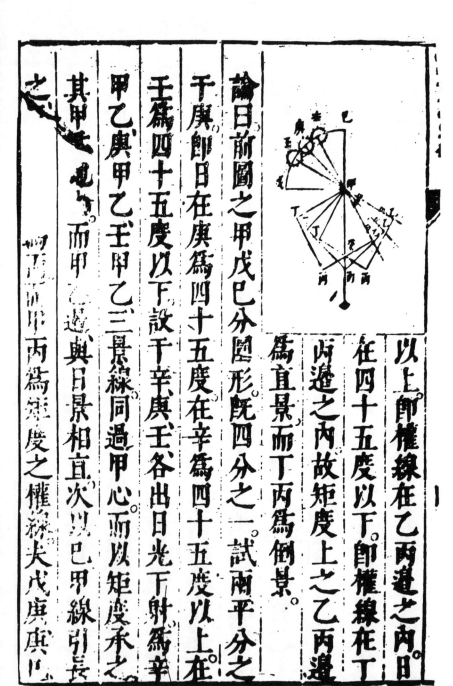

圜界既等。即戊甲庚、庚甲巳兩角亦等。三卷廿七戊甲巳既直角。即戊甲庚、庚甲巳皆半直角。一卷十五而矩度上之乙甲丙角在庚甲乙景線及甲丙權線內者。亦半直角。凡直角方形之對角線。必分兩直角為兩平分。即甲丙為依庚甲乙景線之甲乙丙丁直角方形之對角線。一卷三十四註則日在庚為四十五度。權線必在丙。又巳甲辛角小于巳甲庚半直角。即辛甲乙景線及甲丙權線內之乙甲癸交角。亦小于半直角。卷十五凡直角方形之對角線。必分兩直角為兩平分。一卷三十四註則于依辛甲乙景線之甲乙丙丁直角方形上。若作一甲丙對角線。其權線必

3493

不至丙必在乙丙之內而分乙丙邊于癸是日在四十五度之上其權線必在乙丙邊之內也又巳甲壬角大于巳甲庚半直角即壬甲乙景線及甲丙權線內之乙甲癸

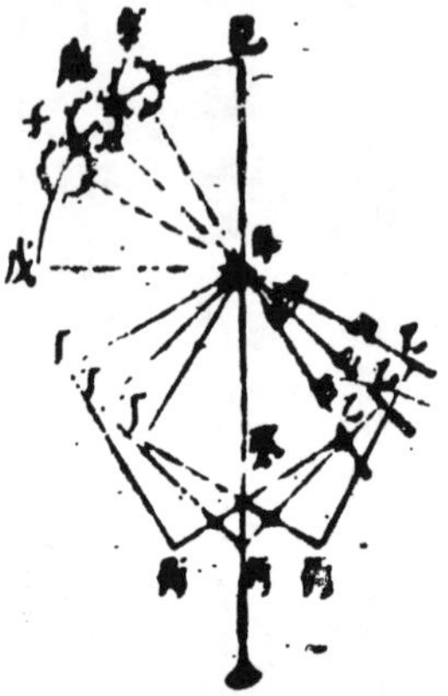

交角亦大于半直角十一之五凡直角方形之對角線必分兩直角爲兩平分一卷三十四注則于依壬甲乙景線之甲乙丙丁直角方形上若作一甲丙對角線其權線必過丙必在丁丙之內而分丁丙邊于癸是日在四十五度之下其權線必在丁丙邊之內也故矩度之內其傍逼光

耳之分度邊爲直景。而對邊光耳之分度邊爲倒景。

本題十五首

第一題

日輪高四十五度。直景、倒景、皆與表等。在四十五度以上。則直景小于表。而倒景大于表。在四十五度以下。則直景大于表。而倒景小于表。

依矩度即可明此題之義。蓋上巳論日輪在四十五度。權線必在丙。即顯乙丙直景丁丙倒景。皆與甲乙、甲丁、兩表等。何者。直角方形之各邊俱等故也。若日在四十五

度以上。權線必在乙丙分度邊上。而倒景當在丁丙之引出邊上。是直景小于倒景。而倒景大于甲丁表。若日在四十五度以下。權線必在丁丙分度邊上。而直景當在乙丙之引出邊上。是倒景小于直景。而直景大于甲乙表。

第二題

表隨日所至。皆為直景與倒景連比例之中率。

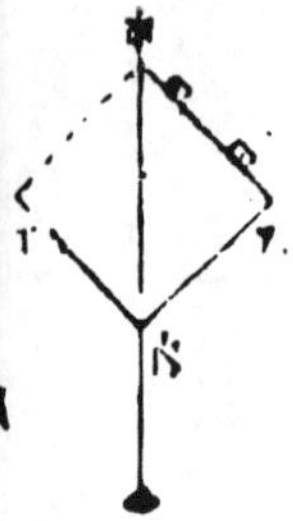

先設日輪在四十五度。而權線在丙。題言甲乙或甲丁表。皆為乙丙直景與丁丙倒

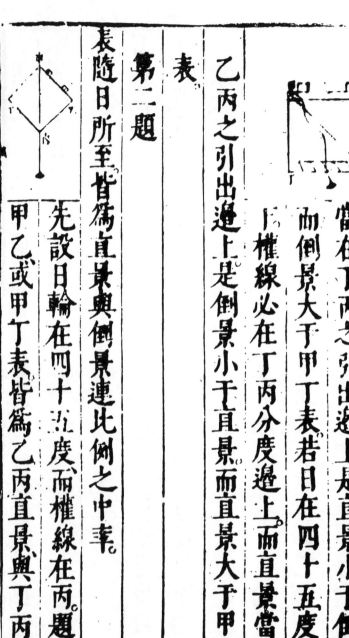

景連比例之中率

論曰。甲乙丙丁直角方形之四邊既等。即乙丙直景與甲乙。或甲丁。表之比例。若表與丁丙倒景。何者。三線等。即爲兩相同之比例故。

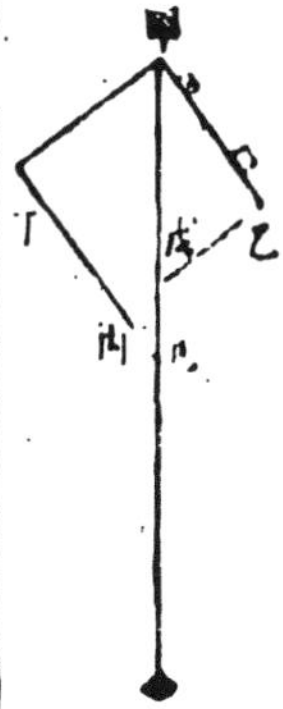

次設日輪在四十五度以上。權線在乙丙直景邊內。分乙丙于戊。而倒景在丁丙之引出邊上。遇權線于己。題言甲乙。或甲丁表爲乙戊直景與丁己倒景連比例之中率。

論曰。乙與丁兩直角等。而乙甲戊與己。相對之兩內角亦等。一卷廿八即甲乙戊己丁甲。爲等角形。六卷四則乙戊直

景與甲乙或甲丁表之比例若表與丁巳倒景是甲乙或甲丁表為兩景之中率（六卷八之系）

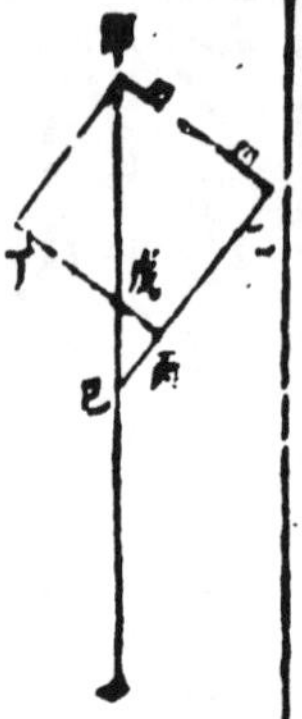

後設日輪在四十五度以下權線在丁丙倒景邊內分丁丙于戊而直景在乙丙之引出邊上與權線遇于巳題言甲乙或甲丁表為丁戊倒景與乙巳直景連比例之中率

論曰丁與乙兩直角等而丁甲戊與巳甲乙與乙甲巳各相對之兩內角各等（一卷廿八）即甲丁戊甲乙巳為等角形（六卷四）則丁戊倒景與甲乙或甲丁表之比例若表與乙巳直景是甲乙或甲丁表為兩景之中率（六卷八之系）

七

注曰直景表倒景三線既爲連比例即直景倒景兩線矩內直角形與表上直角方形等（六卷十七）故表度十二則其冪爲一百四十四若以爲實以所設景數爲法除之即得所求景數假如權線所至在倒景之三度即以三爲法除其實一百四十四得四十八度爲直景又如權線所至在所設景之五度三分度之二即所求景爲二十五度十七分度之七何者以五度三分度之二爲法除其實一百四十四即得二十五度十七分度之七是二景互變相代法（畸分除法見後附）

第三題

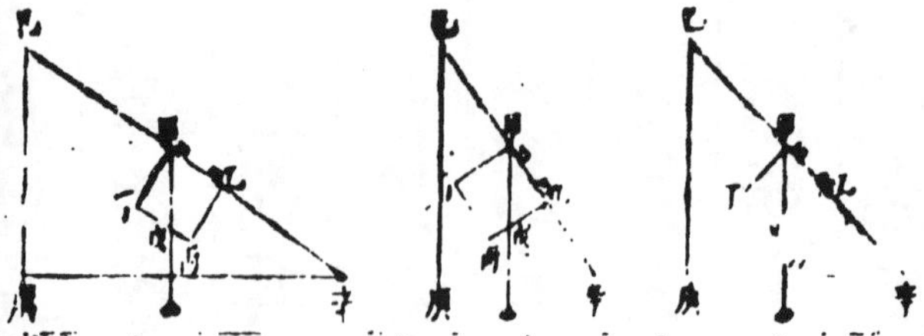

物之高。立于地平。以直角。其景與物之比。例若直景與表

亦若表與倒景。

解曰。物之高。以直角立于地平。如巳庚。其景在地平上。爲庚辛。題言直景與表之比例。若庚辛與巳庚。又言表與倒景之比例。若庚辛與巳庚。凡言地平者。皆依直線取平。若不平者。須先準平。然後測景。後倣此。

先論權線在丙者曰。權線恒與物之高爲平行線。何者。兩線下至庚辛。皆爲直角故。一卷廿八即辛甲丙角與巳角等。一卷廿九而乙與庚兩直角又等。則甲乙丙、巳庚辛爲等角形。一卷卅二是

乙丙直景與甲乙表之比例。若庚辛景與巳庚高。六卷四
二論曰。若權線在乙丙直景邊內。而分乙丙于戊。依前論。顯乙甲戊角與巳角等。一卷廿九乙角與庚角等。則甲乙戊、巳庚辛、為等角形。一卷卅二是乙戊直景與甲乙表之比例。若庚辛景與巳庚高。六卷四

三論第一圖之倒景曰。權線在丙。其巳角、丁丙甲角。各與乙甲丙角等。一卷廿九即自相等。丁角與庚角又等。則甲丁丙、與巳庚辛、亦等角形。一卷卅二是甲丁表與丁丙倒景之比例。若庚辛景與巳庚高。六卷四

後論曰。若權線在丁丙倒景邊內。而分丁丙于戊。依前

論顯乙甲戊角與己角等。一卷廿九即丁戊甲角與己角亦等。一卷廿八丁角與庚角又等。則丁戊甲己與庚辛為等角形。一卷卅二是甲丁表與丁戊倒景之比。例若庚辛景與己庚高。六卷四

注曰。前既論本篇第一題日輪在四十五度。直景倒景皆與表等。在四十五度以上。直景小于表。在四十五度以下。表大于倒景。即顯日輪在四十五度。各物在地平之景。與其物之高等。在四十五度以上。即景小于物。在四十五度以下。即景大于物。如上三圖可見。

第四題

有物之景。測物之高。

法曰。如前圖。以矩度向日。甲耳在前。取日光透耳兩竅。以權線與矩度平直相切。任其垂下。細審所值何度何分。若在十二度之中。對角線上。則景與物必正相等。本篇三題注故量其景長。即得其物高。若權線在直景邊。即景小于物。本篇三題注則直景與表之比例。若物之景與其高。用三數法。以直景上所值度分爲第一數。以全表度十二爲第二數。以物景之度爲第三數。算之。即所得數爲其物高。三數算法見後附

法曰欲測巳庚之高以矩度承日審權線如在直景乙戊得八度正庚辛景三十步卽以表度十二庚辛三十步相乘得三百六十爲實以乙戊八度爲法除之得四十五卽巳庚之高四十五步

若權線在倒景邊卽景大于物本篇照法三則表與倒景之比例若物之景與其高用三數法以表爲第一數以倒景上所值度分爲第二數以物景之度爲第三數算之卽所得數爲其物高

法曰欲測巳庚之高以矩承日審權線如在倒景丁

戊得七度五五分度之一。與戊辛景六十步。即以丁戊七度五分度之一。與庚辛六十步。相乘得二千一百六十為實。以表度六十分為法除之。得三十六。即巳庚之高。三十六步。因權偏有畸分五分度之一。故以分母五通七度。通作三十五分。以分子一從之為三十六分。其表度十二。亦通作六十分。說見算家六分法。

第五題

有物之高。測物之景。

法曰。如前圖。以矩度承日。審值度分。若權線在丙。則其景與物等。本篇三題注

若權線在直景邊。即物大于景。本篇三題注 即直景與表之

比例。若景與物。反之。則表與直景。若物之高與其景。（九卷四之系）用三數法。以表為第一數。直景度分為第二數。物高度為第三數。算之。即所得數為景度。

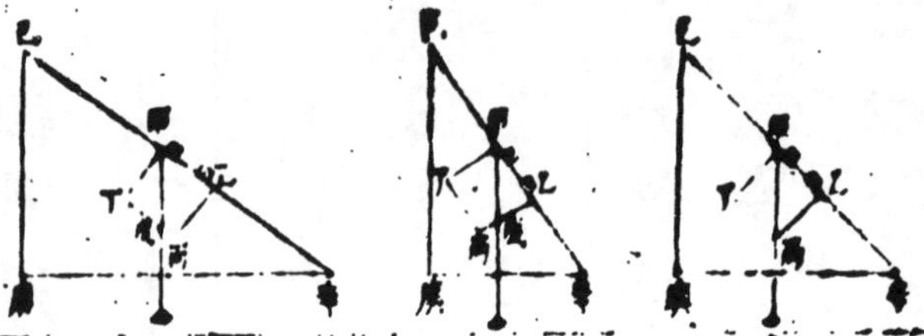

若權線在倒景。即物小于景。（本篇二十題注）則表與倒景之比例。若景與物。反之。則倒景與表若物之高與其景。（五卷四）用三數法。以倒景度分為第一數。表為第一數。物高度為第三數。算之。即所得數為景度。

第六題

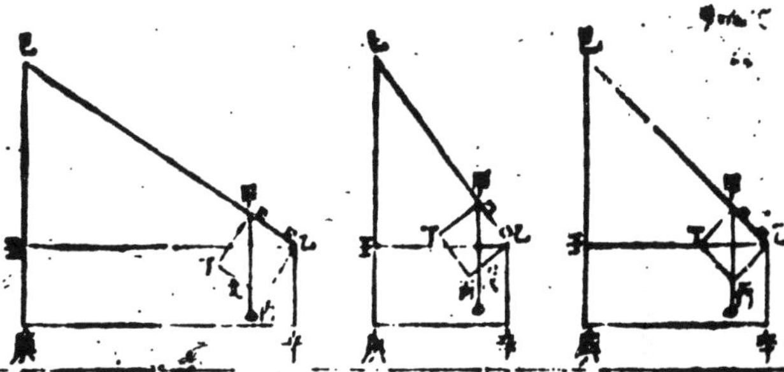

法曰。欲于辛目測巳庚之高。先用一有度分之表。與地平爲直角。以審目至足之高。次以矩度向物頂。甲耳在前。目切乙。後而乙辛爲目至足之高。以權線與矩度平直。相切。任其再下。目切于乙。不動。而以甲角稍移就物頂。令目光穿兩耳竅。至物頂。作一直線。如不能以目透過光耳中只取兩耳角或兩小表相對亦可細審權線值何度分。依前題論。直景與表之比例。表與倒景之比例。皆若庚辛。或等庚辛之乙壬若自

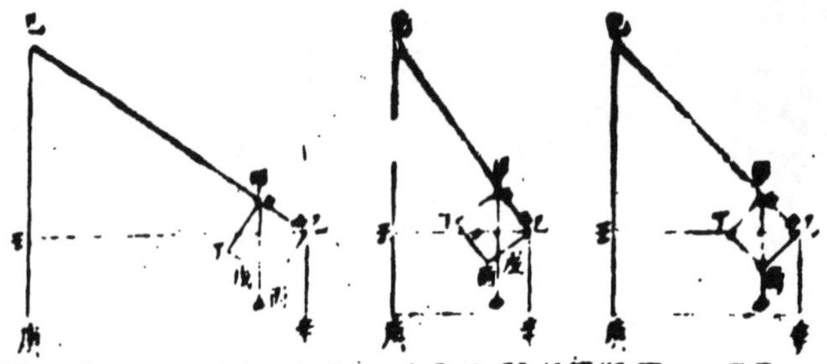

（乙至壬作直線，即與庚辛平行相等，見一卷卅四）與己壬（壬庚與乙辛等）與（見一卷廿八）觀上論（本篇二題）及本圖自明蓋三圖之甲乙丙甲乙戊甲丁戊各與其己壬乙爲等角形則量辛庚之度而作直景與表之比例或作表與倒景之比例皆若辛庚與三數法所求得之他數即得己壬之高。次加目至足乙辛之高即得己庚之高。

注曰如欲測己庚高權線在直景即以直景乙戊爲第一數表爲第二數庚辛爲第三數若在倒景即以表爲第一數以丁戊倒景爲第二數庚辛

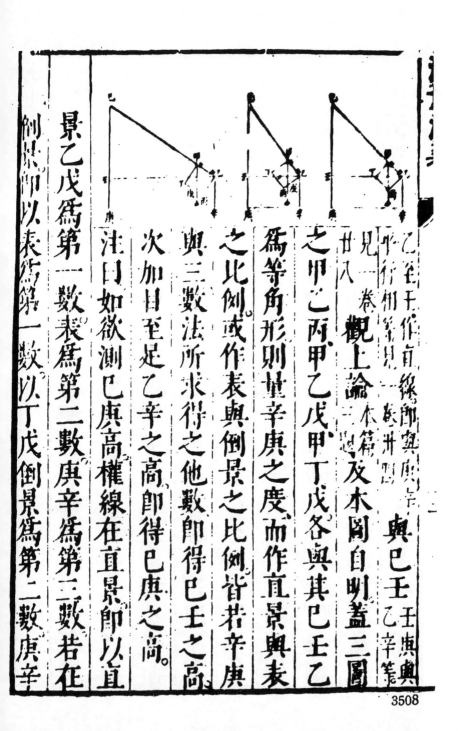

爲第三數。各算定。各加自目至足乙辛數。即得。

若權線不在丙。而有平地。可前可却。即任意前却。至權線值丙而止。即不必推算。可知其高。

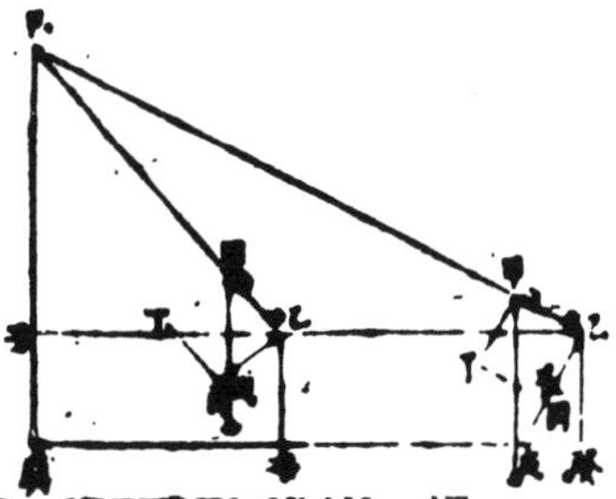

若辛不欲至庚。或不能。或爲川水、林木、屋舍、所隔。或地非平面。則用兩直景較算。其法依前用矩度向物頂。審權線在直景否。如在倒景。即以所值度分。變作直景。本篇二題注次從辛。依地平直線。或前或却。任意遠近。至癸。仍用矩度向物頂。審權線在直景否。如在倒景。亦以所值度分。變作直景。本篇二題注次以兩直景

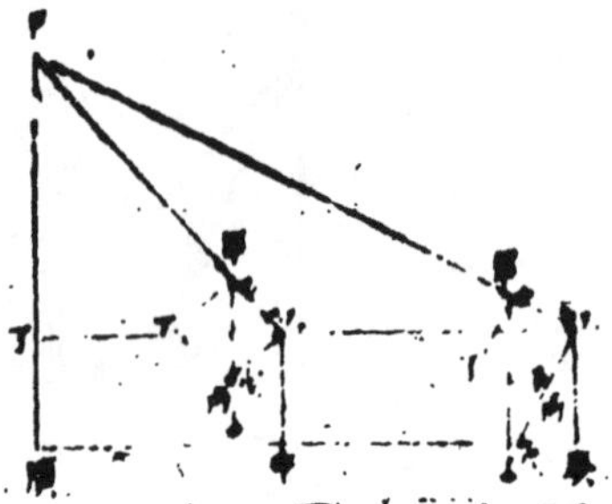

度分相減之較爲第一數以表爲第二數以辛癸大小兩相距之較爲第三數依法算之即得巳壬之高即自日至足乙癸即得巳庚之高何者兩景較與其表之比例若兩相距之較與物之高故下論詳之

論曰以兩直景之小乙戊線減其大乙戊線存子戊線爲景較以兩相距之小庚辛線減其大庚癸線存癸辛線爲距較則子戊較線與甲乙表之比例若癸辛較線與巳壬線何者依上論本篇三之二大乙戊直景與甲乙表之比例若乙壬戍

三

等乙壬之與癸大相距之遠與巳壬之高更之即大乙戊立景與大相距癸庚之比例若甲乙表與巳壬之高五卷十八依顯小乙戊直景或等小乙戊之乙子與小相距之庚辛之比例若甲乙表與巳壬之高則大乙戊直景與大相距庚癸之比例亦若乙子小立景與小相距之庚辛也夫大乙戊與大相距庚癸兩全線之比例既若兩所減之乙子與庚辛五卷十九轉之即大乙戊與庚癸兩全線之比例亦若兩減餘之子戊與辛癸五卷十九而前巳論乙戊全與庚癸全之比例若甲乙表與巳壬之高則兩減餘之子戊與辛癸之比例亦若甲乙表與巳壬之

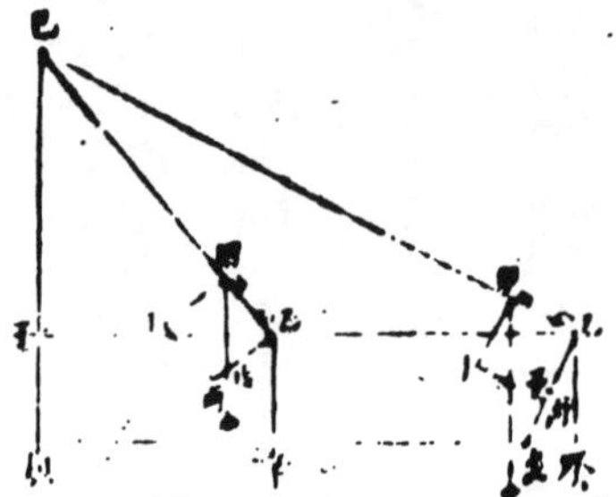

術五卷十一更之則景較于戊與甲乙表之比

例若距較癸辛與巳壬之高五卷十六

法曰如前圖欲測巳庚之高先于辛得直景小乙戊爲五度次却立于癸得直景大乙戊爲十度景較五度以爲第一數以表度爲第二數次景距較癸辛十步以爲第三數依法算得二十四步加自目至足乙辛或一步即知巳庚高二十五步如後圖

先于辛得直景小乙戊爲十一度次却立于癸得倒景九度即如前法變作大乙戊直景十六度景較五

度以爲第一數以表度爲第二數次量距較癸辛二十步以爲第三數依法算得四十八步加自目至足乙辛戊一步即知巳庚高四十九步

若山上有一樓臺欲測其樓臺之高先于平地總測樓臺頂至地平之高次測山高減之即得有樓臺高數層欲測各層之高倣此

第七題

地平測遠

法曰欲于巳測巳庚地平之遠先用一有度分之表與地平爲直角以審目至足之高爲甲巳若量極遠者則

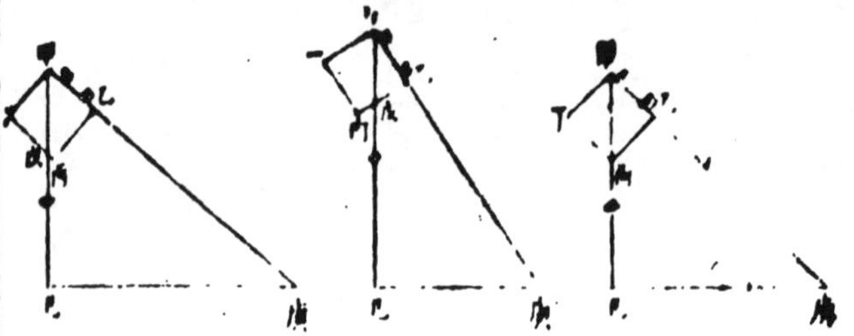

亦樓臺或山岳之上。以目下至地平爲甲巳欲知山岳樓臺之高巳具前測高法次以矩極甲角切于目以乙向遠際庚如前法稍移就之令甲乙庚爲一直線細審權線値何度分如權線在丙則高與遠等若在乙丙直景邊卽高大于遠而矩度上截取甲乙戊與甲巳庚爲等角形何者兩形之乙與巳各爲直角庚甲巳與乙甲戊爲同角卽其餘角必等故一卷卅二則甲乙表與乙戊直景之比例若甲巳高與巳庚遠也六卷四若權線在丁丙倒景邊卽高小于遠而

列度上截取甲丁戊與甲巳庚爲等角形何者兩形之丁與巳各爲直角巳甲庚與甲戊丁相對之兩内角等二卷廿九即其餘角亦等故一卷卅二則丁戊倒景與甲丁表之比例若甲巳高與巳庚遠也六卷四次以表爲第一數直景爲第二數以倒景爲第一數表爲第二數各以甲巳爲第三數依法算之各得巳庚之遠

第八題

測井之深

法曰巳壬辛庚井其口之邊或徑爲巳庚欲測巳壬之深用矩極甲角切目以乙從巳向對邊或徑之水際辛

如前法稍移就之令甲乙巳辛爲一直線卽權線垂下截取矩度之甲乙戊與巳壬辛爲等角形何者兩形之乙與壬各爲直角壬巳辛與乙甲戊兩角爲巳壬甲癸兩平行線井癸必形垂線故與權線平行之同方內外角等一卷廿九卽其餘角亦等故則乙戊直景與甲乙表之比例若等巳庚口之壬辛底與巳壬深也六卷四 次以直景爲第一數表爲第二數巳庚爲第三數依法算之卽得巳壬之深

若權線在倒景卽表與倒景之比例若井之巳庚口與巳壬深視形癸丁角形可推何者癸與乙甲戊相對兩

丙角等廿九卽與壬巳辛角等故以表爲第一數倒景爲第二數巳庚口爲第三數依法算之亦得巳壬之深

注曰乙戊直景三十二度巳庚井口十二尺依法算得四十八尺卽巳壬之深丁癸倒景四十八度依法算同

第九題

以平鏡測高

法曰欲測甲乙之高以平鏡依地平線置丙人依地平線立于丁目在戊向物頂甲稍移就之令目見甲在鏡中心是甲之景從鏡心反射于目成甲丙戊角卽目光至鏡心偕足至鏡心兩線作戊丙

丁角與甲丙乙角等（此論見歐几里得鏡書第一題）即甲乙丙、戊丁丙爲等角形（乙丁丙皆直角故）則足至鏡心丁丙與目至足之高丁戊之比例若物之底至鏡心乙丙與其高甲乙也（見六卷）今量丁丙爲第一數丁戊爲第二數乙丙爲第三數依法算之卽得甲乙之高。

法曰可以盂水當鏡若測極遠可以水澤當鏡

第十題

以表測高

法曰欲測甲乙之高依地平線任立一表于丙爲丁丙與地平爲直角（凡立表以線垂下三面附表即與地平爲直角）次依地平線退

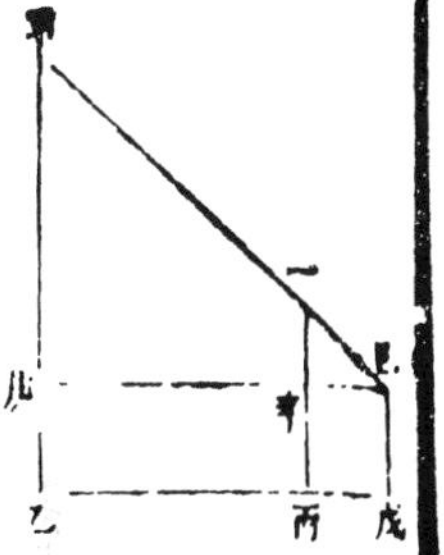

立于戊使目在巳視表末丁與物頂甲為一直線若表僅與身等或小于身則俛首移就之可也或別立一小表為巳戊亦可次量目至足之數次想從巳目至甲乙上之庚點作直線與乙戊平行而分丁丙表于辛即巳辛丁巳庚甲為等角形六卷四則等丙戊之辛巳與辛丁之比例若等乙戊之庚巳與庚甲也次量丙戊為第一數辛丁為第二數乙戊為第三數依法算之即得甲庚之高加目至足之數巳戊即得甲乙之高

若戊不欲至乙或不能則用兩表較算如前圖立于戊

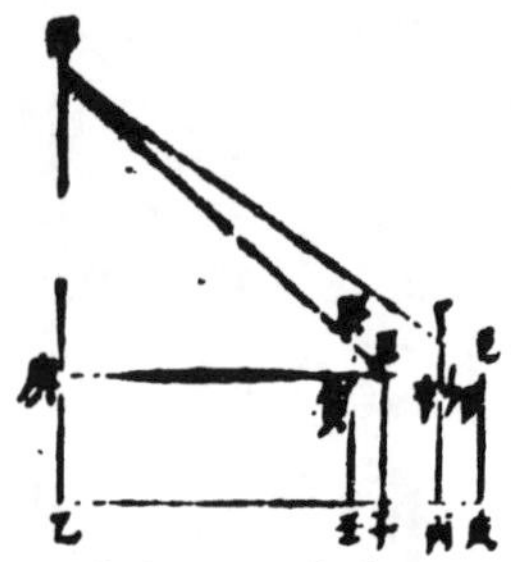

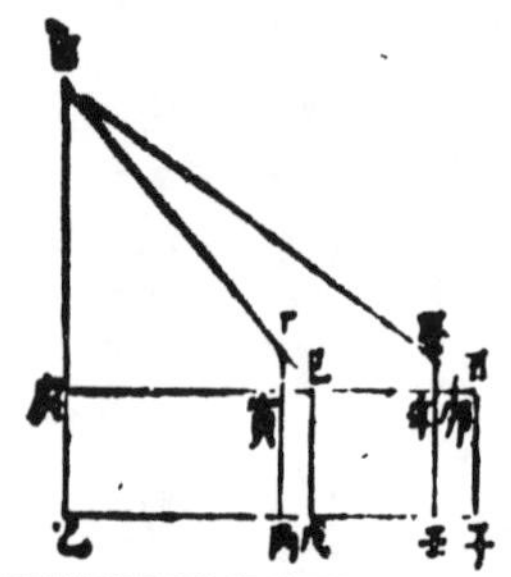

目乙巳。巳得辛巳等丙戊之度。次依地平線。或前或却。又立一表（或即用前表，或兩表等）為癸壬。依前法。令丑子與巳戊目至足之度等。而使丑癸、甲為一直線。即又得寅丑等壬子之度。其壬子、若移前所得。必小于丙戊。何者。巳辛與辛丁之比例。若巳庚與庚甲。丑寅與寅癸。若丑庚與庚甲（[illegible]）而巳庚與庚甲。大于丑庚與庚甲（[illegible]）即巳辛與辛丁。亦大于丑寅與寅癸也。又辛丁與寅癸既等（癸壬、丁丙元等。所截寅壬、辛丙等。即所存亦等）即巳辛必大于丑寅也（五卷十）次以兩

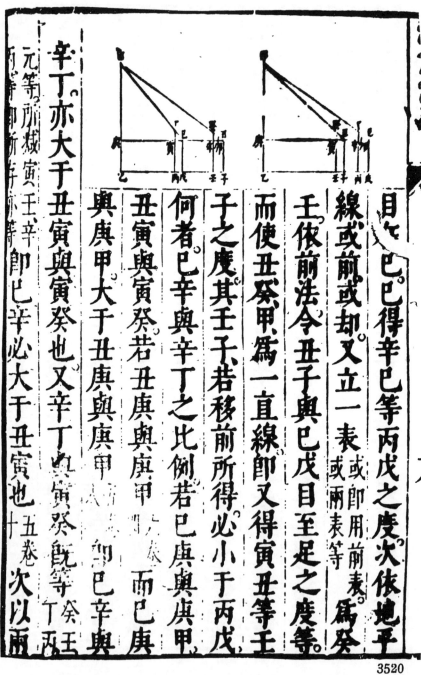

測所得之巳辛與丑寅相減得卯辛較以爲第一數以表目相減之較丁辛或癸寅爲第二數以兩相距之較戊子或巳丑爲第三數依法算之卽得甲庚之高加目至足之數卽得甲乙之高。

論曰丙測較卯辛與表目較辛丁或癸寅其比例若距較戊子或巳丑與庚甲何者巳辛與辛丁旣若巳庚與庚甲卅九卷更之卽巳辛與巳庚若辛丁與庚甲也五卷十一依顯丑寅與丑庚若寅癸與庚甲也則丑寅與丑庚亦若辛丁與庚甲也辛丁與寅癸等故而巳辛全線與巳庚全線若巳辛所截取之巳卯巳卯與丑寅等故與巳庚所截取之丑

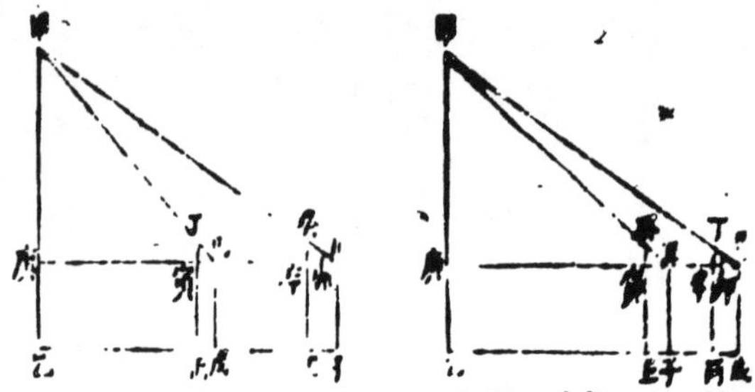

庚也。則巳辛全與巳庚全，亦若巳辛分餘之卯辛與巳庚分餘之巳丑也。五卷十九前巳論巳辛與巳庚，若辛丁與庚甲。即卯辛與巳丑亦若辛丁與庚甲也。更之，即兩測較卯辛與表目較辛丁，若距較等子戊之巳丑與甲庚也。若却後而得壬子，則反上論之

第十一題

以表測地平遠

法曰：欲于甲測甲乙地平遠，先依地平線立一表為丙

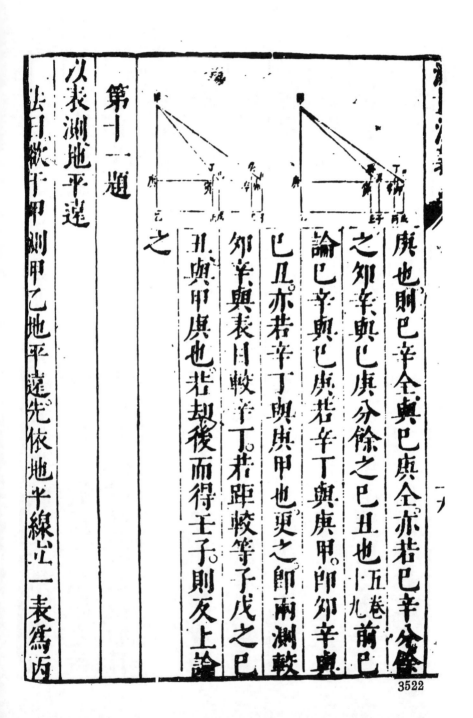

甲與地平爲直角其表稍小于身之長次却立于戊目在丁視表末丙與遠際乙爲一直線次想巳丙作直線與甲乙平行而分丁戊于巳即丙巳丁丙甲乙爲等角形六卷四何者甲與巳兩爲直角丙丁巳乙丙甲爲平行線同方內外角等一卷廿九即其餘角必等故一卷卅二則表目較丁巳與表目相距之度巳丙之比例若丙甲表與甲乙也次以丁巳爲第一數丙巳爲第二數丙甲爲第三數依法算之即得甲乙之遠

第十二題

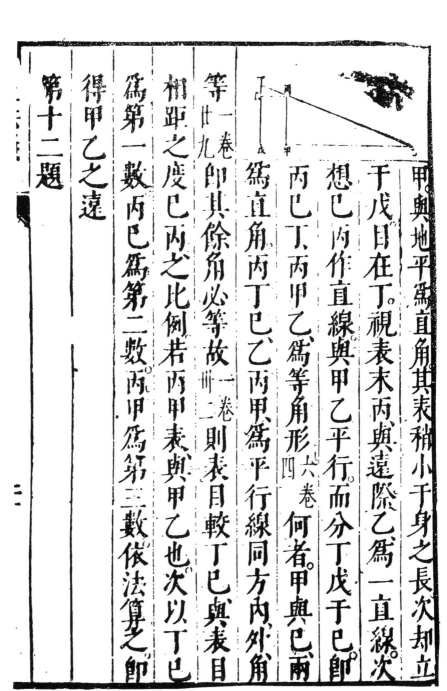

以矩尺測地平遠（今木工匠所用）

法曰欲于甲測甲乙地平遠先立一表爲丁甲與地平爲直角次以矩尺之內直角置表末丁以丁戊尺向遠際乙稍移就之令丁戊乙爲一直線次從丁丙尺上依一直線視地平得巳次量巳甲爲第一數丁甲爲第二數又爲第三數依法算之卽得甲乙之遠

論曰巳丁乙旣直角若從丁作丁甲爲巳乙之垂線卽丁甲爲甲巳甲乙之中率（六卷八之系）故以丁甲表自乘爲實以甲巳之度爲法除之卽得甲乙之遠（六卷十）

二

第十三題

移測地平遠及水廣

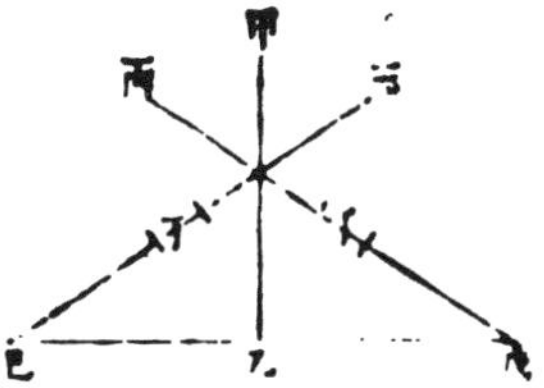

法曰欲于乙測乙戊地平遠及江河溪壑之廣凡近而不能至者於此際立一表爲甲乙與地平爲直角次以一小尺或竹木等爲丙丁邪加表上稍移就彼際戊作一直線次以表帶尺旋轉向地平視丙丁尺端所直得巳次自乙量至巳即得乙戊之數

論曰甲乙戊與甲乙巳兩直角形等即相當之乙戊與乙巳兩邊亦等則量乙巳得乙戊

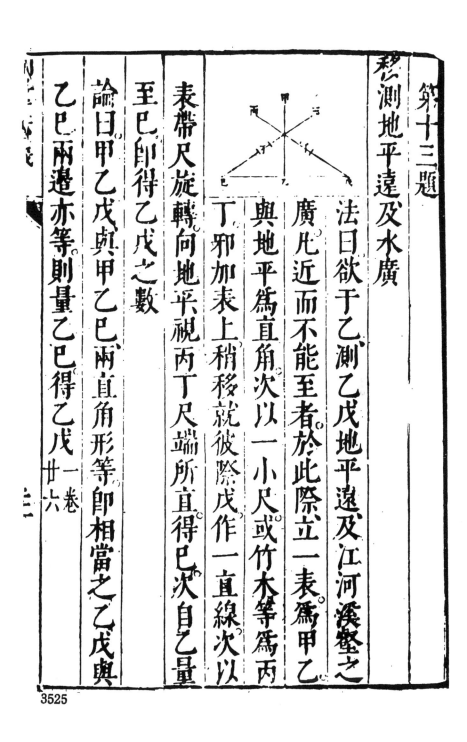

又論曰。若以乙為心。巳戊為界。作圜。即乙巳戊為同圜之各半徑等。

注曰。如不用表。以身代作甲乙表。不用尺。或以笠覆至目。代作丙丁。如上測之。尤便

第十四題

以四表測遠。前題測遠諸法。不依極高。不得極遠。此法于平池可測極遠

法曰。欲于乙測甲遠。或城或山。凡可望見者皆是。不論平否擇于平曠處前云依地平線者。必依直線取平。此不必拘立一表于乙。次任卻後若干丈尺。更立一表為丁。令兩表與甲甲者。是所測遠

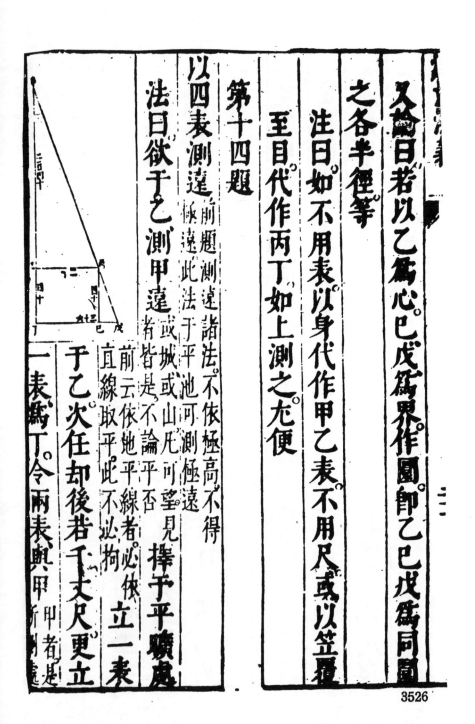

爲一直線。次從乙依乙丁之庚線任橫行若干丈尺。更立一表爲丙。次從丁與乙丙平行任若干丈尺稍遠于乙丙。又立一表爲戊（四表俱任意長短）從戊過丙望甲。亦作一直線。次以丁戊乙丙相減之較爲第一數。乙丁爲第二數。乙丙爲第三數。依法算之。即得甲乙之遠（此及後線之頂皆是）

論曰。試作丙己直線。即得丙己戊與甲乙丙爲等角形（六卷四）何者。甲乙丙、丙己戊兩爲直角。丙戊己、甲丙乙爲平行線同方內外角等（一卷廿九）即餘角必等。故則戊己與等丙己之乙丁之比例。若丙乙與乙甲

注曰、如丁戊爲三十六、乙丙爲三十。乙丁爲四十。即以三十與三十六之較六、爲第一數、以四十爲第二數、以三十爲第三數、依法算之、得二百四十爲甲乙之遠

第十五題

測高深廣遠、不用推算而得其度分

不諳布算、難用前法、其有畸分者更難。今求不用布算而全數畸分、俱可推得、與布算同功。其法曰、尺測高深廣遠、必先得三率、而推第四率、三率者、其一、直景或倒景、其二、所立處至所測之底、若不能至者、則景較或兩

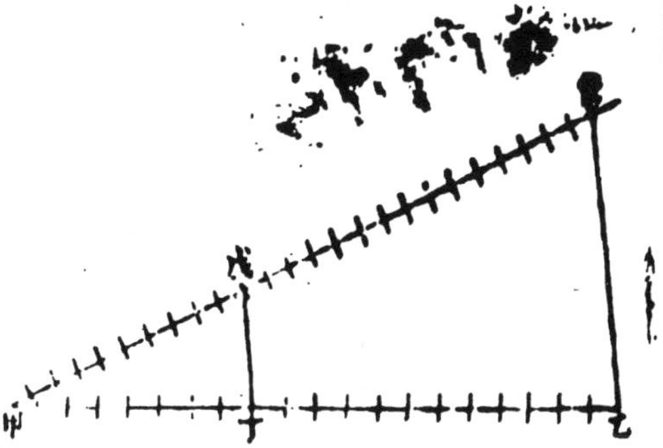

測較其三表或距較也設如測一高景較八距較十步其景較八與表十二之比例若距較十步與所求之高此不論目至足之高則于平面作甲乙甲丙兩直線任相聯為甲角從甲向乙規取八平分任意長短以當景較為甲丁次用元度從丁向乙規取十二平分以當表度次從甲向丙規取十平分其用度與前度任等不等以當距較為甲戊次從戊至丁作一直線次從乙作一直線與戊丁平行而截甲丙線于丙次規取自甲至戊諸分內之

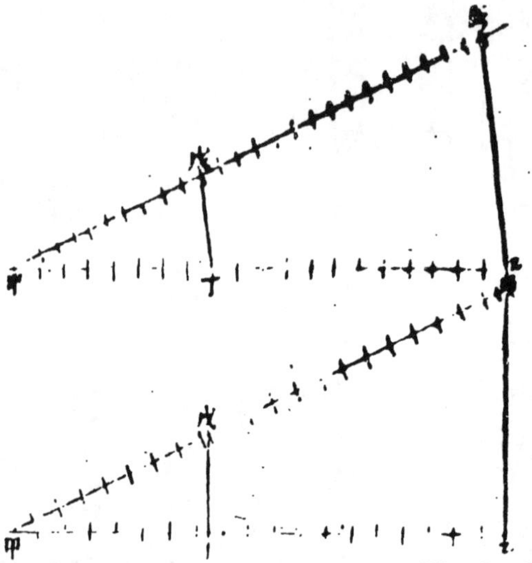

一分爲度從戊向丙規得若干分即所求之高

論曰甲乙丙角形內之戊丁與乙丙兩線平行即甲丁與乙之比例若甲戊與戊丙六卷二則戊丙當爲十五分與三數法合加目至足之高即得全高

又法曰若景較七度有半距較八步三分步之一即物高度十三步三分步之二如後圖加目至足之高即得全高

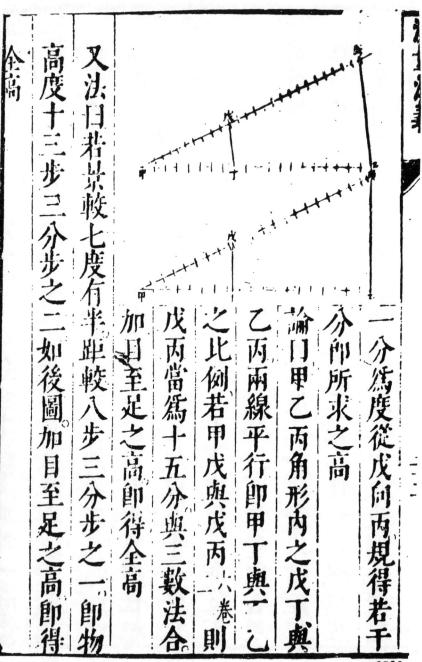

消恒以甲丁爲第一數丁乙爲第二數甲戊爲第三數即恒得戊丙爲第四數

三數算法附

三數算法即九章中異乘同除法也先定其爲第一數其爲第二第三數次以第二第三兩數相乘爲實以第一數爲法除之即得所求第四數

如月行三日得三十七度問九日行幾何度即以三十七度爲第二數九爲第三數相乘得三百三十三數爲實次以三爲第一數爲法除之得一百一十一數即所求第四月行九日度數

如有畸分即用通分約分法依上算如一星行八日三時得十二度二一分度之一問十四日六時行幾何度即以八日三時通作九十九為第一數以十二度二一分度之二通作二十五為第二數以十四日六時通作一百七十四為第三數次以二十五與一百七十四相乘得四千三百五十為實以九十九為法除之得四十三分九十三次以二一分為一度約得二十一度三十三分度之三十二即所求第四本星行十四日六時度分之數

測量異同

吳淞徐光啓譔

九章算法勾股篇中。故有用表、用矩尺、測量數條。與今譯測量法義相攷。其法略同。其義全闕。學者不能識其所繇。既具新論以攷舊文。如視掌矣。今悉存諸法對題臚列。推求同異以俟討論。其舊篇所有。今譯所無者。仍補論一則。共為測量異同六首。如左

第一題 與前篇第四題同

以景測高

欲測甲乙之高。其全景乙丙長五丈。立表于戊為丁戊。

高一丈表景戊丙長一丈二尺五寸以表與全景相乘得五萬寸爲實以表景百二十五寸爲法除之得甲乙高四丈

此舊法與今譯同

第二題與前篇第十題同

以表測高

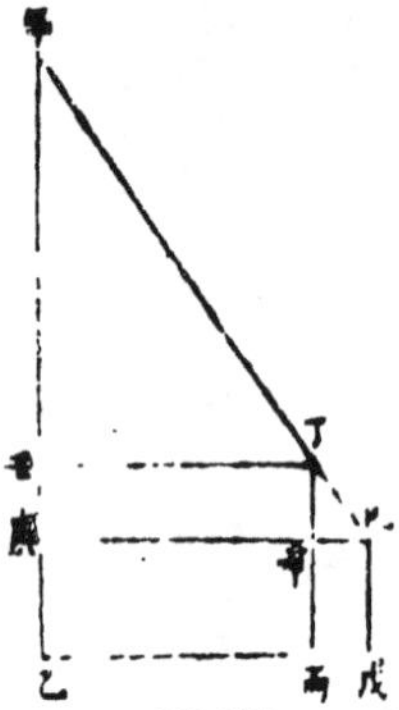

欲測甲乙之高去乙二十五尺立表于丙爲丁丙高一丈卻後五尺立于戊使目在巳戊至巳高四尺視表末丁與甲爲一直線次以丁丙表高十尺減目至足丁辛四尺得

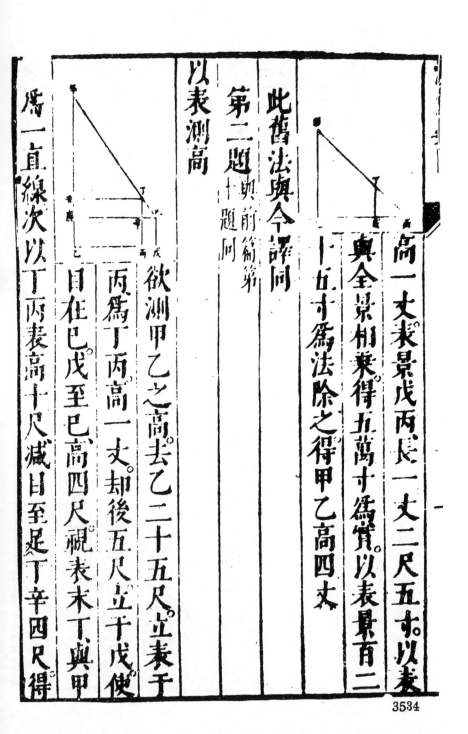

表目之較辛丙六尺。以乘乙丙二十五尺得百五十尺爲實。以丙戊五尺爲法除之得三十尺。加表十尺得甲乙高四十尺

此術法以甲壬丁爲大三角形。以丁辛巳爲小三角形今譯以甲庚巳爲大三角形。丁辛巳爲小三角形。其實同法同論。何者甲壬與壬丁。若甲庚與庚巳也六卷四

第三題與前篇第八題同

以表測深

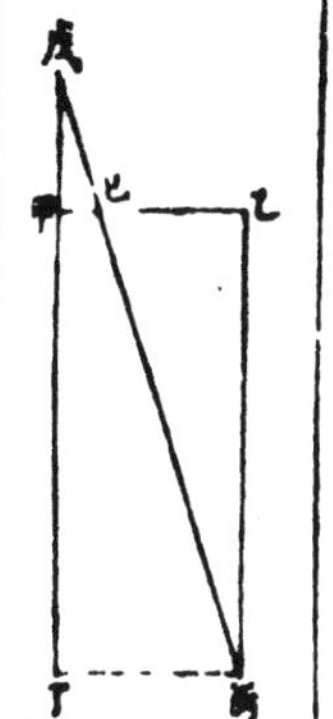

甲乙丙丁井。欲測深。其徑甲乙五尺。立一表于井口。爲戊甲。高五尺。從戊窺丙。

截甲乙徑于巳甲至巳得四寸。次以井徑五尺截甲巳四寸。存巳乙四尺六寸。以乘戊甲五尺得二千二百寸爲實。以甲巳四寸爲法除之得井深五丈七尺五寸

此舊法以戊甲巳爲小三角形。巳乙丙爲大三角形。今詳當以戊甲巳爲小三角形。戊丁丙爲大三角形。其實同法同論。何者。戊丁與丁丙。若丙乙與乙巳也一卷卅四可推

第四題與前篇第十題後法同

以重表兼測無遠之高無高之遠

欲于戊測甲乙之高。乙丙之遠。或不欲至。或不能至。則用重表法。先于丙立丁丙表。高十尺。却後五尺。立子戊。

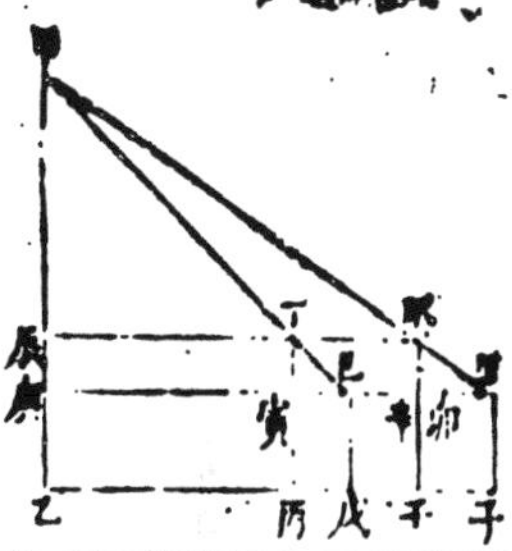

目在巳巳戊高四尺視表末丁與甲爲一直線次從前表却後十五尺立一癸壬表于壬亦高十尺却後八尺立于子去壬八尺其目在丑丑子亦高四尺從丑視癸甲亦一直線次以表高十尺減足至目四尺得表目較癸辛或丁寅六尺與表間度癸丁或壬丙十五尺相乘得九十尺爲實以兩測所得巳寅丑辛相減之較卯辛三尺此較舊名景差今名兩測較爲法除之得三十尺加表高十尺得甲乙高四十尺若以兩測所得之小率丙戊五尺與表間度癸丁或壬丙十五尺相乘得七十五尺爲實以卯

辛三尺爲法除之、即得乙丙遠二十五尺

此舊法測高以癸辛或丁寅與辛卯、偕甲辰與等壬丙之丁癸爲同理之比例。今譯以癸辛或丁寅與辛卯、偕

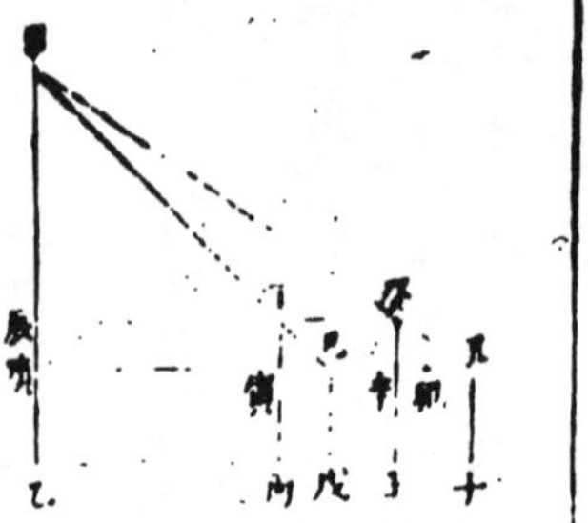

甲庚與等戊子之巳丑爲同理之比例。舊用壬丙表間也。今用戊子距較也。其實同法同論。何者。甲辰與辰丁。若甲庚與庚巳也。辰丁與丁癸。若庚巳與巳丑也 平之則甲辰與丁癸。

若甲庚與巳丑也

補論曰。舊法以重表測遠。則卯辛與等丙戊之巳寅之比例。若等壬丙之癸丁與等乙丙之丁辰。何者。甲辰癸

癸辛丑爲等角形（六卷卅二）卽丑辛癸辰爲相似邊（六卷四）甲辰丁、丁寅巳爲等角形。卽巳寅丁辰爲相似邊。是丑辛與癸辰若巳寅與丁辰也（六卷四）更之。則丑辛與巳寅若癸辰與丁辰也。今于丑辛減巳寅之度。存卯辛。于癸辰、減丁辰。存癸丁。則卯辛與巳寅若癸丁與丁辰也（所減之比例等。所存之比例亦等）

第五題（與前第十四題同）

以四表測遠

欲測甲乙之遠。于乙上立一表。次于丙巳丁上各立一表。成乙丙巳丁直角方形。每表相去一丈。令丁乙二表

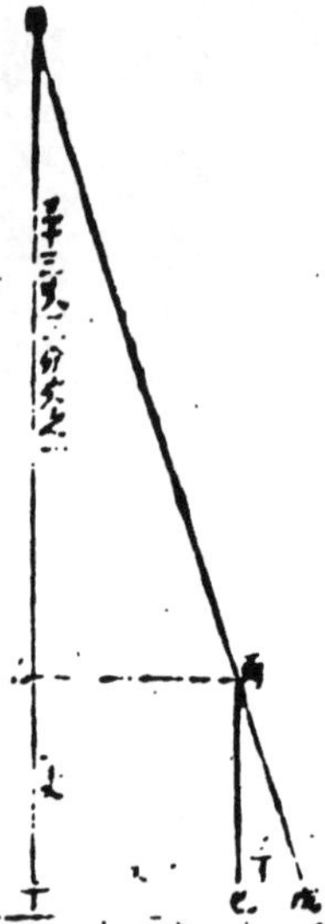

與甲爲一直線次于巳表之右戊上視丙表與甲爲一直線戊巳相去三寸次以乙丙乙丁相乘得一萬寸爲實以戊巳三寸爲法除之得甲乙高三十三丈三分丈之一

此舊法與今譯同

第六題 與前篇第十題後法同理

以兩矩兼測無廣之深無深之廣 稍改舊法以從今論

有甲乙丙丁壁立深谷不知甲乙之廣欲測乙丙之深

則用重矩法先于甲岸上依垂線立戊甲巳句股矩尺

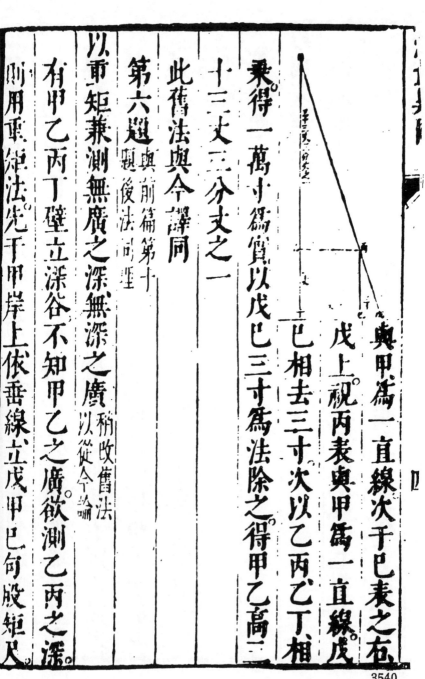

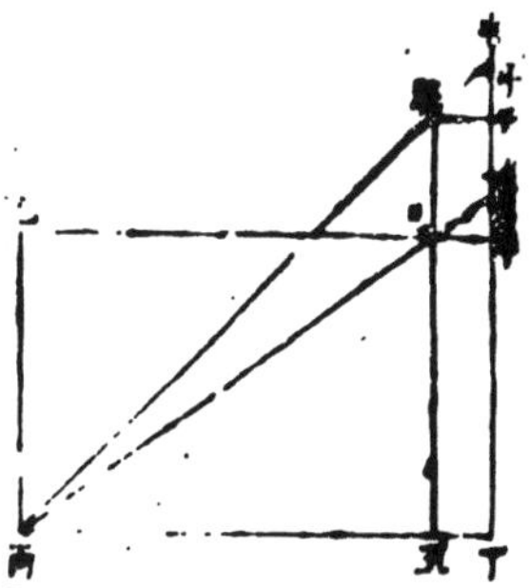

甲巳句長六尺。從股尺上視句末巳與谷底丙爲一直線。而遇戊甲股于庚。庚甲高五尺。次于甲上依垂線取壬。壬去甲一丈五尺。于壬上依垂線更立一平壬癸句股矩尺。壬癸句亦長六尺。從股尺上視句末癸與谷底丙爲一直線。而遇辛子股于辛。辛壬高八尺。次以前股所得庚甲五尺。與兩句間丁甲十五尺相乘。得七十五尺爲實。以兩股所得庚甲、辛壬相減之較辛子三尺爲法除之。即得乙丙深二十五尺。若以句六尺與兩句間十五尺相乘。得九十尺爲實。以辛子三尺爲法除之。即得

甲乙之廣三十尺

測深論。作癸己丑辰線。與本篇第四題重表測遠術論同。測遠論。與前篇第十題重表測高論同

句股義序

周髀算經曰昔者周公問于商高曰竊聞乎大夫善數也請問古者庖犧立周天歷度夫天不可階而升地不可尺寸而度請問數從安出商高曰數之法出于圓方圓出于方方出于矩矩出于九九八十一故折矩以爲句廣三股修四徑隅五既方之外半其一矩環而共盤得成三四五兩矩共長二十有五是謂積矩故禹之所以治天下者此數之所生也漢趙君卿注曰禹治洪水決流江河望山川之形定高下之勢除滔天之災釋昏墊之厄使東注于海而無浸溺乃句股之所由生也又曰觀其迭相規矩共爲

反覆互與通分各有所得然則統叙羣倫弘紀衆理貫幽入微鉤深致遠故曰其裁制萬物惟所爲之也徐光啓曰周髀句股者世傳黃帝所作而經言庖犧疑莫能明也然二帝皆用造歷而禹復藉之以平水土蓋度數之用無所不通者也後世治歷之家代不絕人亦且增修遞進至元郭守敬若思十得其六七矣亡不資算術爲用者獨水學久廢即有耑門名家代不一二人亦絕不聞以句股從事僅見元史載守敬受學于劉秉忠精算數水利巧思絕人世祖召見面陳水利六事又陳水利十有一事又嘗以海面校京師至汴梁定其地形高下之差又自孟門而東循

黃河故道縱廣數百里間各爲測量地平或可以分殺河
勢或可以灌溉田土具有圖志如君思者可謂博大精深
繼神禹之絕學者矣勝國畧信用之若通惠會通諸役僅
十之一二後其書復不傳實可惜也至乃遡其爲法不過
句股測量變而通之故在人耳又自古迄今無有言三法
之所以然者自余從西泰子譯得測量法義不揣復作句
股諸義即此法底裏洞然于以通變施用如伐材于林挹
水于澤若思而在當爲之撫掌一快巳方今歷象之學或
歲月可緩紛綸衆務或非世道所急至如西北治河東南
水利皆目前救時至計然而欲尋禹績恐此法終不可

廢也有紹明郭氏之業者必能佐平成之功周公豈欺我哉句股遺言獨見于九章中凡數十法不出余所撰正法十五條元李治廣之作測圓海鏡近顧司寇應祥爲之分類釋術余欲爲說其義未遑也其造端第一論則此篇之七亦畧具矣周髀首章九章句股之鼻祖甄鸞李淳風輩爲之重釋闡明悉實爲算術中古文第一余故爲採摭要語於諸篇端以俟用世之君子不廢芻蕘者其圖註見他本爲節解至于商高問答之後所謂榮方問于陳子者言日月天地之數則千古大愚也李淳風駁正之殊爲未辨若周髀果盡此其學廢弗傳不足恠而亦有近理若數十

句股義

吳淞徐光啓譔

句股即三邊直角形也底線為句底上之垂線為股對直角邊為弦句股上兩直角方形并與弦上直角方形等故句三股四則弦必五（一卷四七注）從此可以句股求弦句弦求股股弦求句（卷四七注）可以求句股中容方容圓可以各較求句求股求弦可以各和求句求股求弦可以大小兩句股互相求可以立表求高深廣遠以通句股之窮可以二表四表求極高深極廣遠以通立表之窮其大小相求及立表諸法測量法義所論著畧備矣句股自相求以至容

及容圓各和各較相求者舊九章中亦有之第能言其法不能言其義也所立諸法蕪陋不堪讀門人孫初陽氏刪爲正法十五條稍簡明矣余因各爲論撰其義使夫精於數學者覽圖誦說庶或爲之解頤

第一題

句股求弦

法曰甲乙股四乙丙句三求弦以股自之得十六句自之得九并得二十五爲實開方得甲丙弦五

第二題

句弦求股

法曰如前圖乙丙句三自之得九甲丙弦五自之得二十五相減得較十六開方得甲乙股四

第三題

股弦求句

法曰如前圖甲乙股四自之得十六甲丙弦五自之得二十五相減得較九開方得乙丙句三

已上三論俱見一卷四十七題凡言某卷某題者皆指引幾何原本為證下同

第四題

句股求容方

法曰甲乙股三十六乙丙句二十七求容方以句股相乘為實并句股得甲戊六十三為法除之得容方辛乙乙癸各邊俱一十五四二八

論曰甲乙三十六乙丙二十七相乘得九百七十二以為實即成甲乙丙丁直角形次以甲乙乙丙并得六十三為法即成甲戊線除實得戊巳邊十五四二八即成甲戊巳庚直角形與甲乙丙丁形等（六秦十八）而巳庚邊截乙丙句于癸甲丙弦于壬即成乙辛壬癸滿句股之直角方形何者甲乙丙丁與甲戊巳庚兩形互相視即甲

乙與甲戊若乙癸與乙丙六卷十五分之卽甲乙與乙戊若乙癸與癸丙是甲乙與乙丙亦若乙癸與癸丙也乙丙乙戊元等又甲辛與辛壬若壬癸與癸丙六卷門更之卽甲辛與壬癸若辛壬與癸丙也而辛乙與壬癸等乙癸與辛壬等則甲辛與辛乙若乙癸與癸丙矣夫甲乙與乙丙既若乙癸與癸丙而甲辛與辛乙又若乙癸與癸丙則甲乙與乙丙亦若甲辛與辛乙而乙辛壬癸爲滿句股之直角方形六卷十五增題

又簡論曰如前圖以甲乙戊爲法而除甲丙實旣得甲庚戊巳各與方形形遝等令以等甲乙戊之丙乙戊爲法

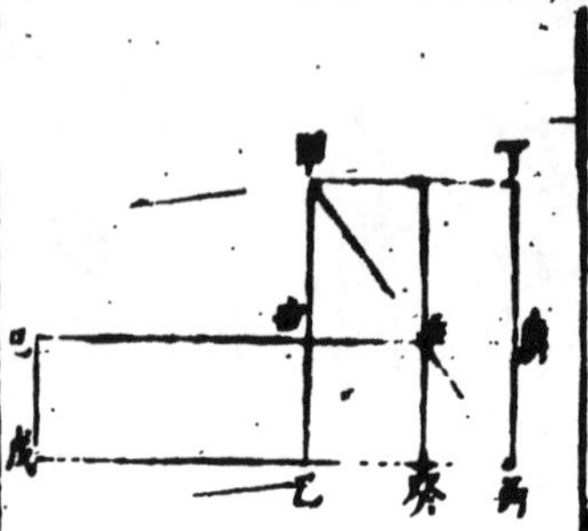

而除甲丙實得庚丙戊巳亦各與方形邊等則辛乙癸壬爲直角方形

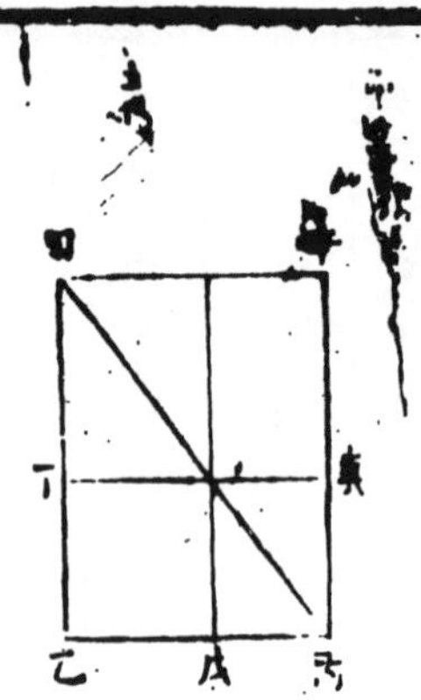

第五題

餘句餘股求容方求句求股

法曰甲丁餘股七百五十戊丙餘句三十求丁乙戊巳容方邊以丙戊甲丁相乘得二萬二千五百爲實開方得容方乙丁丁巳各邊俱一百五十加餘股得

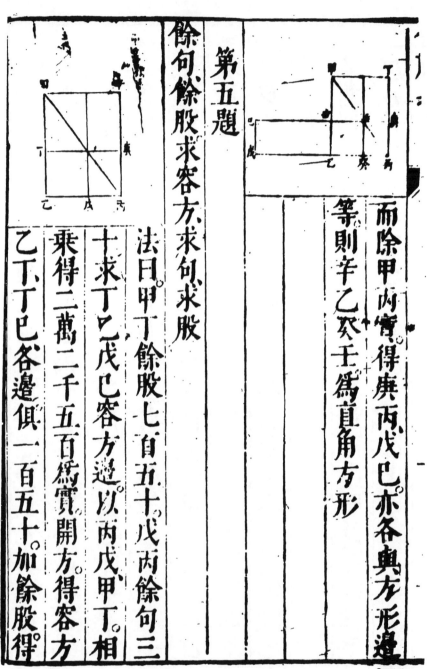

股九百加餘句得句一百八十

論曰甲丁戊丙相乘爲實即成巳壬辛庚直角形與丁乙戊巳爲甲丙角線形內之兩餘方形等（一卷四三）而壬巳與巳戊偕丁巳與巳庚爲互相視之邊（六卷十四）故巳壬辛庚之實即丁乙戊巳之實開方得丁乙戊巳直角方形邊

又論曰甲丁與丁巳既若巳戊與戊丙（六卷四之系）即方形邊當爲甲丁戊丙之中率（六卷卅三之十五增題）今列甲丁七百五十戊丙三十而求其中率之數其法以前率比後率爲二十五倍大之比例二十五開方得五則中率當爲

五倍之比例。甲丁七百五十。反五倍得一百五十、一百五十反五五倍得丙戊三十。則方形邊一百五十。爲甲丁、丙戊之中率六卷界說五

第六題

容方與餘句。求餘股與餘股求餘句

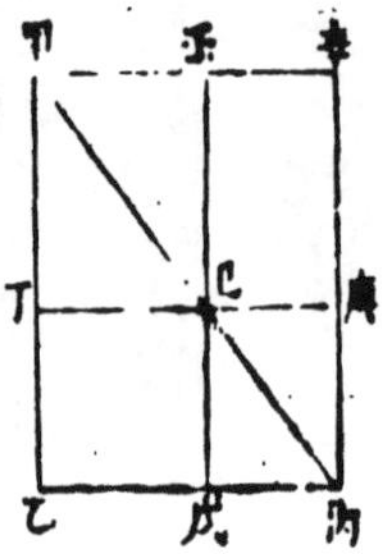

法曰。容方乙丁、丁己、各邊俱一百五十。戊丙餘句三十。求甲丁餘股。以容方邊自之爲實。以餘句爲法。除之。得甲丁餘股七百五十。以容方與餘股求餘句法同

論曰。如上論。兩餘方形等實。故以等己庚之丙戊除之。

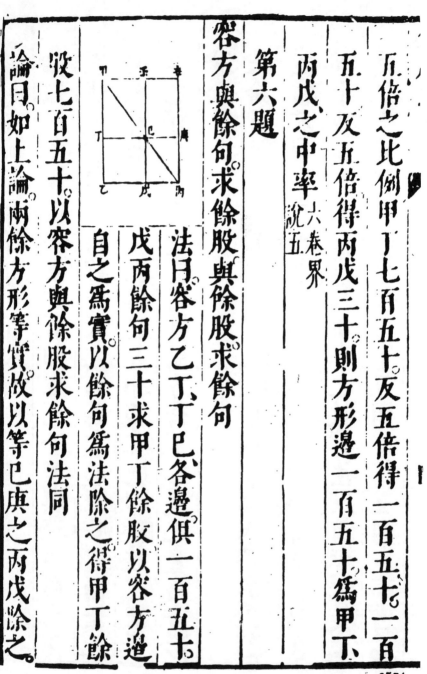

得等壬巳之甲丁

又論曰方形邊既爲甲丁戊丙之中率六卷卅之十五第題方形邊自乘爲實以戊丙除之得甲丁以甲丁除之得戊丙六卷十七

第七題

句股求容圓

法曰甲乙股六百乙丙句三百二十求容圓以句股相乘得一萬九千二百倍之得三萬八千四百爲實別以句股求弦得甲丙弦六百八十本篇一并句股弦爲法除實得容圓徑乙子二百四十

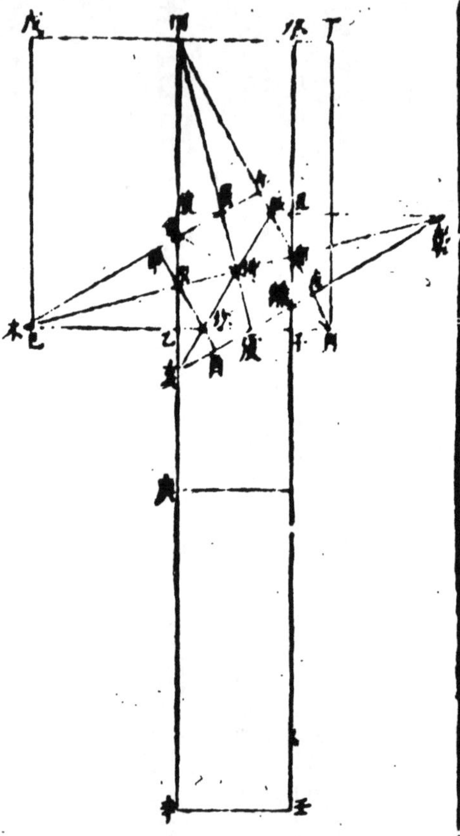

論曰甲乙股乙丙勾相乘即甲乙丙丁直角形倍之爲實即丙丁戊巳直角形求得甲丙弦并勾股得一千六百於甲乙線引長之截乙庚與句等庚辛與弦等得甲辛爲弦和形線以爲法除實得辛壬邊二百四十即成甲辛壬癸直角形與丙丁戊巳形等而壬癸邊截乙丙句於子次從子作子丑寅乙直角

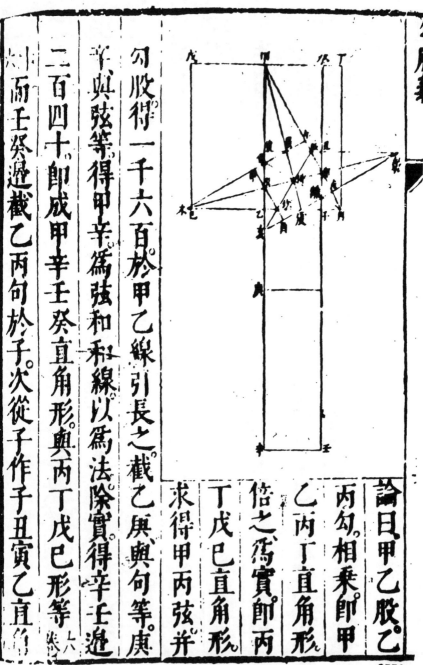

方形內此形之各邊皆爲容圓徑易名爲容圓徑
於甲乙丙三邊直角形內作一圜其甲丙弦截于丑寅
乙丑角方形之卯辰線與乙子子丑丑寅寅乙諸邊皆
爲切圜線也則何以顯此五邊之皆爲切圜線乎試于
甲乙丙形上復作一丙午未直角三邊形交加其上其
午丙與乙丙等未午與甲乙等未丙與甲丙等卽兩形
必等[illegible]次依丙午未直角作午申酉戌直角方形
與乙子丑寅直角方形等次于戌酉線引之至亥又成
甲戌亥直角三邊形以甲爲同角交加于甲乙丙形之
上亦以午申酉戌爲容圓徑次于亥戌寅丑兩線引之

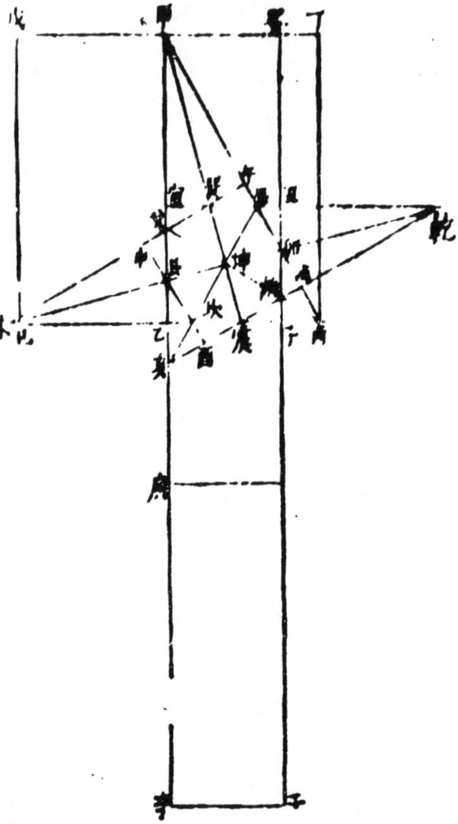

遇于乾。又成乾寅亥直角三邊形。以亥爲同角。交加于甲乙丙形之上。亦以乙于丑寅。爲容圓徑。次作丙兌線。遇諸形之交。以線于離。于兌。次作甲震線。遇諸形之交加線于巽。于震。次作以線遇諸形之交加線于坎。于辰。次作未乾線。遇諸形之交加線于艮于卯。而四線俱相遇于坤。夫午丙與乙丙兩線等。而減

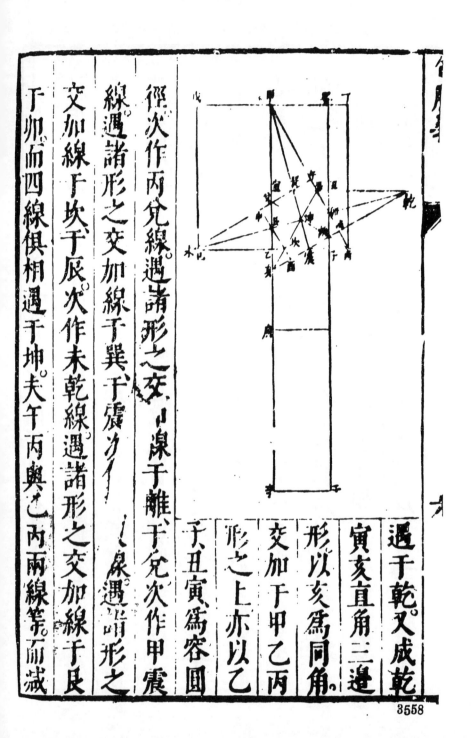

相等之午戊乙子。即戊丙與子丙必等。丙離同線。丙戊離、丙子離又等為直角。戊離丙子離丙又俱小于直角。即丙離戊丙離子丙三角形必等。而兩形之各邊各角、俱等（六卷七）則丙兌線。必分甲丙未角為兩平分矣（一卷九）又子離與戊離。兩邊既等（本論）子離震戊離卯。兩交角又等（一卷十五）卯戊離震子離。又等為直角。即卯離戊離震子、之各邊各角、俱等。而兩形亦等（一卷廿六）又子離與離戊。兩邊既等。離卯與離震。兩邊又等（本論）即子卯與戊震。兩邊亦等。子丑與戊酉。各為相等之直角方形邊。必等。而各減相等之子卯戊震。其所存卯丑震酉必等。丑卯辰坎

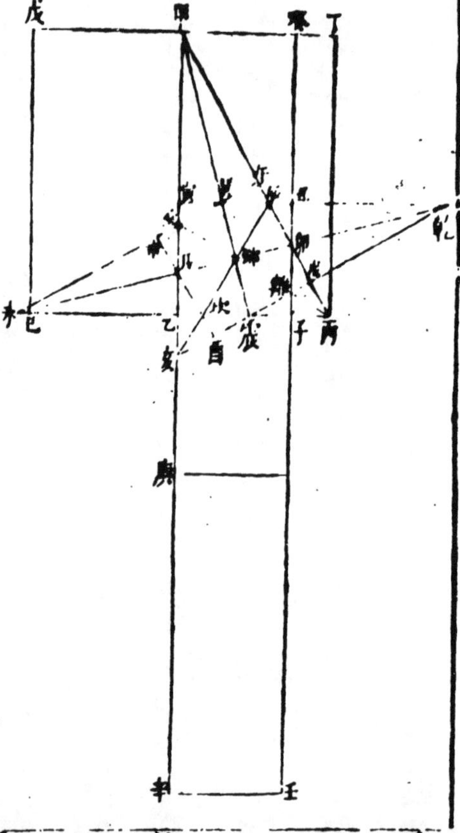

震酉兩角。又各爲離卯戍離震子相等角之交角必等。辰丑卯震酉坎。又等爲直角。卽卯丑辰震酉坎之各邊各角俱等。而兩形亦等一卷廿六。依顯午巽辰與坎艮乙之各邊各角俱等。而兩形亦等。巽寅兌與兌艮申之各邊各角俱等。而兩形亦等。又子丙戍丙之數各八十。乙子戍午各一百四十。以諸率分數論之。則

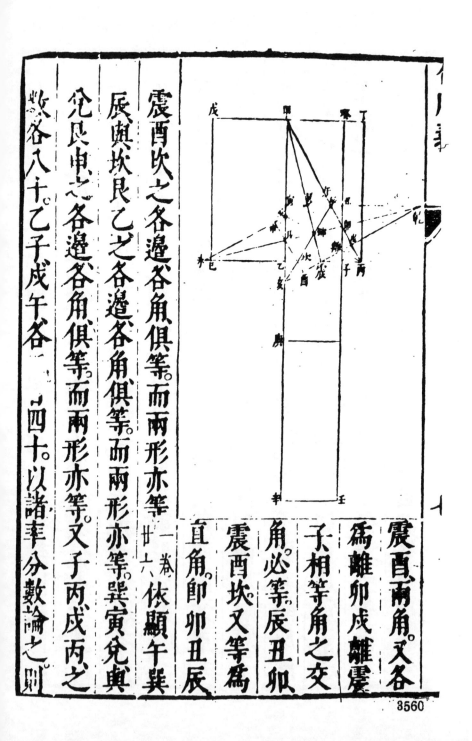

丑卯酉震各九十。丑辰坎酉各四十八。卯辰坎震各一百〇二算見測圓海鏡之句股步率則減丑卯之卯子。必一百五十也。卯子股一百五十。丙子句八十。以求卯丙弦。則一百七十也本篇一次減丙戌八十。即卯戌亦九十也。丑辰卯、卯戌離兩三角形之辰丑卯、離戌卯。既等爲直角。丑卯辰戌卯離兩交角又等。丑卯與戌卯復等。即兩形必等。而其各邊各角俱等一卷廿六依顯子離震與震酉坎兩形亦等。依顯諸形之交角者皆相等。其連角如酉亥坎乙亥坎兩形亦等。而子離離戌皆四十八也。則酉坎坎乙。亦四十八也。亥酉亥乙皆八十也。子乙與戌酉等。子

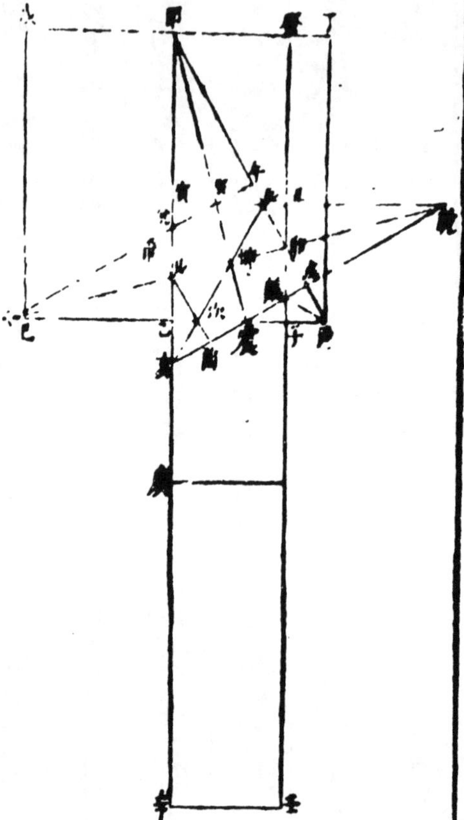

丙與酉亥復等。𠟫乙丙與戌亥必等。而甲爲同角。甲乙丙、甲戌亥。又等爲直角。則甲乙丙、甲戌亥之各邊、各角、俱等。而兩形亦等。一卷廿六 甲亥與甲丙既等。各減相等之丙戌、乙亥。又減相等之乙寅、戌午。即甲寅與甲午必等。夫甲巽午、甲巽寅、兩形之甲寅、甲午、既等。甲巽同線。甲午巽、甲寅巽。又等爲直角。即兩形必等。

而各邊各角俱等。七之七。是甲震線必分丙甲亥角為兩平分也。一之九。甲乙丙一形內。既以丙兌線分甲丙乙角為兩平分。又以甲震線分丙甲乙角為兩平分。而相遇于坤。則以坤為心。甲乙為界。作圜必切乙子、子丑、丑寅、寅乙卯、卯辰、辰五邊。而為甲乙丙直角三邊形之內切圜。即乙丑直角方形之各邊為容圜徑。四卷四。展轉論之。則各大直角三邊形內之分角線。皆分本角為兩平分。皆遇于坤。而坤心圜為各形之內切圜。即兩直角方形邊為各句股形內之容圜徑

又法。以甲乙股六百。乙丙句三百二十。并得九百二十。

與甲丙弦六百八十相減亦得乙子二百四十

論曰如前論諸大句股形之分餘勾俱八十諸勾股和與諸弦相減之較亦俱八十則初分句二百四十為諸形之容圓徑

第八題

句股較求股求句

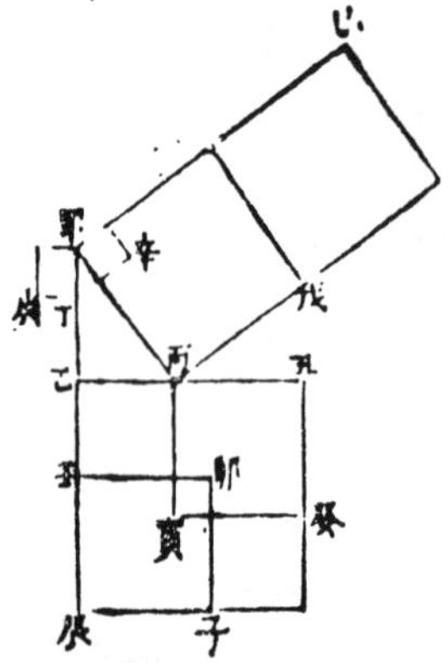

法曰甲丙弦四十五甲乙股甲丙句之較為甲丁九求股求句以弦自之得二千○二十五倍之得四千○五十較自之得八十一以減兩弦冪存

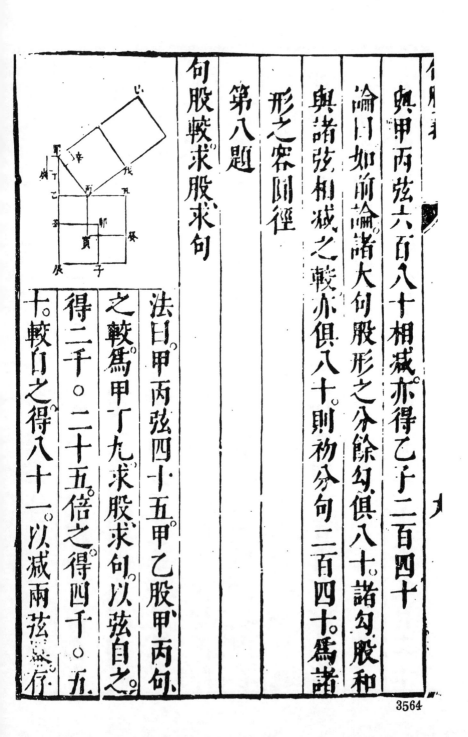

三千九百六十九爲實開方得句股和六十三加較九
得七十二半之得三十六爲甲乙股減較得二十七爲
乙丙句

論曰弦冪爲甲戊直角方形倍之爲巳丙直角形較冪
爲甲庚直角方形與甲辛等相減即得減甲辛形之巳
辛丙罄折形也今欲顯巳辛丙罄折形開方而得句股
和者試察甲丙上直角方形與甲乙乙丙上兩直角方
形并等（一卷四七）即甲戊一弦冪內有一甲乙股冪一乙丙
句冪也巳丙兩弦冪內有兩甲乙冪兩乙丙冪也故以
巳丙爲實開方即得丑辰直角方形其丑寅與卯辰兩

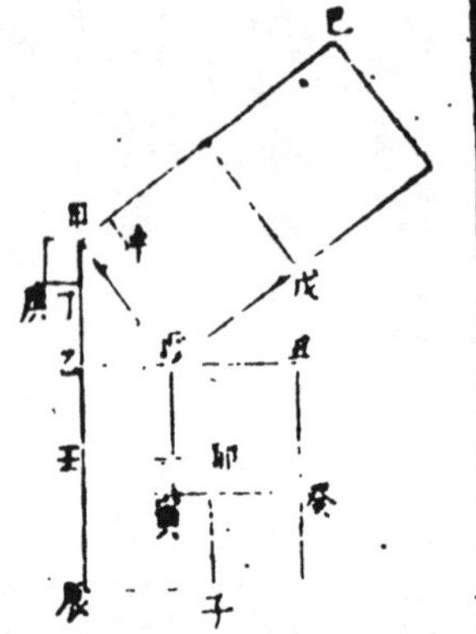

形兩股冪也。丙壬與癸子兩形。兩句冪也。而丑寅、卯辰之冪。則重一等甲辛之卯寅形。減之。即丑辰直角方形與巳辛丙罄折形等矣。乙丙為句。丙丑與甲乙等。故乙丑邊。即句股和也。甚于乙丙句加甲丁較。即與甲乙股等。故甲乙、乙丙、甲丁、并。半之。為甲乙股。以甲丁較。減甲乙股。為乙丙句

第九題

句弦較。求句。求弦

法曰。甲乙股三十六。乙丙句。甲丙弦之較。為甲丁十八

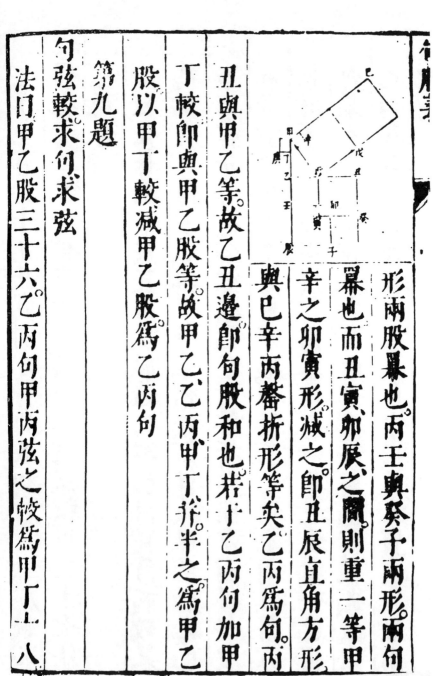

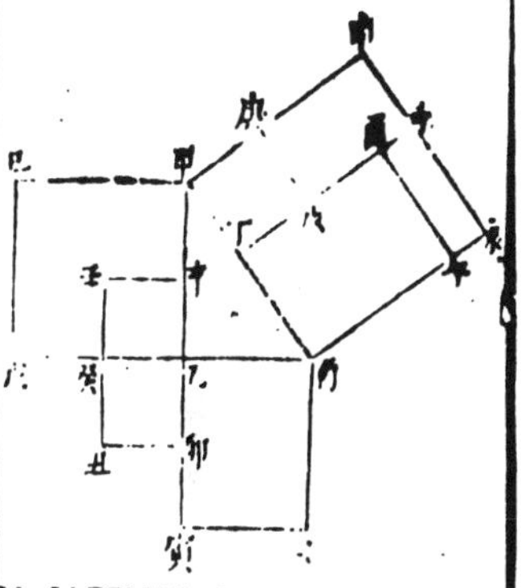

求句求弦以股自之得一千一百九十六較自之得三百一十四相減存九百七十二爲實倍較爲法除之得二十七爲乙丙句加較得四十五爲甲丙弦

論曰股羃爲甲戊直角方形較羃爲丁庚直角方形與辛癸等相減存甲壬戊罄折形爲實次倍甲丁較線爲乙寅線以爲法除實即得乙子直角形與甲壬戊罄折形等何者乙子直角形加一等較羃之乙丑直角方形戊子卯癸罄折形即與股羃之甲戊直角方形等也又何者甲丙弦羃之甲辰直角方形內當函一句羃一股

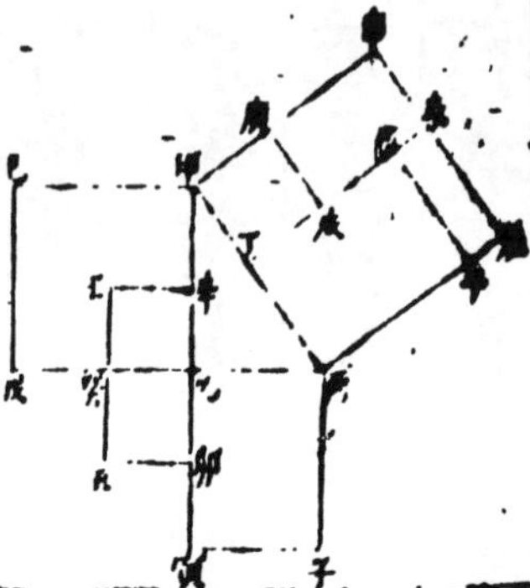

冪一卷四七試于甲辰形內。截取丁庚較冪之外。分作庚未、未午、午丁、三直角形。其甲庚、申未、酉戌、三線各與甲丁較線等。庚申、未戌、未辰、午酉、四線各與等乙丙句之丁丙線等。夫未酉、酉戌并。與句等。即申未、未酉并。亦與句等。丙庚申、未辰、各與句等。即庚未、未午、兩形并爲句冪。而丁庚、午丁、兩形并爲股冪矣。丁戌、戌酉、兩較也。乙卯、卯寅。亦兩較也。而丁丙與乙丙元等。即丁午、乙子、兩形等。丁庚與乙丑兩形又等。即丁庚、午丁、并。與子卯、癸磬折形等。而子卯癸磬折形。與股冪之甲戌形等。

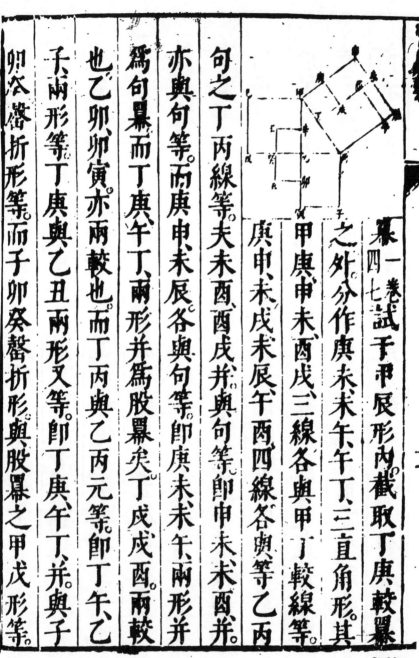

此兩形者各減一等較冪之辛癸乙丑形即乙子丁

形與甲壬戊磬折形等

又法曰股自之得一千一百九十六為實以句弦較十八為法除之得句弦和七十二加較得九十半之得弦四十五減較得句二十七

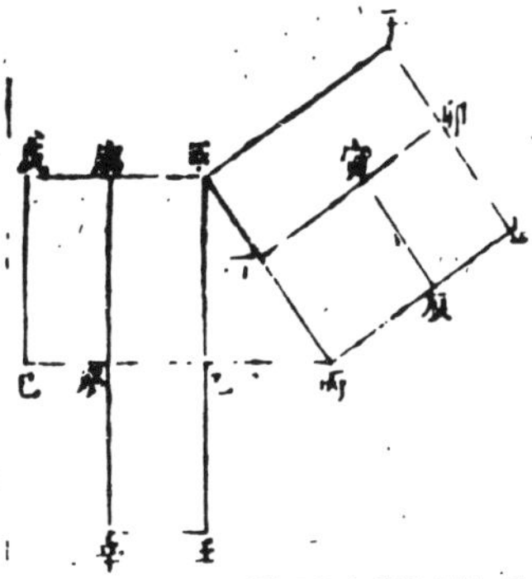

論曰股冪為甲己直角方形以較而一為甲辛直角形即得甲壬邊與乙丙丙甲句弦和等何者甲丙弦冪之甲丑直角方形內當函一股冪一句冪一卷一四七試子甲丑形內截取子卯丑辰邊各與甲丁較線等即卯

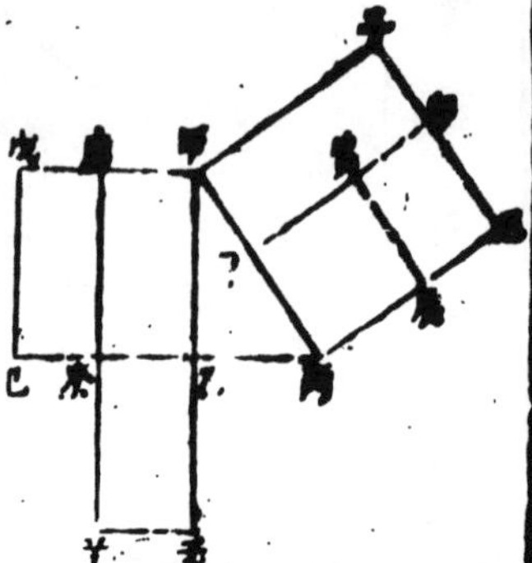

丑辰丙俱與等。乙丙句之丁丙線等。而作甲卯卯辰辰丁三直角形。其辰丁形之四邊皆與句等。句羃也。即甲卯卯辰兩形當與股羃等。亦當與甲辛形等。而甲庚卯寅皆較也。甲子弦也。卯丑句也。則甲辛形之甲壬邊與句弦和等

第十題

股弦較求股求弦

法曰。乙丙句二十七。甲乙股。甲丙弦之較爲丙丁九。求股求弦。以句自之得七百二十九。較自之得八十一。相

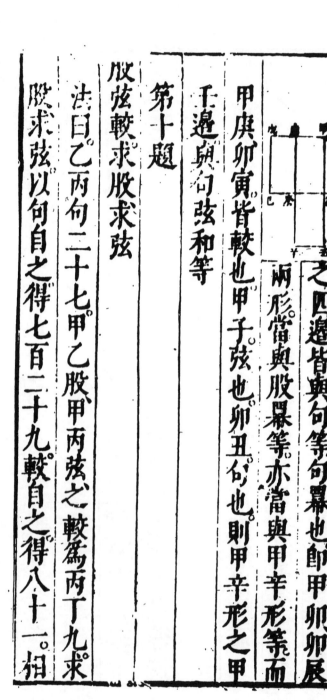

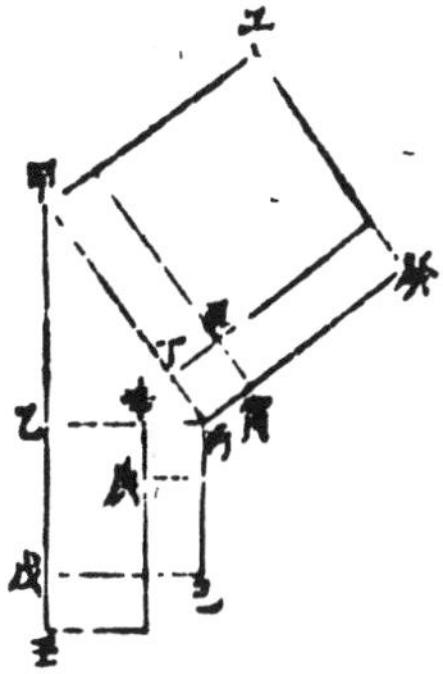

減得六百四十八爲實倍較爲法除之得甲乙股三十六加較得甲丙弦四十五

論曰句冪爲乙巳直角方形較冪爲丙丑直角方形與丙庚等相減存乙庚巳罄折形爲實次倍丙丁較線爲乙辛線以爲法除實即得辛壬直角形與乙庚巳罄折形等而乙壬邊與甲乙股等何者甲丙弦冪之甲癸直角方形內當函一句冪一股冪一卷四七試于甲癸形內截取丙丑較冪之外分作甲丑丑癸丑子三直角形即丑子與股冪等而丙丑甲丑丑癸三形并

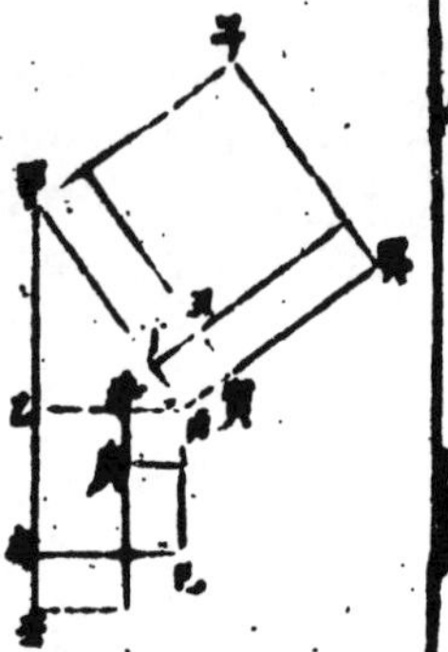

當與句冪等次各減一相等之丙丑丙庚即甲丑丑癸幷與乙庚巳磬折形等亦與辛壬直角形等辛乙與寅丑丑丁幷等即乙壬與甲丁或寅癸等亦與甲乙等

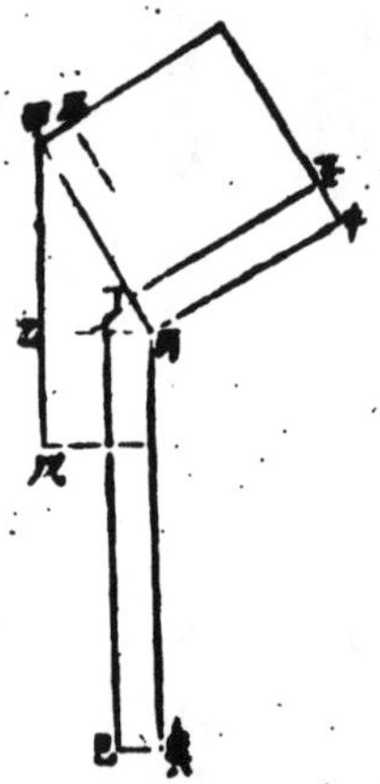

又法曰句自之得七百二十九爲實以較爲法除之得股弦和八十一加較得九十半之得弦四十五減較得股三十六

論曰句冪爲丙戊直角方形以較而一爲丙巳直角形即得丙庚邊與甲乙即丙股弦和等何者甲丙弦冪之

甲辛直角方形形內當函一股羃一句羃一

形內依丙丁較截作丁辛丁癸癸壬三直角形即癸壬

形與股羃等而丁辛丁癸兩形并當與句羃等亦與丙

巳直角形等夫壬辛甲癸巳庚皆較也而甲丁與股等

丙辛與弦等即丙庚與股弦和等

第十一題

句股和求股求句

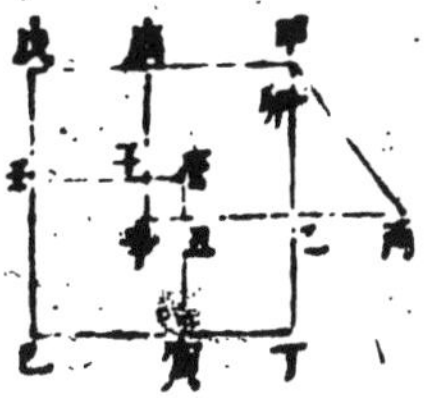

法曰甲丙弦四十五甲乙乙丙句股和

六十三求句求股以弦自之得二千〇

二十五句股和自之得三千九百六十

九相減得一千九百四十四復與弦冪相減得八十一開方得句股較甲卯九加和得七十二半之得甲乙股三十六減較得乙丙句二十七

論曰以句股和作甲丁一直線自之爲甲巳直角方形此形內函甲辛癸巳兩股冪乙寅庚壬兩句冪而甲辛癸巳之閒重一癸辛直角方形夫甲丙弦之冪旣與句股兩冪幷等卷四七以減甲巳形內之甲辛乙寅兩形卽所存戊辛寅磬折形少于弦冪者爲癸辛形矣乙辛股也乙丑句也則丑辛較也

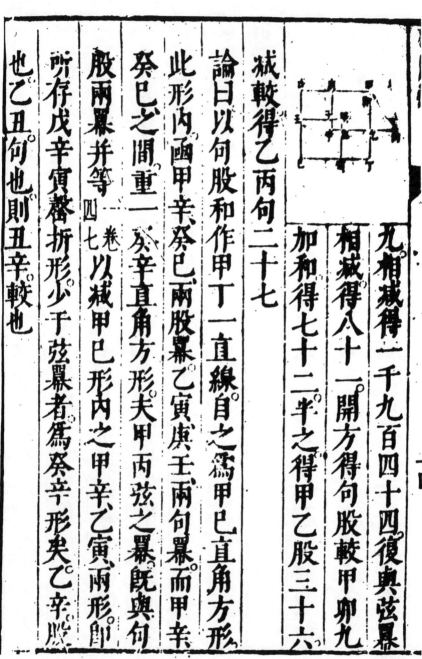

第十二題

句弦和求句求弦

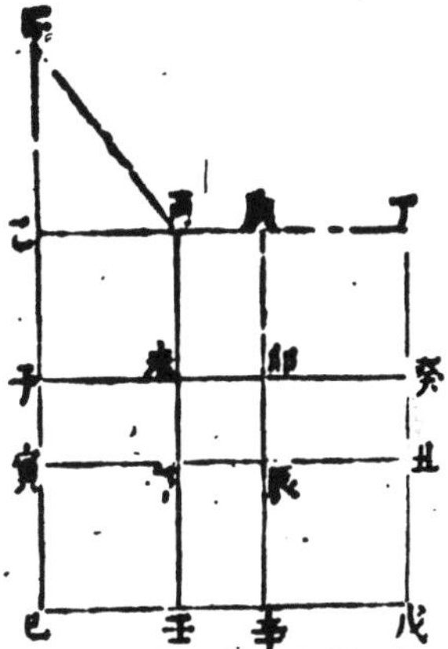

法曰。甲乙股三十六。乙丙、甲丙、句弦和七十二。求句求弦。以股自之。得一千一百九十六。句弦和自之。得五千一百八十四。相減得三千八百八十八。半之。得一千九百四十四。爲實。以和爲法除之。得乙丙句二十七。以減和。得甲丙弦四十五。

論曰。以句弦和作乙丁一直線。自之爲乙戊直角方形。

次用句弦度相減。取丙、庚兩點。從丙從庚。作庚辛、丙壬、

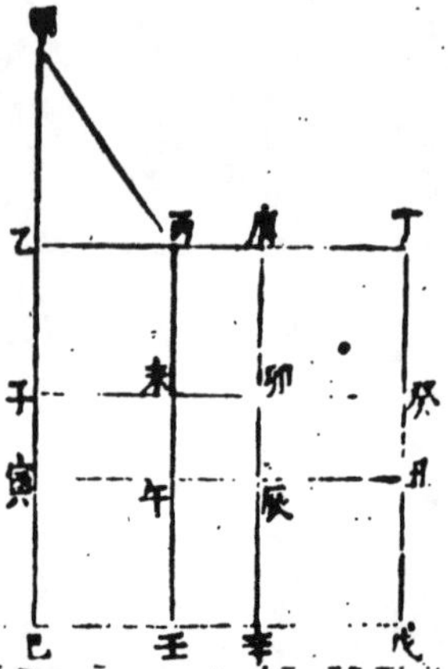

二平行線。依此法作癸子、丑寅、二平行線。即乙戊一形中。截成丙子、丑辛丁卯午巳、句冪四庚未、辰壬、癸辰、未寅、較句矩內直角形四、卯午較冪一也。今欲于乙戊全形中。減一甲乙股之冪則于卯巳弦冪內一句一較并爲弦存午巳句冪。而減子午辛磬折形。即股冪矣。何者。卯巳弦冪內當函一句冪。一股冪也。又庚未與未寅等。即庚壬形。亦股冪也。以庚壬形代磬折形。即丁辛、丙巳、兩形爲和冪與股冪之減存形也。平之。丙巳形以等句弦和之乙巳除之。得乙丙句

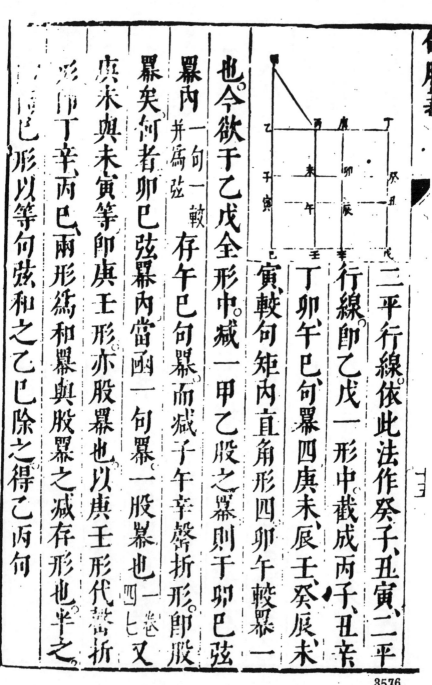

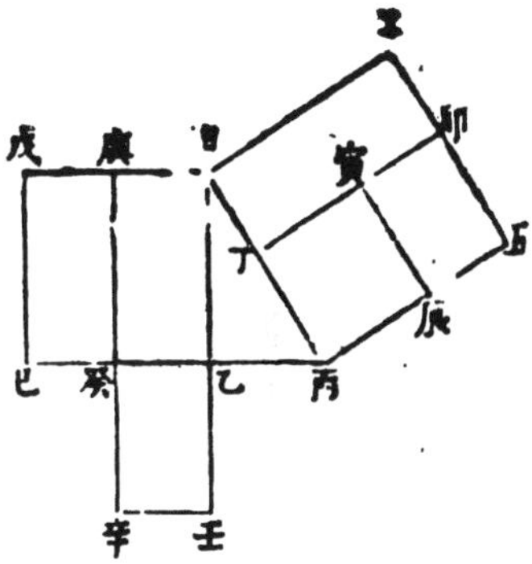

又法曰股自之得一千一百九十六以句弦和七十二爲法除之得十八爲句弦較加句弦和得九十半之得四十五爲弦減較得二十七爲句

此法與本篇第九題又法同論

第十三題

股弦和求股求弦

法曰乙丙句二十七甲乙乙丙股弦和八十一求股求弦以句自之得七百二十九股弦和自之得六千五百

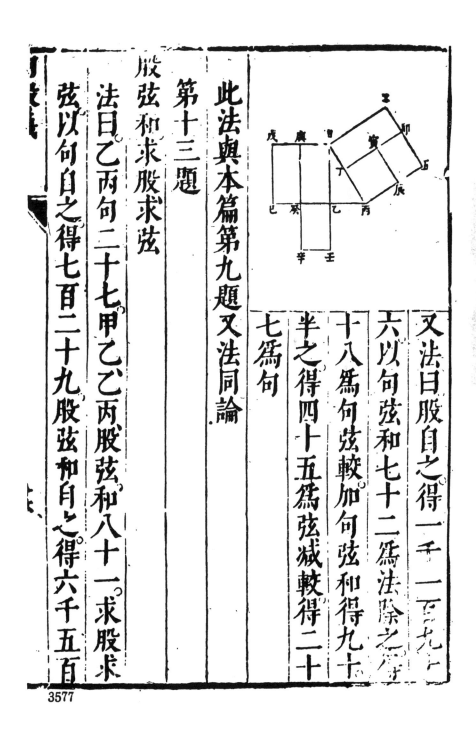

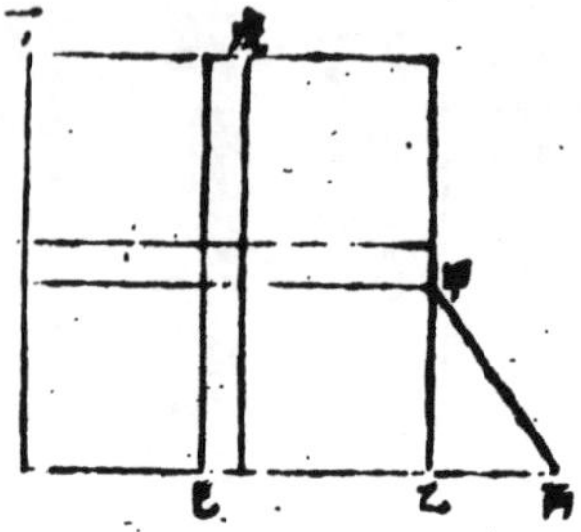

六十一相減得五千八百三十二半之得二千九百一十六爲實以和爲法除之得甲乙股二十六以減和得甲丙弦四十五

論曰乙丁和羃內之戊巳句羃也餘論同本篇十三題

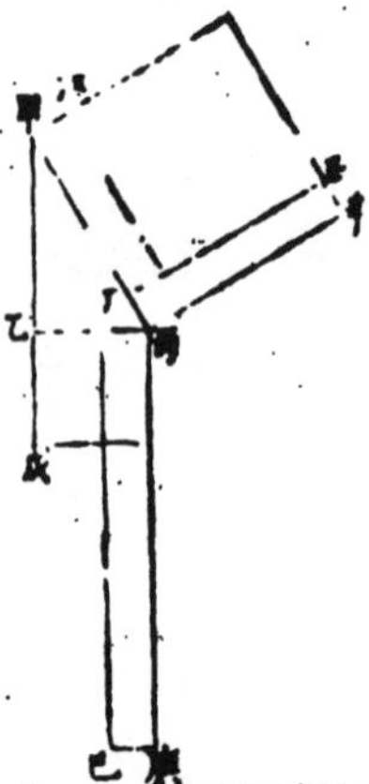

又法曰句自之得七百二十九以股弦和八十一爲法除之得九爲股弦較加股弦和得九十半之得四十五

弦減較得三十六爲股

此法與本篇第十題又法同論

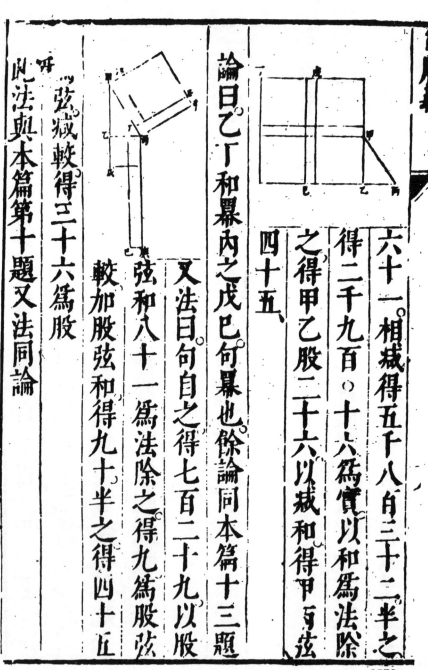

第十四題

股弦較句弦較求句求股求弦

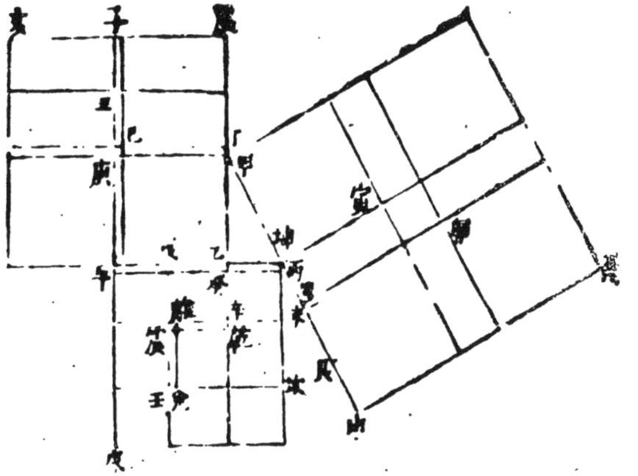

法曰甲乙股甲丙弦較二乙丙句甲丙弦較九求句求股求弦以二較相乘得十八倍之得三十六為實平方開之得六為弦和較加句弦較九得甲乙股十五加股弦較二得乙丙句八以句弦較加句或股弦較加股得十七為甲丙弦。

論曰股弦較甲丁二自之得四為

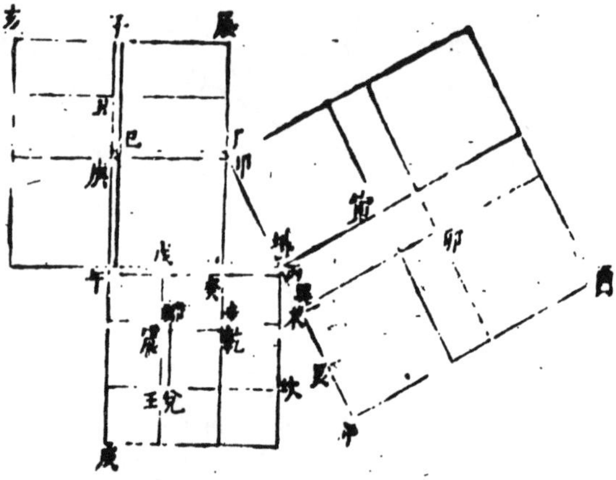

巳庚直角方形句弦較乙戊九自之得八十一爲辛壬直角方形兩羃并得八十五以二減九得七即句股較自之得四十九爲乾兌直角方形元設兩較互乘爲癸戊子丑兩直角形并得三十六以三十六減八十五亦得四十九何以知癸戊子丑三十六爲實開方得六之寅卯直角方形邊則弦和較也凡直角三邊形之弦羃與句股兩羃并等一卷四七甲乙丙既直角形則甲乙

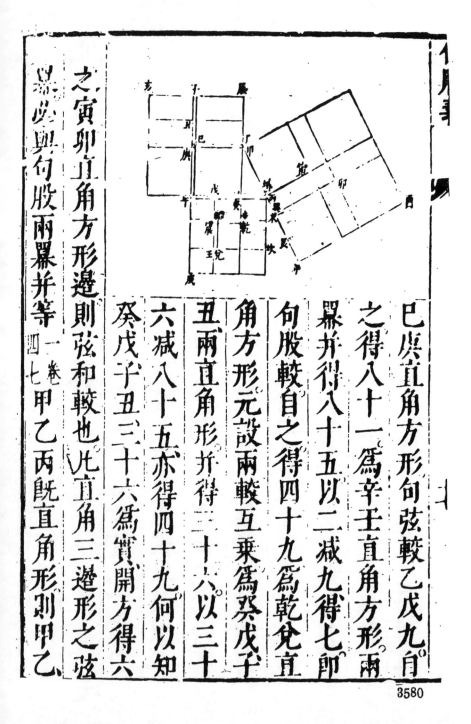

乙丙兩冪并。必與甲丙冪等。今于甲乙股加甲辰弦丙乙句加乙午弦甲丙弦加丙未句未申股各作一直線。

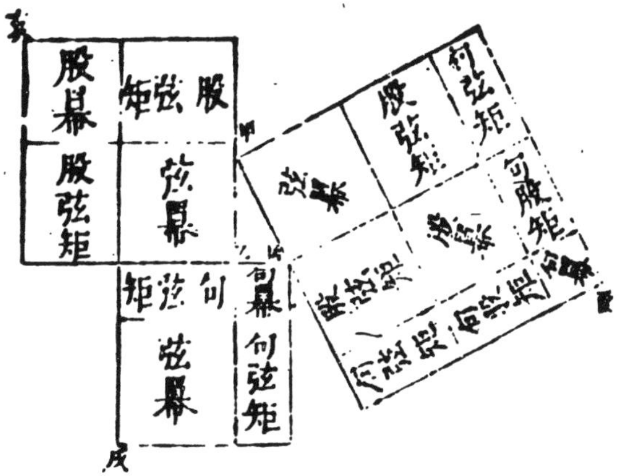

以此三和線作一三邊形。甲申上之甲酉直角方形。必不等于丙午上之丙戌直角方形乙辰上之乙亥直角方形并。而此不相等之較。必句股較冪之四十九也何者。若于甲酉、丙戌乙亥三直角方形。各以元設句股弦分之。即甲酉形內。有弦冪一。股冪一。句冪一。

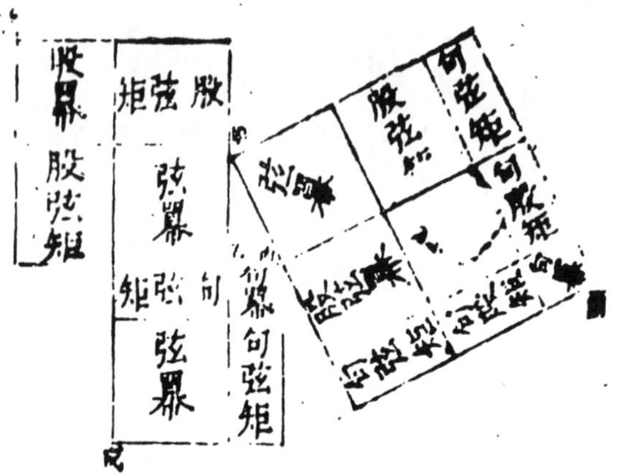

股弦矩內形二。句弦矩內形二。句股矩內形二。而乙亥形內。有弦羃一。股羃一。股弦矩內形二。丙戊形內。有弦羃一。句羃一。句弦矩內形二。次以甲酉內諸形。與乙亥丙戊內諸形。相當相抵。則甲酉內存句股矩內形二。丙戊或乙亥內。存弦羃一。次以此兩存形。相當相抵。則一弦羃之大于兩句股矩內形。必句股較羃之四十九也。何者。一弦羃內。函一句羃。一股羃。今試如上圖。作

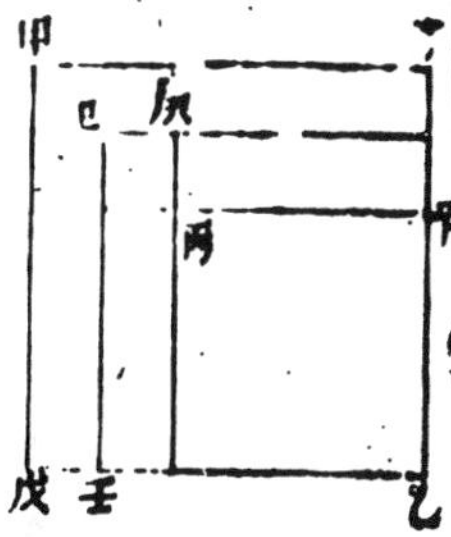

一甲乙弦冪其乙丙爲句冪則丁丙戊磬折形必與股冪等乙巳爲股冪則丁巳戊磬折形必與句冪等次以乙庚辛壬兩句股矩內形轉乙角依角旁兩邊縱橫交加於弦冪之上即得句股之較冪丙巳而乙丙上重一句冪次以所重之句冪補其等句冪之丁巳戊磬折形則甲乙弦冪之大於乙庚辛壬兩句股矩內形必丙巳句股較冪矣故知向者乙亥或丙戌內與甲酉內兩存形之較必句股較冪之四十九也則乙亥丙戌兩形并其大於甲酉形亦句股較冪之四十九也今於辛壬較冪內減句股較

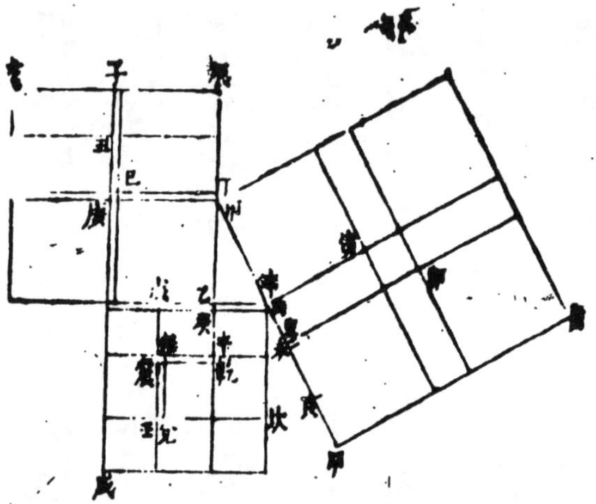

冪四十九之乾兌直角方形。其所存乾離震兌兩餘方形。及離震巳庚兩直角方形并。必與癸戊子丑兩形并等。次以癸戊子丑兩形開方爲寅卯形。則減寅卯之甲酉形。與減辛壬之丙戌形減巳庚之乙亥形并。必等。而減寅卯之甲酉形丙元有弦冪如甲寅者四有弦借寅卯形邊矩內形如寅巽者四減辛壬之丙戌形內。元有句冪如丙辛者四有句借句弦較矩內形如辛坎者

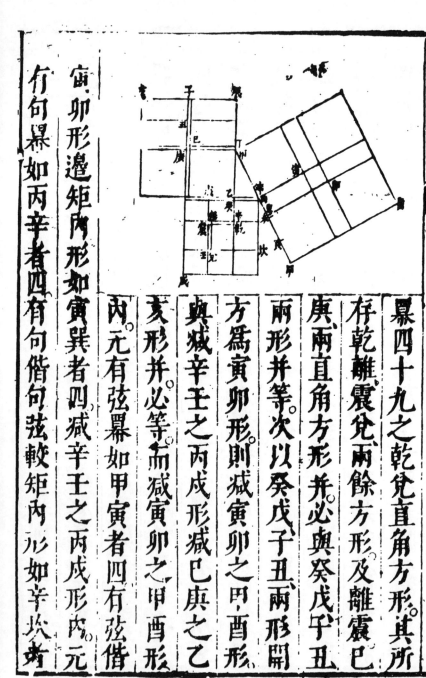

四減巳庚之乙亥形內元有句羃如巳辰者四有股偕股弦較矩內形如甲巳者四今以四弦羃當四句羃四股羃四七則甲巳辛坎兩形并必與寅巽形等甲丙與巽申等弦也丙申句股和也則兩弦閒等寅卯形邊之丙巽不得不為弦和較矣旣得丙巽六為弦和較即以元設兩較相加可得句股弦各數也何者巽申弦也巽艮句弦較也艮申句也丙申句股和也于丙申句股和減艮申句則丙巽加巽艮之丙艮股也丙甲弦也丙坤股弦較也坤甲股也巽甲句股和也于巽甲句股和減坤甲股則巽丙加丙坤之巽坤句也次以巽艮加艮申

或丙坤加坤甲則弦也

第十五題

句弦和股弦和求句求股求弦

法曰甲丙乙丙句弦和七十二乙甲丙股弦和八十一句求股求弦以兩和相乘得五千八百三十二倍之得一萬一千六百六十四爲實平方開之得弦和和一百○八以股弦和減之得乙丙句二十七以句弦和減之得乙句三十六以句股和

語絕勝渾天家余嘗爲雌黃之別有論

國家圖書館出版品預行編目資料

天學初函

(明)李之藻等著. – 初版. – 臺北市：臺灣學生，1965.11
冊；公分 –(中國史學叢書)

ISBN 978-957-15-1915-9 (全套：精裝)

1. 科學 2. 西洋文化

087 112009822

中國史學叢書
吳相湘主編

金陵大學寄存羅馬藏本

天學初函 全六冊

編輯者：明．李之藻等
出版者：臺灣學生書局有限公司
發行人：楊雲龍
發行所：臺灣學生書局有限公司
臺北市和平東路一段七十五巷十一號
郵政劃撥戶：〇〇〇二四六六八號
電話：（〇二）二三九二八一八五
傳真：（〇二）二三九二八一〇五
E-mail:student.book@msa.hinet.net
http://www.studentbook.com.tw
本書局登記證字號：行政院新聞局局版北市業字第玖捌壹號
定價：新臺幣六〇〇〇元
一九六五年十一月初版
二〇二四年四月初版四刷

65801-23